ココだけチェック！

パーフェクト ポイント整理

マンション管理士・
管理業務主任者

2024
年度版

TACマンション管理士・
管理業務主任者講座

JN018020

TAC出版

TAC PUBLISHING Group

はじめに

　マンション管理士・管理業務主任者の両試験に合格するには、区分所有法や民法等の**法律系分野**に加え、**建築・設備系分野**もカバーする**幅広い知識をマスター**しなければなりません。本書「ココだけチェック！ パーフェクトポイント整理」は、学習内容に共通事項が多い両試験の出題傾向を徹底的に分析し、"超頻出" 論点のみをきっちり整理してまとめ上げました。

　表を中心にした見開き完結の見やすいレイアウトや、理解と記憶の定着を促す**赤シート対応**、学習の優先順位をつけるための「**重要度表示**」「**過去8年の出題表示**」など、学習効率をよりアップさせるための工夫を随所に凝らしました。また、習得した知識をすぐに確認できるよう、今年狙われそうな論点についての「**一問一答集**」も、本文中に適宜配置しました。

　赤シートを使って重要ポイントをしっかり確認することで**スピーディに知識を習得**し、**スムーズなアウトプットに活かす**ことができます。

　そして、近年の**各種法改正等**にもきっちり対応していますので、2024年度の本試験対策は万全です。

　本書をご活用くださった受験生の皆さんが、お1人でも多く**合格の栄冠**を勝ち取られることを、心より祈念しております。

2024年3月

ＴＡＣマンション管理士・管理業務主任者講座

　本書の執筆は、2024年3月現在施行の法令等に基づいています。**法改正等**については、『**法律改正点レジュメ**』をWeb登録で無料でご提供いたします（2024年9月上旬頃発送予定）。

【登録方法】お手元に本書をご用意の上、インターネットの「情報会員登録ページ」からご登録ください（**要・パスワード**）。

| TAC 情報会員 | 検索 |

【登録用パスワード】025-2024-0943-25

【登録期限】2024年11月1日まで

【本書の効果的な利用法】

> このテーマのマン管・管業本試験それぞれにおける重要度を「**S**（特に高い）〜**C**（低い）」の４段階で表示しました。学習の優先度の目安となります。
> **マ** = マンション管理士試験
> **管** = 管理業務主任者試験

区分所有者の権利・義務

ココは出る！
● 管理費等の支払債権には、先取特権が発生する
● 競売による権利取得者も、特定承継人としての責任を負う
● 瑕疵の部位が不明な場合 ➡ 共用部分の設置・保存の瑕疵と推定

重要度 **マ A** **管 S**

> 今年出題される可能性の高い、過去にも繰り返しよく聞かれているポイントを「ひとこと」で説明しています。

1 先取特権

(1) 先取特権によって担保される債権

区分所有者は次の①②の債権につき、また、管理者・管理組合法人は③の債権につき、債務者の区分所有権と建物に備え付けた動産の上に、先取特権を有する。

> 比較・対照させて覚える論点や具体例を、見やすく「表」でまとめました。

		被担保債権	具体例
区分所有者	①	共用部分・建物の敷地・共用部分以外の建物の附属施設につき、他の区分所有者に対して有する債権	管理費用・公租公課を立て替えて支払った場合の立替金償還債権
	②	規約や集会の決議で他の区分所有者に対して有する債権	● 各区分所有者が負担すべき管理費・修繕積立金の支払債権 ● 組合費等を定めた場合の支払債権
管理者・管理組合法人	③	その職務・業務の執行につき、区分所有者に対して有する債権	● 訴訟追行のために必要となる費用 ● 共用部分の緊急点検費用 ⚠ 報酬支払特約がある場合でも報酬請求権は含まれない

(2) 先取特権の対象となる財産

次の①②２つのみであり、債務者の「総財産」には、行使できない。

①	債務者の区分所有権	先取特権の実行の際、区分所有権だけでなく、**共用部分の共有持分・敷地利用権**も一括して競売される
②	建物に備え付けた動産	● 債務者の所有物に限定される（畳や建具等、建物の使用に際して設置された動産等） ● 専有部分に限られ〔…〕含まれる

> 「⚠」アイコン表示で、特に留意したい補足事項や、複数のテーマ間の横断学習的視点からのアドバイスを確認しましょう。

62

図は、いずれも作成サンプルです。

ここでのテーマに関するマン管・管業本試験の過去8年間における出題を、年度ごとに表示しました。「○」＝1問まるまる、「△」は肢単位での出題として、それぞれカウントしています（例「○△」＝「1問＋1肢」）。
今年度の本試験での出題可能性を予測する手がかりとなります。

	H28	H29	H30	R1	R2	R3	R4	R5	8回中
マンション管理士	○	△△	△	○	△				5回
管理業務主任者	△	○	○	△△	△	△	△	△	8回

（3）**先取特権の効力等**

区分所有法上の先取特権は、民法上の共益費用の先取特権とみなされる。

なくても一般の債権者には優先するが、登記をした
抵当権者等）には、**登記なしでは対抗できない**

産以外の財産（建物に備え付け
お不足がある場合にはじめてⅡ
を受ける

第三者から借りて一時的に建物
、善意無過失の区分所有者・管
動産について**先取特権を取得す**

重要キーワード・数字等をわかりやすく赤文字で表記しました。付属の赤シートで隠して確認すれば暗記もバッチリです。

詳細な過去問分析から導き出された「今年こそ狙われそうな論点」について、"オリジナル予想問題"に加えて過去問における重要肢を厳選してまとめた「一問一答集」を、本文中に適宜配置しました。各テーマの最後には「一問一答集」への参照頁を表示、本文で習得した知識をすぐにアウトプットに応用することができます。

2 特定承継人の責任

■(1)①②③の債権は、債務者である区分所有者の特定〔⋯⋯〕
贈与契約・競売等により権利を取得した者）に対しても行使できる。

▲前区分所有者にも請求できる。
▲中間取得者は特定承継人に含まれるが、賃借人は含まれない。
▲特定承継人の責任は、前区分所有者の債務の存在について善意・悪意を問わず生ずる。

3 建物の設置・保存の瑕疵に関する推定

区分所有建物の設置又は保存の瑕疵により他人に損害が生じた場合〔⋯⋯〕

知識をチェック　今年狙われる!!「予想問題」＆「重要過去問」⇒ P.74　63

今年狙われる!!「予想問題」＆「重要過去問」❹

POINT 1 専有部分と共用部分

❶ 共用部分とは、専有部分以外の建物の部分、専有部分に属しない建物の
□□ 附属物及び規約により共用部分とされた附属の建物をいう。 マ過 H25

❷ 専有部分及び附属の建物は、その旨の登記をしなければ、規約による共
□□ 用部分とすることができない。 予想問題

POINT 2 区分所有者の権利・義務

マンション管理士試験 受験ガイダンス

> マンション管理士は、管理組合の運営や建物にかかる技術的な問題などのマンションの管理に関して、専門知識をもって管理組合の管理者等や区分所有者等の相談に応じ、助言・指導その他の援助を行うことを業務とする資格です。

■**試験実施時期** 11 月 26 日(日)(令和 5 年度)

■**受験料** 9,400 円(令和 5 年度)

■**試験機関** 公益財団法人 マンション管理センター
　　　　　　　[TEL] 03-3222-1611　　[HP] http://www.mankan.or.jp

■マンション管理士試験の内容

試験内容(分野)	本書の該当章
① **マンション管理に関する法令・実務に関すること** 区分所有法、被災区分所有法、建替え等円滑化法、民法、不動産登記法、マンション標準管理規約、標準管理委託契約書、マンションの管理に関するその他の法律(建築基準法、都市計画法、消防法、品質確保法) 等	第 1 章〜 3 章・ 第 5 章〜 7 章
② **管理組合の運営の円滑化に関すること** 管理組合の組織と運営、管理組合の業務と役割、管理組合の苦情対応と対策、管理組合の訴訟と判例、管理組合の会計 等	第 4 章・第 5 章
③ **マンションの建物・附属施設の構造・設備に関すること** マンションの構造・設備、長期修繕計画、建物・設備の診断、大規模修繕 等	第 8 章・第 9 章
④ **マンションの管理の適正化の推進に関する法律に関すること** マンション管理適正化法、基本方針 等	第 10 章

■**ここ数年の受験傾向**　受験者数はほぼ 1 万 2,000 人〜 1 万 5,000 人、合格点は 36 〜 40 点、合格率は 7 〜 11 % 程度で、それぞれ推移しています。

管理業務主任者試験 受験ガイダンス

管理業務主任者は、管理受託契約にかかる重要事項の説明や受託した管理業務の処理状況のチェックやその報告まで、**マンション管理のマネジメント業務全般を担い**、マンション管理業者の事務所ごとに、30組合につき1名以上の設置が義務付けられている資格です。

■**試験実施時期** 12月3日（日）（令和5年度）

■**受験料** 8,900円（令和5年度）

■**試験機関** 一般社団法人 マンション管理業協会
　　　　　　　［TEL］03-3500-2720　［HP］http://www.kanrikyo.or.jp

■管理業務主任者試験の内容

試験内容（分野）	本書の該当章
① 管理事務の委託契約に関すること （民法、マンション標準管理委託契約書　等）	第1章・第6章
② 管理組合の会計の収入・支出の調定・出納に関すること （簿記、財務諸表論　等）	第4章
③ 建物・附属設備の維持・修繕に関する企画・実施の調整に関すること （建築物の構造・設備・維持保全に関する知識等及び建築基準法、水道法等関係法令　等）	第7章〜9章
④ マンションの管理の適正化の推進に関する法律に関すること （マンション管理適正化法、基本方針　等）	第10章
⑤ 上記①〜④のほか、管理事務の実施に関すること （区分所有法、マンション標準管理規約　等）	第2章・第3章・第5章

■**ここ数年の受験傾向**　受験者数はほぼ1万6,000人〜1万9,000人、合格点は33〜37点、合格率は19〜23％程度で、それぞれ推移しています。

目 次

第1章　民　法

Contents

第3章　マンション管理に係る諸法令

第4章　管理組合の会計等

第6章　標準管理委託契約書

第7章　建築関連法令

Contents

第1章

民 法

制限行為能力者

● 令和2年民法改正で、未成年者が18歳未満の者になった
● 成年被後見人が**成年後見人の同意**を得て行った契約 ➡ 取消し可

重要度 マ B
管 B

1 制限行為能力者と保護者

制限行為能力者が単独で行った契約は、原則として、本人自身や法定代理人等の保護者が<u>取り消す</u>ことができる。

	定 義	保護者
未成年者	**18歳未満の者**	親権者・未成年後見人 （法定代理人）
成年 被後見人	精神上の障害により事理を弁識する能力を**欠く常況** ＋ **後見開始の審判** （本人・配偶者・四親等内の 親族・検察官等の請求が必要）	成年後見人 （法定代理人）
被保佐人	精神上の障害により事理を弁識する能力が**著しく不十分** ＋ **保佐開始の審判**	保佐人
被補助人	精神上の障害により事理を弁識する能力が**不十分** ＋ **補助開始の審判**	補助人

2 制限行為能力者の注意点 💡

(1) 成年後見人・保佐人・補助人が、本人を代理して<u>居住用</u>のマンションやその敷地について、売却・賃貸・<u>抵当権</u>の設定等の処分をする場合、<u>家庭裁判所の許可</u>を得なければならない。

(2) 成年被後見人・被保佐人・被補助人とも、日用品の購入その他**日常生活に関する契約**は、単独で**有効**に行うことができる。

(3) 家庭裁判所の許可

保佐人の同意を得なければならない行為について、保佐人が被保佐人の利益を害するおそれがないにもかかわらず同意をしないときは、家庭裁判所は、被保佐人の請求により、保佐人の同意に代わる許可を与えることができる。

3 制限行為能力者の保護者の権限

○：あり　✕：なし　△：家庭裁判所の審判により与えられる

	代理権	同意権	取消権	追認権
親権者・未成年後見人	○	○	○	○
成年後見人	○	✕*1	○	○
保佐人	△*3	○*2	○	○
補助人	△*3	△	△	△

*1：成年後見人の同意を得た契約でも取り消せる。

*2：被保佐人が重要な財産上の行為（不動産の売買契約や賃貸借契約（土地：5年超、建物：3年超）・新築・改築・増築・大修繕を目的とする請負契約等）をする場合に限り、保佐人の同意が必要である。

*3：本人以外の者の請求によって保佐人・補助人に代理権を付与する旨の審判をするには、本人の同意が必要である。

4 制限行為能力者の相手方の保護

(1) 催告

相手方は、制限行為能力者側に対して1ヵ月以上の期間を定めて「取り消すのか、追認するのか」と返事を促すこと（催告）ができる。

催告の相手	確答がない場合の効果
保護者	「追認」とみなす
行為能力者となった本人	「追認」とみなす
被保佐人・被補助人	「取消し」とみなす

(2) 制限行為能力者の詐術

制限行為能力者は、自己が行為能力者であることを信じさせるため詐術を用いた場合には、契約を取り消すことができない。

知識をチェック　　今年狙われる!!「予想問題」&「重要過去問」➡ P.16

POINT 2 意思表示

ココは出る!

- **虚偽表示**による契約は**無効**だが、**善意の第三者**には対抗不可
- **錯誤**による契約➡**重大な過失**がない場合は**取消し可**

重要度	マ	B
	管	A

1 意思表示の欠陥等の種類

心裡留保	当事者の一方が、**わざと真意と異なる**意思表示を行うこと
（通謀）虚偽表示	当事者が**共謀**して、**真意と異なる**意思表示をすること
錯　誤	**意思と表示に食い違い**があること・**動機に思い違い**があることに**気付かず**に意思表示すること
強　迫	**脅されて**意思表示をすること
詐　欺	**だまされて錯誤に陥り**、意思表示をすること

2 欠陥のある意思表示の効果

O：可　**X**：不可

		当事者間	対・第三者
心裡留保	原則	有効（相手方が善意無過失）	無効の場合、その無効を善意の第三者に対抗✕
	例外	無効（相手方が悪意・善意有過失）	
虚偽表示		無効	無効を善意の第三者に対抗✕
錯　誤		取り消すことができる 【要件】 　① 法律行為の目的および取引上の社会通念に照らして重要な錯誤であること 　② 表意者に重過失がないこと 　▲①相手方が表意者に錯誤があることを知っていた 　②相手方が表意者に錯誤があることを重大な過失で知らなかった 　③相手方が表意者と同一の錯誤に陥っていた ⎫表意者に重過失があっても取り消せる 　③動機の錯誤は動機を表示していること	取消しを善意無過失の第三者に対抗✕

1 民法

強　迫	取り消すことができる ●第三者が強迫を行った場合： ⇒相手の善意・悪意を問わず取消し○	取消しを 善意無過失の 第三者に対抗○
詐　欺	取り消すことができる ●第三者が詐欺を行った場合： ①　相手が悪意・善意有過失 　⇒　取消し○ ②　相手が善意無過失 ⇒ 取消し×	取消しを 善意無過失の 第三者に対抗×

3 意思表示の効力発生の時期

原　則	①　意思表示は通知が相手方に到達した時からその効力を生ずる（到達主義） ⚠相手方が、正当な理由なく意思表示の通知の到達を妨げたときは、通常到達すべきであった時に到達したものとみなされる ②　表意者が通知を発した後に表意者に次の事由が生じても効力が生ずる ●死亡　●意思能力を喪失　●行為能力の制限を受けた
例　外	制限行為能力者の相手方からの催告に対する確答は、発信した時から効力が生ずる（発信主義）

4 追認と取消権の時効消滅

(1) 制限行為能力者が単独で行った契約や詐欺・強迫による契約は、取り消して無効に確定させることも、追認して有効に確定させることもできる。追認ができるのは、次の時からである。

制限行為能力者	行為能力者になった後（審判の取消し後等）
錯　誤	錯誤の状態を脱した後
詐　欺	詐欺に気が付いた後
強　迫	脅されている状態を脱した後

(2) 取消権は、追認できる時から5年間行使しないとき、または行為の時から20年を経過すると、時効によって消滅する。

知識をチェック　✐　今年狙われる!!　「予想問題」&「重要過去問」 ➡ P.16

5

POINT 3 代 理

ココは出る！
- 代理人の顕名なし➡相手方が**善意無過失**であれば代理人に効果が帰属
- **自己契約・双方代理**は、**本人の許諾**があれば**有効**

重要度 マ C
管 B

1 代理の要件

代理人が行った**代理行為**（契約等）の効果は、**直接本人**に帰属し、<u>本人</u>が自分で契約したことになる。代理行為が有効となるには、①代理人に<u>代理権</u>があること、②代理行為の際に<u>顕名</u>をしたこと、の両方が必要である。

①	代理権の存在	本人が任意に代理権を与える場合（**任意代理**）と、法律の規定で代理権が与えられる場合（**法定代理**）がある ●**任意代理**➡代理権の授与は書面（委任状等）によらず**口頭でも可** ●**法定代理**➡代理人の権限は法律によって定められる		
②	顕名をしたこと	代理人が相手方に**本人のために代理行為を行うこと**（「私はＡの代理人のＢ」という表示）を示さなければならない（＝<u>顕名</u>）		
		⚠顕名がない場合	原則	相手方が**善意無過失** ➡<u>代理人</u>に効果が帰属（＝<u>本人</u>に帰属しない）
			例外	相手方が**悪意または善意有過失** ➡<u>本人</u>に効果が帰属（＝通常の代理行為となる）

2 代理の注意点 💡

(1) **本人**は、代理人が**制限行為能力者**であることを理由に、その制限行為能力者が行った代理行為の**取消しが**<u>できない</u>。

⚠制限行為能力者が他の制限行為能力者の法定代理人としてした行為については取消しができる

(2) 代理人が**錯誤**により契約をした場合は、<u>本人</u>が取消しを主張できる。しかし、代理人の行為につき<u>重大な過失</u>があった場合、本人は**取消しを主張できない**。

1

民法

3 代理権の消滅事由

○：消滅しない　✕：消滅する

	本　人			代理人		
	死亡	破産	後見開始	死亡	破産	後見開始
法定代理	✕	○	○	✕	✕	✕
任意代理	✕	✕	○	✕	✕	✕

4 自己契約と双方代理

　自己契約とは、代理人自身が本人の相手方として契約することをいい、双方代理とは、契約当事者双方の代理人となることをいう。

原　則	自己契約と双方代理は無権代理行為とみなされる
例　外	次のどちらかの場合は、**通常の代理**となる ① **本人**があらかじめ許諾した場合 ② **単なる債務の履行**にすぎない場合（弁済・登記の申請等）

5 利益相反行為

　利益相反行為とは、代理人にとって利益となるが、本人にとっては不利益となるような行為をいう。

原　則	無権代理行為とみなされる
例　外	**本人**があらかじめ許諾している行為は、通常の代理となる

6 復代理人の選任（任意代理）

　復代理人とは、任意代理人が選任する本人の代理人のことである。

選　任	原則	**任意代理人**は、復代理人を選任**できない**
	例外	次のどちらかの場合は、**選任可** ① **本人の許諾**を得たとき ② **やむを得ない事由**があるとき
代理人の責任		本人に対して、**代理人の債務不履行**として責任を負う

知識をチェック　✐　今年狙われる!!　「予想問題」&「重要過去問」➡ P.16

POINT 4 無権代理と表見代理

コこは出る！
● 無権代理の相手方の**催告**に対し本人の**確答なし**➡**追認拒絶とみなす**
● **代理権消滅後**に代理人と称して契約➡相手方が**善意・無過失**なら**有効**

重要度 マ C 管 A

1 無権代理

原 則	本人と相手方の間には**効果が発生**しない		
例 外	**本人**が無権代理行為を追認すれば**有効となる** ➡**契約の時**にさかのぼって効力発生		
相手方の保護	催 告	①	相手方は**悪意**でも催告できる
		②	相当な期間を定めて本人に催告したが**確答がない場合**は、追認拒絶とみなされる
	取消し	相手方は、**善意**であれば、本人が追認しない間は**取消し可**（**過失**があってもよい）	
	責任追及	①	次の**どちらか**の場合 ● 相手方が**善意無過失**の場合 ● 相手方が**善意有過失**だが、**無権代理人**が**悪意**の場合
		②	代理権が証明できず、本人の追認もない場合は、無権代理人に対して、履行の請求または**損害賠償請求**ができる
		③	無権代理人が**制限行為能力者**の場合は、**責任追及は不可**

2 無権代理の注意点 💡

①	● 追認の意思表示は、**相手方**または**無権代理人**のどちらに行ってもよい ● ただし、無権代理人に対して追認したときは、相手方が追認があったことを知るまでは、本人は**相手方に追認の効果を主張できない**
②	善意無過失の相手方は、**表見代理**による本人に対する履行請求権と無権代理人に対する責任追及権のどちらかを、**選択的に行使できる** 判例

3 無権代理と相続 判例

無権代理人が本人を単独で相続した場合	**無権代理行為**は、当然に有効 ➡相続人である**無権代理人**は、**追認の拒絶は**不可
本人が無権代理人を単独で相続した場合	**無権代理行為**は、当然に有効とはならない ➡相続人である**本人**は、**追認の拒絶は**可

過去の出題		H28	H29	H30	R1	R2	R3	R4	R5	8回中
	マンション管理士					○				1回
	管理業務主任者	△	△	△		○	△		○	6回

4 無権代理人の相手方の保護のまとめ

○：できる　×：できない

主観 手段	善意		悪意
	無過失	有過失	
催告	○	○	<u>○</u>
取消し	○	<u>○</u>	×
責任追及	<u>○</u>	×※	×

※**無権代理人**が**悪意**のときは、責任を負う

5 表見代理

次のどれかに該当し、相手方が善意・無過失（権限があると信じる正当な理由がある）であれば、表見代理が成立し、<u>本人</u>に履行を求めることができる。

①	代理権授与の表示	本人が相手方に対し、**他人に代理権を与えたかのような表示**をしたが、**実際には与えていなかった**場合 例 代理権を与えていないのに白紙委任状を渡した
②	権限外の行為	代理人が、**与えられた代理権の範囲を越えて代理行為を行った**場合 例 抵当権設定の代理権しか与えられていないのに売買契約を締結した
③	代理権消滅後	**代理人だった者**が、**代理権が消滅**したにもかかわらず代理行為を行った場合 例 管理者（代理人）だった者が、自ら管理者と称して管理委託契約を締結した

⚠️「表示された代理権の範囲を超えた場合（①と②が重複）」「消滅前の代理権の範囲を超えた場合（②と③が重複）」も相手方が善意無過失であれば、表見代理が成立する

知識をチェック　✎　今年狙われる!! 「予想問題」&「重要過去問」 ➡ P.16

消滅時効と取得時効

● 管理費債権等の消滅時効期間➡支払期日等から**5年**
● 所有権は消滅時効にはかからない

重要度 マ B 管 A

　時効とは、事実状態が一定期間継続した場合に、それが真実であるか否かにかかわらず、その**事実状態を尊重する制度**である。時効の効果としては、権利が消滅する「消滅時効」と、権利を取得する「取得時効」の2種類がある。

1 消滅時効

　消滅時効とは、権利行使ができるにもかかわらず**一定期間行使しない場合**に、その権利が消滅する制度である。時効によって消滅するのは、**債権や所有権以外の財産権**（地上権・地役権等）である。

(1) 時効期間

債権の種類	主観的起算点 （知った時）	客観的起算点 （権利行使できる時）
一般の債権	**権利行使できることを知った時から5年**	**権利行使できる時から10年**
債権や所有権以外の財産権（地上権・地役権等）		権利行使できる時から20年
確定判決等によって確定した権利		**裁判上の請求等が終了した時から10年**
債務不履行に基づく人の生命・身体障害による損害賠償請求権	**権利行使できることを知った時から5年**	**権利行使できる時から20年**
不法行為に基づく損害賠償請求権	**被害者またはその法定代理人が損害・加害者を知った時から3年**	**不法行為の時から20年**
不法行為に基づく人の生命・身体障害による損害賠償請求権	**被害者またはその法定代理人が損害・加害者を知った時から5年**	**不法行為の時から20年**

⚠ 所有権は消滅時効にはかからない

1 民法

(2) 消滅時効の客観的起算点

①	確定期限付き債権	**期限到来時**（支払期日・弁済日）
②	不確定期限付き債権	**期限到来時**
③	期限の定めのない債権	債権成立時

(3) 管理費等の消滅時効期間

管理費等の債権は**一般の債権**であり、通常、「主観的起算点」は「客観的起算点」と一致するので、「支払期日」から**5年**が**消滅時効の期間**である。

2 取得時効

取得時効とは、他人の物を自分の物として一定期間占有し続けることで、その物の所有権・地上権・地役権等を取得できる制度のことである。

所有権の取得時効の要件は以下のとおり。

①所有の意思があること
　⚠賃貸借に基づく占有に「所有の意思」は認められない
②平穏・公然であること
③以下の期間占有をすること

占有開始の時	善意・無過失	10年 ⚠途中で善意から悪意に変わっても10年の占有で足りる
	悪意または 善意・有過失	20年

時効の援用・完成猶予等

●時効が援用されると、効果は起算日にさかのぼる
●時効完成前に、**あらかじめ時効の利益を放棄できない**

重要度　マ B
　　　　管 S

1 時効の援用等

(1) 時効の効果を発生させるには、時効によって**直接利益を受ける者**による援用（時効の利益を受ける旨の意思表示）が必要である。

援用の効果	時効の効果は<u>起算日</u>にさかのぼって生じる ⚠消滅時効の場合、消滅した権利は「最初から生じなかったものとなる」ので、履行遅滞によって発生した遅延損害金も消滅する
援用権者	時効の援用により**直接利益を受ける者** （当事者・**保証人**・物上保証人・第三取得者等）
時効の利益の放棄	時効完成前に、**あらかじめ時効の利益**を放棄することは不可 例区分所有者全員による「滞納管理費の消滅時効を援用しない」旨の合意は<u>無効</u>➡援用可

(2) 時効の援用の注意点💡

債務者が、時効の完成を知らずに**債務を承認**した場合、信義則上、債務者がその後に時効を<u>援用</u>することは許されない判例。

2 時効の完成猶予・更新

(1) 意味

完成猶予	時効が完成すべき時が到来してもいったん**時効の進行が止まり、時効の完成が猶予される**（時効が完成しない）もの
更　新	**進行してきた時効期間がリセットされる**（振り出しに戻す）もの

(2) 時効の完成猶予事由と更新事由

事　由	完成猶予	更　新
裁判上の請求 支払督促 裁判上の和解 民事調停 破産手続参加等	●左記の事由が終了するまでの間、時効は完成しない ●権利が確定することなく事由が終了した場合、終了から**6ヵ月**経過するまで時効は完成しない	確定判決等で権利確定したときは、時効はその事由の終了時から新たに進行を開始

催　告	催告時から**6ヵ月経過**するまで時効は**完成しない** ⚠完成猶予中に再度催告しても完成猶予の効力は生じない	更新なし
協議を行う旨の合意	下記の**いずれか早い時**までの間、時効は**完成しない** ①　合意時から**1年**を経過した時 ②　**1年未満の協議期間**を定めたときは、その期間経過時 ③　**協議続行拒絶の通知**が書面でされたときは、その通知の時から**6ヵ月経過時**	更新なし
承　認	**完成猶予なし**	時効は承認時から新たに進行を開始

3　時効の完成猶予・更新の注意点 💡

(1)　時効の完成猶予・更新は、当事者・その承継人（相続人・区分所有権を譲り受けた特定承継人）の間においてのみ、効力を生じる。

> 例区分所有者Aが管理費を滞納している場合、Aが支払猶予の申出をして生じた時効の更新の効力は、Aの相続人にも及ぶ。

(2)　管理費の滞納者が破産手続開始の決定を受けた場合でも、管理組合は、管理費債権を破産債権として届け出て破産手続に参加しなければ、消滅時効の完成猶予の効果は生じない。

> ⚠「滞納者の破産手続開始の決定」により完成猶予するのではない。

(3)　債務の一部の支払である旨を明示して弁済した場合は、その残額についても時効が更新する。

(4)　「区分所有権（専有部分）の売却」「管理費の滞納者（債務者）の死亡」「管理者（債権者）の死亡・長期入院」は、時効の更新事由ではない。

ココは出る！ ●**不動産の物権変動の対抗要件 ➡ 登記**

重要度 マ B
管 C

1 不動産の物権変動の対抗要件

不動産の物権変動（所有権の移転・抵当権の設定等）の対抗要件（物権変動を第三者に主張するための条件）は、登記である。

⚠ 悪意または善意有過失でも、登記をすれば自分の所有権等を主張できる。

2 登記がなくても対抗できる第三者

①	まったくの無権利者 例 共同相続人の1人が、不動産について勝手に単独名義で相続した旨の登記をし、これを第三者に売却して所有権の移転登記をした場合、他の相続人は、第三者（「まったくの無権利者」）に対して、自己の相続分を登記がなくても対抗することができる 判例。
②	不法占有者・不法行為者
③	背信的悪意者 例 前の買主が未登記であることに乗じて、その者に高値で売りつけ、不当な利益を得る目的で買い受けて、先に登記を備えた者等
④	詐欺・強迫により登記を妨げ、自己に登記を受けた者
⑤	他人のために登記の申請をする義務を負いながら、自己に登記を受けた者

3 登記が必要な物権変動

（1）詐欺・強迫と第三者

	取消し前の第三者	取消し後の第三者
詐欺	善意無過失の第三者に対抗できない	対抗関係（登記が必要）
強迫	善意無過失の第三者に対抗できる	対抗関係（登記が必要）

（2）解除と第三者

解除前の第三者	解除後の第三者
権利保護要件の登記が必要	対抗関係（登記が必要）

	H28	H29	H30	R1	R2	R3	R4	R5	8回中
マンション管理士				△	△	○	○		4回
管理業務主任者	△								1回

(3) 取得時効と第三者

時効完成前の第三者	時効完成後の第三者
登記不要で対抗できる	対抗関係（登記が必要）

(4) 相続・遺産分割と第三者

共同相続と登記	遺産分割後の第三者
自己の相続分について登記不要で対抗できる	自己の相続分を超える持分については登記が必要

4 相隣関係

相隣関係とは、隣接している不動産の所有権について、相互の利用の調整を図るものである。

隣地使用権	土地の所有者は、次の目的のため必要な範囲内で、**隣地を使用可能** ① 境界・その付近における障壁、建物等の築造、収去または修繕 ② 界標の調査または境界に関する測量 ③ 隣地の枝の切取り		
継続的給付を受けるための設備の設置権	土地の所有者は、他の土地に設備を設置し、または他人が所有する設備を使用しなければ**電気**、**ガス**または**水道水**の供給等の継続的給付を受けることができないときは、継続的給付を受けるため必要な範囲内で、他の土地に設備を設置し、または他人が所有する設備を使用することができる		
境界線を越える竹木の枝・根の切除	原則	竹木の所有者に、その枝を切除させることができる	**勝手に切除不可**
	例外	① 竹木の所有者に枝の切除を催告したが、相当の期間内に切除しないとき ② 竹木の所有者を知ることができず、またはその所在を知ることができないとき ③ 急迫の事情があるとき	**勝手に切除可**
	竹木の根は、自ら切除することができる		

知識をチェック　✎　今年狙われる!!　「予想問題」＆「重要過去問」 ➡ P.17

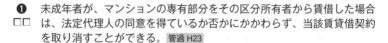

POINT 1 制限行為能力者

❶
☐☐ 未成年者が、マンションの専有部分をその区分所有者から賃借した場合は、法定代理人の同意を得ているか否かにかかわらず、当該賃貸借契約を取り消すことができる。 管過 H23

❷
☐☐ 成年被後見人は、日用品の購入その他日常生活に関する行為であっても、事理を弁識する能力を欠く常況で行ったのであれば、取り消すことができる。 予想問題

POINT 2 意思表示

❸
☐☐ Aは、Bとの間で、甲マンションの1室である202号室をBに売却する旨の売買契約を締結した。Aは、本心では202号室を売却するつもりはなく売買契約を締結した場合において、Bがそのことを知り、又は知ることができたときは、売買契約は無効となる。 マ過 R4

❹
☐☐ 錯誤を理由として意思表示が取り消すことができる場合、表意者に重大な過失があっても、原則として、錯誤を主張することができる。 予想問題

POINT 3 代 理

❺
☐☐ Aは、その子Bを代理人として、その所有するマンションの1室をCに売却した場合、Bが未成年者であっても、Aは、Bの未成年を理由に売買契約を取り消すことができない。 予想問題

❻
☐☐ Aが、B所有の専有部分である101号室の売却についてBから代理権を与えられ、Cに売却する契約を締結した。AがBの代理人であると同時にCの代理人としてBC間で売買契約を締結した場合には、あらかじめ、B及びCの承諾を受けていても、当該契約は効力を生じない。 予想問題

POINT 4 無権代理と表見代理

❼
☐☐ Aが、Bの代理人と偽って、B所有の専有部分である201号室を売却する契約をCと締結した場合に、Aが当該契約についてBの追認を得ることができなかった場合、Cは、Aの無権代理について悪意であっても、Aに対して損害賠償を請求することができる。 予想問題

⑧
☐☐ Aが、代理権を有しないにもかかわらず、マンション管理業者Bの代理人と称して、管理組合Cとの間で管理委託契約を締結した場合に、Cが管理委託契約を締結した当時、Aに代理権がないことを知らなかったときは、知らないことに過失があったときでもBの追認がない限り、Cは当該契約を取り消すことができる。予想問題

POINT 5　消滅時効と取得時効

⑨
☐☐ Aが区分所有するマンションの専有部分を何ら権原のないBが占有している場合、Bが、当該専有部分を10年間の占有により時効取得するためには、10年間にわたり継続して善意・無過失でなければならない。予想問題

POINT 6　時効の援用・完成猶予等

⑩
☐☐ 甲マンションの入居時に区分所有者全員で管理費等の滞納が発生したとしても時効を援用しない旨の合意をしていた場合は、当初の購入者である前区分所有者Cから201号室の譲渡を受けたBは、Cの滞納管理費等のうち時効が完成している分につき時効を援用することができない。マ過H17

⑪
☐☐ 管理者が、管理費を滞納している区分所有者に対し、内容証明郵便により支払を請求したときは、その請求により時効は更新する。予想問題

POINT 7　物権・物権変動の対抗要件・相隣関係

⑫
☐☐ Aが、その区分所有しているマンションの専有部分甲をBに売却した場合、Cが何ら権原なく甲を不法占拠している場合、所有権移転登記を受けていないBは、Cに対して、甲の所有権を主張することができない。予想問題

答 **POINT 1** ❶✕：同意がないときは取消可。❷✕：日用品の購入等は単独で有効に行えるので取り消せない。**POINT 2** ❸○ ❹✕：重大な過失があるときは、原則として、錯誤を主張できない。**POINT 3** ❺○ ❻✕：双方代理は、本人の許諾があれば有効。**POINT 4** ❼✕：悪意なら責任追及不可。❽○ **POINT 5** ❾✕：占有「開始」の状態が善意・無過失であればよい。**POINT 6** ❿✕：時効の利益は、あらかじめ放棄不可。⓫✕：これは催告。催告では完成猶予はするが、更新はしない。**POINT 7** ⓬✕：不法占拠者には登記がなくても所有権を主張できる。

POINT 8 共有

- 共有者が相続人等なく死亡➡その者の持分は他の共有者に帰属
- 共有物の①保存➡単独で可、②管理➡過半数の同意が必要
- ③処分・変更➡全員の同意が必要

重要度 マ B
管 B

1 持分等

共有とは、数人の者が共同して1つの物を所有することで、それらの者を<u>共有者</u>、共有者の有する所有権の割合を<u>持分</u>という。

持　分	原則	当事者間の意思（契約）、または法律の規定による
	例外	**持分が不明の場合➡<u>相等しい</u>ものと推定**
使　用		各共有者は、**持分に応じて共有物の<u>全部</u>の使用**ができる ⚠共有者の1人が単独で全部の使用をしている場合、他の共有者は、当然には共有物の明渡しを請求できない
持分の処分		各共有者による**自己の持分の処分（譲渡・抵当権の設定等）**は**自由**　⚠他の共有者の承諾は<u>不要</u>
管理費の負担		① 各共有者は、その<u>持分に応じて</u>管理費用を負担する
		② 共有者が**1年以内**に①の義務を履行しない場合、他の共有者は**相当の償金**を払って、その者の持分を取得できる
共有物に関する債権		共有者が他の共有者に**債権**を有する場合、その<u>特定承継人</u>に対しても行使できる 例管理費用の立替債権は、**共有持分の譲受人に対しても請求できる**
持分の放棄等		共有者の1人が、 ① **持分を<u>放棄</u>した**とき ② **相続人・<u>特別縁故者</u>がなく死亡した**とき その持分は原則として、<u>他の共有者</u>に帰属する ⚠相続人等なく死亡した場合でも、持分は国庫に帰属しない

	H28	H29	H30	R1	R2	R3	R4	R5	8回中
マンション管理士	○				△	△			3回
管理業務主任者	△				△			△	3回

過去の出題

1

民法

2 共有物の管理・処分等

共有物の管理等は、内容に応じて、次のように行われる。

	要件	具体例
保存行為	共有者が**単独**で行使可能	共有物の清掃・小修繕
管理行為	各共有者の持分の価格に従い、その**過半数**で決する	賃貸借契約の締結（建物賃貸借は期間3年以内）・解除 管理者の選任
軽微変更行為		
重大変更行為	他の共有者**全員**の同意	共有物の売却（処分行為）、増築・改築（形状・効用の著しい変更を伴わないものを**除いたもの**)

⚠ 形状または効用の著しい変更を伴わないものを軽微変更行為、形状または効用の著しい変更を伴わないものを「除いた」ものを重大変更行為という。

3 共有物の分割

各共有者は、いつでも、共有物の分割（＝共有関係の解消）を<u>正当事由</u>不要で請求することができる。

方 法	現物分割	共有物を**物理的に分割**して、各共有者に帰属させる
	代金分割	共有物を**売却**し、その代金を各共有者で分割する
	価格賠償	共有者の1人が共有物の所有権を取得して、他の共有者に**金銭を支払う**
裁判所による分割	① 協議が整わない場合、**裁判所に対して分割請求ができる**	
	② **裁判所**は、現物分割のほか、**競売**を命じることもできる	
	③ 裁判による分割方法として、<u>全面的価格賠償</u>も認められる 判例	
不分割特約	共有者全員で**5年を超えない範囲**で、**分割しない特約（不分割特約）**をすることができる ➡ **不分割特約は更新**できるが、更新後の期間も<u>5年以内</u>となる	

知識をチェック ✔ 今年狙われる!! 「予想問題」&「重要過去問」 ➡ P.34

19

●抵当権の効力は、設定時からの**従物・従たる権利**に及ぶ
●物上代位するには、金銭等の支払前に抵当権者が自ら**差し押さえる**ことが必要

1 抵当権

抵当権とは、債務者、または第三者が、**目的物**の使用・収益権等を手元に残したまま、**債務の担保に供することができる担保物権**である。

成立要件等	①	**抵当権者**と抵当権設定者（**債務者・物上保証人**）間の合意で成立
	②	抵当不動産の**使用・収益権・処分権**は設定者に残るため、抵当権者の承諾不要で、自由に**賃貸借や売却**をすることができる
目 的	**不動産**・地上権・永小作権　⚠賃借権には設定不可	
効 力	債務が弁済されない場合、債権者は、不動産等の競売代金から、**他の債権者より優先**して弁済を受けることができる（優先弁済的効力）	
性 質	**付従性**・不可分性・**随伴性**・物上代位性を有する	
対抗要件	登記であり、その順位により**優先弁済**を受ける	
被担保債権の範囲	元本・**満期となった**最後の2年分の利息・遅延損害金等　⚠後順位抵当権者等の利害関係人がいない場合は、最後の2年分に制限されない	

⚙ 抵当権設定契約とは

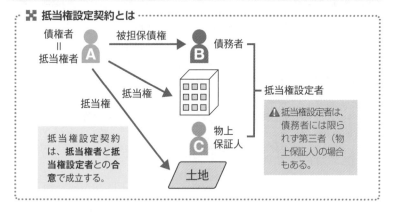

		H28	H29	H30	R1	R2	R3	R4	R5	8回中
過去の出題	マンション管理士		△	△		△	△		△	5回
	管理業務主任者							△	△	2回

1

民法

2 抵当権の効力の及ぶ範囲

土地・建物	抵当権の目的物である**土地・建物** ⚠土地のみに設定した抵当権の効力は建物には及ばず、 建物のみに設定した抵当権の効力は土地には及ばない		
付加一体物	抵当不動産と**一体**となって独立性を持たない物 例 建物の増築部分、雨戸等		
従物・ 従たる権利	抵当権の 設定当時 から 存在する	**従物**➡主物に附属しているが、独立して権利の対象となるもの（取り外せるもの）	例 畳、エアコン、ガソリンスタンド店舗（主物）の地下燃料タンク 判例 等
		従たる権利➡主物に附属した権利	例 借地上の建物（主物）の借地権
果 実	被担保債権に**不履行**があった場合、不履行後に生じた抵当不動産の天然果実・法定果実にも抵当権の効力が及ぶ		

3 抵当権等の担保物権の性質

付従性	●被担保債権がなければ担保物権は成立しない ‥‥‥‥‥‥‥‥‥‥‥‥‥‥‥‥‥‥‥‥‥‥‥‥‥‥‥‥‥‥‥‥ ●被担保債権が弁済等によって消滅すれば、**担保物権も同時に消滅する**
不可分性	被担保債権の**全額の弁済**まで、目的物の全部について**担保物権の効力が及ぶ**
随伴性	被担保債権の譲渡に伴って**担保物権も移転する**
物上代位性	被担保債権が**他の財産権**（保険金請求権・**損害賠償請求権**・賃料請求権・代金請求権等）に変わる場合は、その財産権にも**担保物権を行使できる** ⚠物上代位するには、金銭等が支払われる前に抵当権者自ら差押えをする必要がある 判例

POINT 10 抵当権❷

- 法定地上権 ➡ 抵当権設定時に建物がなければ不成立
- 抵当権設定登記後の賃借権 ➡ 登記や引渡しがあっても抵当権者や買受人に対抗不可

重要度	マ	B
	管	C

1 法定地上権

建物が存在する**土地のみ**に設定された抵当権が実行されると、土地と建物の所有者が異なることになり、建物所有者は、もし土地所有者からの請求があれば、建物を収去して**土地を明け渡さなければならない**。

しかし、**次の成立要件をすべて満たす場合**には、建物所有者のために土地の利用権としての地上権（法定地上権）が当然に発生し、**明渡しは不要**となる。

成立要件	①	**抵当権設定時**に土地上に**建物が存在する**こと ⚠建物についての登記は不要
	②	**抵当権設定時**に**土地と建物の所有者が同一**であること ⚠抵当権設定後に土地・建物のどちらかが譲渡され、それぞれ別人の所有に属した場合でも成立する
	③	土地・建物の一方、または双方に抵当権が設定されていること
	④	抵当権実行の結果、**土地と建物の所有者が別々**になること

2 抵当不動産の第三取得者の保護

抵当不動産の所有権等を取得した者（第三取得者）は、抵当権が実行されると所有権等を失うため、その対応策として次の措置を講ずることができる。

第三者弁済	第三取得者は、債務者の意思に反しても、債務を弁済して抵当権を消滅させることができる
抵当権消滅請求	**第三取得者**が、抵当権者に対して一定の金額を支払うことにより**抵当権の消滅を請求**し、それを抵当権者が承諾した場合、抵当権は消滅する
代価弁済	抵当権者の請求に応じて、第三取得者が**抵当権者に代価を支払えば**、抵当権は消滅する
自ら競落	第三取得者は、自ら**競売に参加して買受人になる**ことができる

		H28	H29	H30	R1	R2	R3	R4	R5	8回中
過去の出題	マンション管理士		△	△						2回
	管理業務主任者							△		1回

1

民法

3 抵当権消滅請求・第三取得者の保護

抵当権消滅請求	①	抵当権実行による**差押えの効力発生前**に行わなければならない
	②	抵当権者は、第三取得者の請求を受けてから2ヵ月以内に抵当権を実行して競売の申立てをすれば、抵当権消滅請求の効果は生じない ⚠債務者や保証人は、抵当権消滅請求ができない
第三取得者の保護	①	第三取得者が自ら費用を支出して**所有権を保存**した場合、買主である第三取得者は、売主に対し、その**善意・悪意を問わず、保存費用の償還請求**ができる（損害があれば、損害賠償請求も可）
	②	**抵当権消滅請求の手続が終わるまで、買主である第三取得者は、代金の支払いを拒絶できる**

4 賃貸借の保護

抵当権と賃借権との優劣は、次のように**抵当権設定登記の前後**による。

抵当権設定登記前の賃借権	抵当権設定登記後の賃借権	
対抗要件（登記・建物の引渡し等）を備えていれば、賃借人は賃借権を**抵当権者や買受人に対抗できる**	原則	●賃貸借の期間の**長短を問わず対抗できない**
		●対抗要件を備えていても、**抵当権者や買受人には対抗できない**
	例外	●すべての**抵当権者**が同意し、その**同意の登記がある場合には、賃借権を対抗できる**
		●建物賃借人は、買受人の買受時より<u>6</u>ヵ月間は、**建物を引き渡す必要はない**

その他の担保物権

●先取特権には、物上代位性がある
●共益費用の先取特権は、他の先取特権に優先する

重要度 マ C
管 B

1 先取特権

先取特権は、法律に定められた特定の債権を有する者が、債務者の財産から他の債権者より優先的に弁済を受けられる法定担保物権である。

性 質	①法律の規定により**当然に発生**し、当事者の合意は不要
	②付従性・随伴性・不可分性・物上代位性を有する
一般の先取特権	① 債務者の総財産から優先弁済を受けられる
	② **共益費用の先取特権**（債務者の財産を保存するため支出した費用を担保する）等がある ⚠区分所有法上、マンションの管理費等に生じる先取特権は、共益費用の先取特権に該当する
動産の先取特権	① 債務者の所有する**動産**から優先弁済を受けられる
	② **不動産賃貸借の先取特権**は、不動産賃貸借から生じた賃貸人の賃借人（転借人）に対する賃料債権を担保し、その対象は賃借人が**建物に備え付けた**動産（建物に持ち込んだ金銭・有価証券・宝石等を含む）である ➡目的物である動産が第三者に譲渡され、**引き渡される**と、その第三者の保護のため、**先取特権は行使不可となる**（先取特権の追及力の制限）
不動産の先取特権	不動産の保存の先取特権（不動産の修繕費等を担保する）等がある
優先順位	●「一般の先取特権」のうち**共益費用の先取特権**は、動産の先取特権・不動産の先取特権に**優先する**
	●**一般の先取特権と抵当権**が競合した場合

双方に登記なし	一般の先取特権が優先
双方に登記あり	登記の先後による
抵当権に登記があるが、先取特権に登記なし	抵当権が優先

過去の出題		H28	H29	H30	R1	R2	R3	R4	R5	8回中
	マンション管理士								△	1回
	管理業務主任者				○				△	2回

2 留置権

留置権は、他人の物の占有者が、その物に関して生じた債権の弁済を受けるまでその返還を拒むことで、債務者の弁済を間接的に促す**法定**担保物権である。

例えば、建物の賃借人が、建物について**必要費**（修繕費）や**有益費**を支出した場合、賃借人は、賃貸借契約終了後でも、これらの**費用が償還される**まで建物の返還を拒むことができる。

性 質	付従性・随伴性・不可分性はあるが、物上代位性はない
成立要件	① **他人の物**（動産・不動産）を占有すること
	② 債権が**物に関して生じた**こと
	③ 占有が**不法行為によって開始していない**こと

3 質 権

質権とは、債権者が債務の担保として債務者や第三者から引き渡された物を占有し、その物から優先弁済を受けられる**約定**担保物権である。

性 質	付従性・随伴性・不可分性・**物上代位性**を有する
成立要件	当事者の合意に加えて、目的物の**引渡し**が必要（要物契約）

4 担保物権の性質のまとめ

○：あり　✕：なし

	抵当権	質権	先取特権	留置権
付従性	○	○	○	○
随伴性	○	○	○	○
不可分性	○	○	○	○
物上代位性	○	○	○	✕
優先弁済的効力	○	○	○	✕
留置的効力	✕	○	✕	○

知識をチェック　✎　今年狙われる!!　「予想問題」&「重要過去問」 ➡ P.34

債務不履行

●債務不履行➡損害賠償請求権・解除権が発生する
●遅延損害金の額➡法定利率による

重要度	マ	A
	管	A

1 債務不履行

　債務不履行とは、**債務の本旨**（契約で定められた債務の内容）**に従った履行が行われないこと**をいう。

<table>
<tr><td rowspan="8"></td><td colspan="3">① 不履行状態が違法（債務者に同時履行の抗弁権等がないこと）</td></tr>
<tr><td colspan="3">② 下記のどちらかに該当する
●履行遅滞（履行期に遅れる）
【遅滞となる時期】</td></tr>
<tr><td>確定期限付き債務</td><td colspan="2">期限到来時</td></tr>
<tr><td>不確定期限付き債務</td><td>期限の到来後に履行の請求を受けた時
期限の到来を<u>債務者</u>が知った時</td><td>どちらか早い時</td></tr>
<tr><td>期限の定めのない債務</td><td colspan="2">債務者が債権者から履行の請求を受けた時</td></tr>
<tr><td colspan="3">●履行不能（履行が不可能となる）
⚠不能かどうかは、契約等債務の発生原因・取引上の社会通念に照らして判断</td></tr>
</table>

効果	①	<u>損害賠償請求権</u>**の発生**（債務者の**帰責事由**が**必要**）
	②	**契約の解除**（債務者の**帰責事由**は**不要**） ⚠債権者に帰責事由があるときは、債権者からの契約解除不可
	③	<u>履行の請求</u>（⚠履行不能の場合は、そもそもできない）

2 損害賠償

　損害賠償は、特約がない限り**金銭**で行われる（金銭賠償の原則）。

損害賠償の範囲	原則	<u>通常生じる範囲</u>の損害（相当因果関係にある損害）
	例外	**債務者が債務不履行のときに予見すべきであった特別な事情から生じた損害**

		H28	H29	H30	R1	R2	R3	R4	R5	8回中
過去の出題	マンション管理士	△	△				○			3回
	管理業務主任者	△		○				△	△	△△	5回

損害賠償額の予定	①	当事者は、あらかじめ**債務不履行**があった場合の**損害賠償額を定めておく**ことができる
	②	債権者は、債務不履行の事実さえ証明すれば、**損害の発生やその額の立証が**不要で、損害賠償請求ができる

3 金銭債務の特則

金銭を目的とする債務については、次の特則がある。

①	履行不能はなく、すべて**履行遅滞**となる
②	**債務者**に**故意・**過失**がなくても**（不可抗力でも）、履行遅滞として**損害賠償責任を負う**
③	**損害**（損害の発生と損害額）の証明不要で、**遅延損害金**（遅延利息）を請求できる
④	**遅延損害金**（遅延利息）の額は、原則として**法定利率**（3％：変動あり）によるが、約定利率の方が高い場合は、それによる ⚠区分所有者が管理費を滞納している場合、規約に遅延損害金（遅延利息）に関する定めがなくても、法定利率で遅延損害金を請求できる

4 過失相殺

過失相殺	①	**債務不履行・これによる損害の発生・拡大**について、債権者に過失があったときは、裁判所は、損害賠償責任・その金額を定める際、**過失相殺をしなければならない**
	②	**裁判所は、債務者の主張がなくても、職権で過失相殺ができる**

不可分債権・不可分債務・保証債務①

- 専有部分の共有者が負う管理費等の支払債務➡不可分債務
- 連帯債務における債権者の相殺には、絶対的効力がある
- 保証人債務➡債権者－保証人間で成立

1 不可分債権・不可分債務

債権・債務が分割できない場合、それらは次のように不可分債権・不可分債務となる。

	内 容	効 果	具体例
不可分債権	**複数の債権者**が**いて、債権の目的がその性質上分割できない**場合	各債権者は、債務者に**単独で全部の履行**の**請求**をでき、債務者は、債権者の**いずれに対しても、全部の履行**ができる	AとBが共同でC所有のマンションを購入した場合の、マンション引渡請求権
不可分債務	**複数の債務者**が**いて、債務の目的がその性質上分割できない**場合	債権者は、債務者のうちの**1人**に、または**すべての債務者**に対し、**同時・順次**に、**全部・一部の履行**を請求できる	① マンションの**共有者が負う**管理費等の支払債務 判例 ② 共同賃借人の賃料債務 ③ マンションの**共有者がマンションを賃貸する**場合の引渡債務

2 普通保証（保証債務）

保証とは、本来弁済すべき「主たる債務者」が弁済しない場合、保証人がその債務を肩代わりして弁済する義務を負うことをいう。

要 件	●債権者と保証人との間に保証契約が成立していること ⚠主たる債務者と保証人との契約ではない ➡主たる債務者の意思に反していても、許諾（委託）がなくても、保証人になれる ●保証契約は、書面または電磁的記録で行う

	H28	H29	H30	R1	R2	R3	R4	R5	8回中
マンション管理士						△			1回
管理業務主任者		△				△		△	3回

過去の出題

1 民法

性質等	**(1) 保証債務の性質**	
	① **付従性** ●主たる債務がなくなれば、**保証債務もなくなる** ●主たる債務が減縮されると、**保証債務も減縮する**	
	② **随伴性** 主たる債務が移転すれば、**保証債務も移転する**	
	③ **補充性**（⚠連帯保証にはない） 保証債務は、主たる債務が履行されない場合に履行すればよい。したがって、次の**抗弁権**を有する	
		催告の抗弁権	債権者がいきなり保証人に保証債務の履行を請求してきた場合、保証人は「**まずは主たる債務者に請求せよ**」と抗弁できる
		検索の抗弁権	債権者が債務者に請求したうえで保証人に請求してきた場合でも、**債務者に弁済の資力**があり、**強制執行が容易**であることを証明することで「**主たる債務者の財産に強制執行をせよ**」と抗弁できる
	(2) 保証債務の範囲	
	元本はもとより、利息・違約金・損害賠償金等、主たる債務に付随する**すべてを含む**	
効力	① **保証人**は、主たる債務者が有する同時履行の抗弁権・消滅時効の援用権を行使できる	
	② 主たる債務者が相殺権・取消権・解除権を有する場合、主たる債務者が債務を免れる限度で、保証人は**保証債務の履行を拒むことができる**	
	③ **主たる債務者について生じた事由の効力** ➡原則として**保証人に効力を及ぼす** ⚠主たる債務者に時効の完成猶予・更新が生じると、保証人にもその効果が生じる	
	④ **保証人について生じた事由の効力** ➡主たる債務を消滅させる事由（弁済・代物弁済・相殺、更改等）のみ主たる債務者に効力を及ぼし、**それ以外のものは及ぼさない** ⚠保証人に時効の完成猶予・更新が生じても、主たる債務者にはその効果が生じない	

知識をチェック 今年狙われる!! 「予想問題」&「重要過去問」 ➡ P.35

29

● 連帯保証人 ➡ 催告・検索の抗弁権を有しない
● 個人根保証契約は極度額を定めなければならない

重要度	マ	B
	管	B

1 共同保証

　共同保証とは、同一の債務について、<u>2</u>人以上が保証人となることをいう。この場合、**各保証人の保証債務は、保証人の数に応じて分割された額**となる。これを共同保証人の**分別の利益**という。

> 例 AがBから1,000万円を借り、普通保証人CとDが共同保証人になった場合、各自500万円分の保証債務を負う。

2 普通保証と連帯保証の比較

　連帯保証とは、保証人が主たる債務者と連帯して、その債務を保証することをいう。連帯保証は、普通保証と次の点で異なる。

〇：あり　　✕：なし

	普通保証	連帯保証
補充性	〇 催告・検索の抗弁権<u>あり</u>	✕ 催告・検索の抗弁権<u>なし</u>
分別の利益	〇	✕
保証人に対する混同	主たる債務者に及ばない ➡主たる債務は消滅<u>しない</u>	主たる債務者に及ぶ ➡主たる債務も消滅<u>する</u>

3 情報提供義務

　以下の保証人に対して、債権者・主債務者は情報提供をする義務がある

委託を受けた保証人	保証人が主たる債務者の<u>委託</u>を受けて保証をした場合、保証人の<u>請求</u>があったときは、債権者は、保証人に対し、遅滞なく、主たる債務の元本・利息等の情報を提供する義務がある
事業のための保証人	<u>事業のために</u>負担する債務について保証人になることを他人に<u>依頼する場合</u>、主債務者は、保証人になるかどうかの判断に資する情報を提供する義務がある

1
民法

4 個人根保証契約

一定の範囲に属する不特定の債務を主たる債務とする保証契約で、保証人が**法人でないもの**

要件	**極度額**を定めなければ効力を生じない
元本確定事由	①債権者が、保証人の財産について、金銭の支払を目的とする債権についての強制執行または担保権の実行を申し立てたとき
	②保証人が破産手続開始の決定を受けたとき
	③主たる債務者または保証人が死亡したとき

⚠️元本確定とは、保証人の責任が、その時点で発生している債務者の債務の額で確定し、それ以後は責任を負わなくなることをいう。

5 保証意思宣明公正証書

個人が**事業用の債務**の保証人になろうとする場合には、保証契約をする前1ヵ月以内に、原則として公証人による保証意思の確認を経て、保証意思宣明公正証書を作成しなければならない。

債権譲渡・債権の消滅・債務引受

● 債権譲渡の債務者に対する対抗要件➡債務者に対する譲渡人からの通知または債務者の承諾
● **免責的**債務引受➡債権者・引受人の契約によって成立

1 債権譲渡

債権譲渡とは、債権者（譲渡人）が債権を第三者（譲受人）に譲渡（売却）することをいう。

譲渡性	● 譲渡人と譲受人の合意のみで成立する	
	● **債務者の承諾は**不要で、自由に譲渡できる	
	● 譲渡制限特約がある場合、その**特約に反する債権譲渡も**有効 ⚠ 悪意・重過失の譲受人からの請求を債務者は拒むことができる	
対抗要件	債務者に対する 対抗要件 （①②のどちらかで可）	① **債務者に対する譲渡人からの**通知 ⚠ 譲受人からの通知では×
		② **債務者の**承諾（譲渡人・譲受人のどちらにしてもよい）
	第三者に対する 対抗要件 （債権の二重譲渡の場合）	① 確定日付のある証書による通知 または承諾がある方が優先
		② 双方とも確定日付がある場合、通知の到達・承諾の早い方が優先
		③ 通知が同時到達した場合は、双方が全額請求できる

2 債権の消滅

(1) 第三者の弁済

債務の弁済は第三者でもすることができる（原則）。

○：可　　✕：不可

	正当な利益を有する者 （物上保証人・第三取得者等）	正当な利益を有しない者 （単なる親・兄弟・親友等）
債務者の意思 に反する	○	✕ **債権者が**善意で受領 ➡有効
債権者の意思 に反する	○	<u>✕</u> **債務者の委託を受けて弁済** ➡**債権者が悪意だと有効**

1 民法

(2) 相 殺

要 件 (相殺適状)	①	双方の債権が有効に存在し、**対立していること** ➡**自働債権が時効によって消滅している場合でも、 時効完成以前に相殺適状にあったときは相殺できる**
	②	双方の債権が**同種の目的**を有すること
	③	双方の債権が**弁済期にあること** ⚠自働債権の弁済期が到来していれば、受働債権の弁済期が到 来していなくても、自働債権を有する側から相殺可 判例
	④	性質上「**相殺を許す債務**」であること
方 法	相手方に対する**意思表示**で行う	
効 果	**相殺適状になった時にさかのぼって**効力を生じる	

相殺と不法行為

相殺の可否　　　　　　　　　　　　○：可能　✕：禁止

受働債権となる債権	加害者から相殺	被害者から相殺
悪意による不法行為 に基づく 損害賠償請求権	✕	○
人の生命・身体の 侵害による 損害賠償請求権	✕	○

3 債務引受

債務引受とは、債務の同一性を維持したまま引受人に移転する契約をいう。

併存的 債務引受	①	**債権者**と**引受人**との**契約で成立する** ⚠債務者の同意は不要
	②	**債務者**と**引受人**との**契約でも成立する** ⚠債権者が引受人に対して承諾をした時に効力を生ずる
	③	**引受人は、債務者と同一の内容の債務を連帯して負担する**
免責的 債務引受	①	**債権者**と**引受人**との**契約で成立する** ⚠債権者が債務者に対して通知した時に効力を生ずる
	②	**債務者**と**引受人**が契約をし、**債権者**が引受人に対して承諾 をすることでも成立する

知識をチェック　今年狙われる!!「予想問題」&「重要過去問」➡ P.35

33

POINT 8 共 有

❶
☐☐ 各共有者は、他の共有者全員の同意を得なければ、共有物にその形状又は効用の著しい変更を伴わないものを除いた変更を加えることができない。 予想問題

❷
☐☐ あるマンションの専有部分である 301 号室を A、B、C の 3 人が共有している場合、A、B、C は、一定期間内は分割をしない旨の契約がない限りは、いつでも 301 号室の分割を請求することができる。 管過 H19

POINT 9 抵当権❶

❸
☐☐ 甲土地を所有する A が、B 銀行から融資を受けるに当たり、甲土地に B のために抵当権を設定した場合、抵当権設定当時、甲土地上に A 所有の建物があったときには、当該抵当権の効力は当該建物にも及ぶ。 管過 R4

❹
☐☐ A が区分所有するマンションの専有部分について、B のために抵当権が設定され、その旨の登記がなされた場合、A が、当該専有部分を C に賃貸したとき、B が、C の A に対する賃料の支払前に差押えをしなくても、B の抵当権は、A の C に対する賃料支払請求権に対して行使することができる。 予想問題

POINT 10 抵当権❷

❺
☐☐ A が区分所有するマンションの専有部分について、B のために抵当権が設定され、その旨の登記がなされた後に、当該専有部分が C に期間 3 年で賃貸され、その登記がある場合には、C は、抵当権の実行による当該専有部分の買受人に対して賃借権を対抗することができる。 予想問題

POINT 11 その他の担保物権

❻
☐☐ A が区分所有しているマンションの専有部分を B に賃貸している場合、B が本件専有部分を A の承諾を得て C に転貸した場合に、A の賃料についての先取特権は、C の動産にも及ぶ。 管過 H19

❼
☐☐ A が区分所有しているマンションの 201 号室を B に賃貸している場合、A の賃料についての先取特権は、B が 201 号室に備え付けた動産を C に売却して引き渡した後でも、その動産について行使することができる。 予想問題

POINT 12 債務不履行

❽
☐☐ 区分所有者が管理費及び修繕積立金を滞納している場合、規約に滞納管理費及び修繕積立金の遅延損害金についての定めがない場合でも、管理組合は、法定利率による遅延損害金を付加して請求することができる。
予想問題

POINT 13 不可分債権・不可分債務・保証債務①

❾
☐☐ A及びその弟Bが、甲マンションの301号室の区分所有権を各1/2の割合で共有している場合において、甲マンションの管理者は、A又はBのいずれに対しても、301号室の管理費の全額を請求することができる。
マ過 H20

❿
☐☐ 管理組合法人Aが、建設会社Bとの間でマンションの外壁補修工事を内容とする請負契約を締結した場合、AのBに対する補修工事代金債務について、Aの理事が当該債務を保証する旨の契約をBとの間で締結する場合、その契約は、書面又は電磁的記録でしなければ、その効力を生じない。
管過 H18

POINT 14 保証債務②

⓫
☐☐ AのBに対する3,000万円の債務について、Cが連帯保証人となった場合、Cは、Bからの請求に対して催告及び検索の抗弁権を行使することができる。
予想問題

POINT 15 債権譲渡・債権の消滅・債務引受

⓬
☐☐ マンションの管理組合Aは、管理費等の滞納組合員が、Aに対して金銭債権（悪意による不法行為及び人の生命、身体の侵害による損害賠償請求権以外の債権）を有しているときは、滞納額と同債権にかかる債権額とを対当額にて相殺することができる。
管過 H23

答 **POINT 8** ❽○ ❽○ **POINT 9** ❾✕：土地に設定した抵当権の効力は、当該土地上の建物には及ばない。❹✕：支払い前の差押えが必要である。**POINT 10** ❺
✕：抵当権設定登記後の賃借権は対抗不可。**POINT 11** ❻○ ❼✕：第三者Cの保護のため、引渡後は行使不可。**POINT 12** ❽○ **POINT 13** ❾○ ❿○ **POINT 14** ⓫
✕：連帯保証人は、催告および検索の抗弁権を行使できない。**POINT 15** ⓬○

契約の種類等

● 典型契約のうち重要なものは売買・賃貸借・委任・請負
● 公序良俗違反の契約 ➡ 絶対的無効

1 契約の分類

　民法に規定がある 13 種類の契約を典型契約という。契約は、①合意のみで成立するか、②当事者双方に義務が発生するか、③対価（金銭）の支払があるか、という3つの視点から、次のように分類できる。

①	諾成契約	当事者の合意のみで成立する契約
	要物契約	合意に加え、**物の引渡し**がないと成立しない契約
②	双務契約	当事者双方がそれぞれ義務を負う契約
	片務契約	当事者の一方のみが義務を負う契約
③	有償契約	契約の内容に対価（金銭）の支払がある契約
	無償契約	契約の内容に対価（金銭）の支払がない契約

2 典型契約のまとめ

　本試験で特に重要なのは、**売買・賃貸借・委任・請負**である。

種　類	内　容	分　類
売　買	売主は財産権を買主に移転し、買主は代金を支払う	諾成・双務・有償
交　換	当事者が財産権を相互に交換する	諾成・双務・有償
贈　与	贈与者が財産権を、無償で受贈者に与える	**諾成・片務・無償**
賃貸借	●貸主は物を借主に使用収益させ、借主は賃料を支払う ●契約終了時、借主はその物を返還する等の原状回復を行う	諾成・双務・有償
使用貸借	貸主は物を借主に無償で使用収益させ、借主は使用後にその物を返還する	**諾成・片務・無償**
消費貸借	貸主は物を借主に引き渡し、借主は借りた物を消費し同種・同等・同量の物を返す	**要物・片務・無償** （利息ありの場合➡有償） （書面の場合➡諾成）

1

民法

委　任	委任者から委託を受けた受任者が、法律行為等の事務処理をする	**諾成・片務・無償** ⚠報酬の支払特約がある場合に限り➡**諾成・双務・有償**
寄　託	寄託者から預かった物を受寄者が保管する	**諾成・片務・無償** ⚠報酬の支払特約がある場合に限り➡**諾成・双務・有償**
請　負	注文者から依頼された仕事を請負人が完成させ、注文者がそれに対して報酬を支払う	**諾成・双務・有償**
和　解	当事者が、法律関係の紛争を互いに譲歩して解決する	**諾成・双務・有償**
組　合	数人の者が出資をして共同事業を遂行することを約する	**諾成・双務・有償**
雇　用	労働者が労働に従事し、使用者がそれに対して報酬を支払う	**諾成・双務・有償**

3 公序良俗違反

契約は、当事者が自由にその内容を決めることができる（契約自由の原則）。しかし、契約内容が、**公の秩序・善良の風俗（公序良俗）に反する場合**には、その**契約**は無効となる。

	当事者間	対・善意の第三者
公序・良俗に反する契約 **例**暴利行為・殺人契約等	**絶対的**無効 （追認は許されない） ⚠無効の主張に期間の制限なし	**対抗できる**

4 「意思能力」と契約

意思能力とは、「自分の行為がどのような結果を生じるのか」について判断できる能力のことである。幼児や泥酔者のように、**意思能力のない者（意思無能力者）**が行った契約は、無効である。

知識をチェック　✎　今年狙われる!!「予想問題」&「重要過去問」➡ P.56

● 解除の意思表示➡撤回不可
● 解除の効果は、契約をした時にさかのぼって発生する

重要度 マ C 管 A

1 同時履行の抗弁権

双務契約の当事者の一方は、相手方が履行の提供をするまでは、自己の債務の履行を拒むことができる。

具体例	①	**売買契約**における代金支払**債務**と目的物の引渡**債務**
	②	**取消し・解除後**の当事者双方の原状回復**義務**（詐欺を理由に売買契約を取り消した場合の、代金の返還と移転登記の抹消）
	③	**請負人**の目的物引渡**義務**と注文者の報酬支払**義務**
	④	**請負人の損害賠償義務と注文者の報酬支払義務** ⚠ 損害賠償義務と報酬支払義務は、相殺可

2 危険負担

危険負担とは、双務契約の成立後、一方の債務が債務者の帰責事由がなく履行不能となった場合に債権者が反対給付を拒むことができるかという問題であり、次の2つの考え方がある。

債務者主義	消滅した債務を基準として、**債務者が負担する**という考え方
	当事者双方に帰責事由がない場合 ➡債権者は、反対給付の履行を拒むことが<u>できる</u> 例 有償の委任契約で、委任者・受任者双方に帰責事由がなく委任事務が履行不能となった場合は、受任者が危険を負担し、**委任者は受任者の報酬支払請求を拒むことが**<u>できる</u> 例 建物の売買契約において、契約締結から引渡しまでの間に、**売主買主双方に帰責事由がなく建物が滅失・損傷した場合は、売主（建物の引渡債務の債務者）が危険を負担し、**買主は売主の代金支払請求を拒むことが**<u>できる</u>
債権者主義	消滅した債務を基準として、**債権者が負担する**という考え方
	債権者に帰責事由がある場合 ➡債権者は、反対給付の履行を拒むことが<u>できない</u>

		H28	H29	H30	R1	R2	R3	R4	R5	8回中
過去の出題	マンション管理士	△								1回
	管理業務主任者	△		△	○	○				4回

3 契約の解除

契約の解除とは、有効に成立した契約の効果を、**当事者の一方の意思表示**によって消滅させることをいう。

方法等	① 解除権を有する者の**一方的な**意思表示で解除できる ⚠ 相手方の承諾は不要
	② 一度解除の意思表示をしたら、**撤回不可**
	③ 当事者が複数⇒**全員から**、または、**全員に対して**行う
催告による解除	履行遅滞の場合、相当な期間を定めて催告し、その期間内に履行がなければ契約を解除できる ⚠ 履行遅滞が契約・取引上の社会通念に照らして軽微な場合、解除不可
催告によらない解除	一定の場合、催告不要で、直ちに契約を解除できる ① **履行不能**、② **確定的な履行拒絶**、③ 債務者が債務の全部の履行を拒絶する意思を明確にした等
効果	契約は、初めからなかったことになる。その場合↓ ① 各当事者は、返還すべき物の**原状回復義務**を負う
		金銭の場合	**受領の時からの**利息を付して返還する
		不動産の場合	第三者に転売され、第三者が登記を備えているときは、**返還請求不可**
	② **損害賠償請求**もあわせてできる

✂ 解除の効果（不動産の場合の**例**）

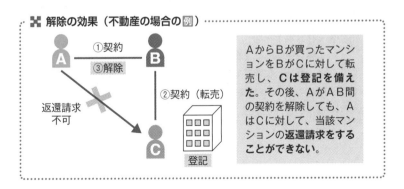

AからBが買ったマンションをBがCに対して転売し、**Cは登記を備えた**。その後、AがAB間の契約を解除しても、AはCに対して、当該マンションの**返還請求をすることができない**。

- 買主は解約手付により放棄、売主は倍返しで契約解除可
- 買主は**不適合を知った時から1年以内に売主に通知**

重要度	マ管	A A

1 売買契約

売買とは、売主がある財産権を買主に移転することを約束し、これに対して、買主がその代金を支払うことを約束する契約をいう。

代金の	支払時期	目的物の引渡しに期限があるときは、**代金の支払にも同一の期限の定めがあるものと推定する**
	支払場所	目的物の引渡しと同時に代金を支払うべきときは、**その引渡しの場所で支払わなければならない**

2 手付（解約手付）

手付とは、契約の締結に際して、当事者の一方から相手方に渡す金銭等である。

(1) 手付の種類

証約手付	●**契約した証拠**として交付する手付のこと
	●どんな手付でも最低限、証約手付の性質は有する
解約手付	相手方に債務不履行がなくても**契約解除を可能**とする手付
違約手付	買主に債務不履行があった場合に、**違約金として没収される手付**

(2) 手付の目的は当事者の約定によるが、特に目的を定めなかった場合は、**解約手付と推定される**。解約手付の内容は、次のとおりである。

方 法	**買主は手付を放棄し、売主は手付の倍額を現実に提供（倍返し）すれば、契約を解除できる**
時 期	相手方が履行に着手するまでは、自らが履行に着手していても**解除可**
注意点 ⚠	●解約手付により契約が解除された場合、**損害賠償請求は不可**
	●債務不履行を理由に契約が解除された場合、手付は買主に返還される

		H28	H29	H30	R1	R2	R3	R4	R5	8回中
過去の出題	マンション管理士	△	△△		△	○			○	5回
	管理業務主任者		○	○△						2回

3 契約不適合責任（売主の担保責任）

売主は、売買契約の目的物の**種類・品質・数量**に関する契約不適合と**権利に関する不適合**があった場合、**買主に対して次の責任（契約不適合責任）を負わなければならない**。

責任の内容	追完請求権	●**目的物の修補**・代替物の引渡し・不足分の引渡しによる履行の**追完請求**ができる ●不適合が**買主の責めに帰すべき事由**によるものであるときは、履行の追完請求ができない
	代金減額請求	●買主が相当の期間を定めて履行の追完の**催告**をし、期間内に追完がないときは、**代金減額請求**ができる ●次の場合、**催告**不要で直ちに代金減額請求ができる 　① 履行の追完が不能、② 確定的な追完拒絶等 ●不適合が**買主の責めに帰すべき事由**によるものであるときは、**代金減額請求ができない**
	損害賠償請求	債務不履行として**損害賠償請求ができる** ⚠売主に帰責事由が**必要**
	契約の解除	●債務不履行として**契約の解除ができる** ⚠売主に帰責事由は**不要** ●不適合が**買主の責めに帰すべき事由**によるものであるときは、**契約の解除はできない**
期間の制限		買主は、不適合を**知った時**から**1**年以内に売主に通知しなければ責任追及できない ⚠この期間の制限を受けるのは、種類・品質に関する契約不適合に限られる ⚠売主が引渡しの時にその不適合を知り、または重大な過失によって知らなかったときは、この期間の制限はない
特約	原則	**自由**。担保責任を**免除・軽減**することもできる ➡特約がない場合、売主は民法の規定どおりに担保責任を**負う**
	例外	免除・軽減の特約をした場合でも、売主が不適合を**知りながら買主に告げなかった**場合は、売主は担保責任を**免れない**

知識をチェック　今年狙われる!! 「予想問題」&「重要過去問」 ➡ P.56

賃貸借契約

● 必要費➡「直ちに」、有益費➡「賃貸借終了時」に償還請求可
● 無断転貸により第三者が賃借物の使用収益を開始しても、背信的行為でなければ解除不可

重要度	マ	A
	管	A

1 賃貸借契約

賃貸借とは、賃貸人（貸主）が、賃借人（借主）に目的物を使用・収益させることを約束し、これに対して賃借人が賃料の支払いと引渡しを受けた物を契約終了時に返還することを約束する契約である。

存続期間		最　長	**50 年** ⚠ 50 年超は不可
		最　短	制限なし
終　了	期間を	定める場合	期間満了により終了
		定めない場合	**解約の申入れが必要** ● 土地の賃貸借➡申入れ後 **1 年**で終了 ● 建物の賃貸借➡申入れ後 **3 ヵ**月で終了
対抗要件			**賃借権の登記**
修　繕			**賃貸人が修繕義務を負う**（賃借人の責任による場合を除く） ⚠ 賃借人は保存に必要な修繕を拒めない
費用償還		必要費	**直ちに**、賃貸人に対し**全額を償還請求**できる
		有益費	**賃貸借契約の終了時**に、賃貸人の選択に従って**支出額、または現存増価額を償還請求**できる
借主の死亡			契約は終了せず、**賃借権は相続される**

2 賃貸人の地位の移転

賃貸借契約期間中に賃貸人が目的物を譲渡した場合には、次のような扱いになる。

賃貸人の地位の移転	賃借人が**対抗要件**（登記・建物の場合は引渡し）を備えている場合、**不動産の譲渡に伴い賃貸人の地位は譲受人に移転**する ⚠ 賃貸人の地位の移転には、**賃借人の同意・承諾は不要**
賃貸人の地位の主張	**賃貸人の地位の移転**を賃借人に主張するには、**新所有者**（新賃貸人）は、**所有権移転登記**を備えなければならない ⚠ 新賃貸人は、**所有権移転登記**がなければ**賃料の請求は不可**

		H28	H29	H30	R1	R2	R3	R4	R5	8回中
過去の出題	マンション管理士	▲▲	〇	▲	▲▲▲	〇	〇			6回
	管理業務主任者	▲		〇▲						2回

3 敷金の性質

敷金とは、名称を問わず、**賃貸借に基づいて生ずる賃借人の賃貸人に対する金銭の給付を目的とする債務を担保する目的**で、**賃借人が賃貸人に交付する金銭**であり、滞納賃料、明渡義務の不履行に基づく損害賠償金・不当利得の返還金、通常損耗以外の損傷の原状回復費用等に充当される。

⚠ 目的物の明渡しは、敷金の返還と同時履行の関係には立たず、先履行となる。
⚠ 充当するか否かを決めるのは賃貸人であり、敷金を滞納賃料等に充当するよう賃借人から主張することは不可。

4 敷金の承継 （賃貸借契約期間中に当事者に変更が生じた場合）

賃貸人が変更	敷金関係は、**新賃貸人に承継される**
賃借人が変更	敷金関係は、**新賃借人に承継されない**

5 賃借権の譲渡・転貸 （又貸し）

①	賃借人が賃借権の譲渡・転貸を行う場合	**賃貸人の承諾が必要** ⚠ 無断譲渡・無断転貸自体は無効ではなく、賃借人と譲受人または転借人との間では有効
②	賃貸人の承諾を得た転貸の場合	**転借人は賃貸人に対して直接、賃料支払義務等を負う**
③	賃借人が無断譲渡・転貸を行った場合	第三者が現実に賃借物の使用収益を開始したときは、賃貸人は、賃貸借契約を解除できる。しかし、その行為が背信的行為にあたらない特段の事情がある場合は、**解除できない** 判例
④	賃貸人が賃借人と賃貸借契約を合意解除した場合	賃貸人は解除の効果を転借人に対抗できない ⚠ 賃借人の債務不履行による解除権を賃貸人が有している場合は対抗可
⑤	賃借人の債務不履行により解除された場合	賃貸人は解除の効果を転借人に対抗できる ⚠ 賃貸人が転借人に対して目的物の返還請求をしたときに、転貸借契約も履行不能により終了する 判例

知識をチェック ✏ 今年狙われる!! 「予想問題」&「重要過去問」 ➡ P.56

委任契約

 コこは出る！

●受任者の義務➡善管注意・自己服務・報告等
●委任者の義務➡報酬支払・費用前払・立替費用償還等

重要度	マ	B
	管	B

1 委任契約

委任とは、当事者の一方（委任者）が法律行為（契約等）を締結することを相手方（受任者）に委託し、受任者が承諾することによって成立する契約である。

⚠委任者が、法律行為以外の事務を委託する場合を「準委任」という。管理組合・マンション管理業者間の管理委託契約は、準委任契約と請負契約の両方の性質をあわせ持つ。

契約上の分類	①	**諾成契約**（委任者・受任者間の合意で成立）	
	②	**無償契約**	
		原則	報酬なし（無償契約）
		例外	特約で報酬を支払うとした場合（有償契約）
受任者の義務	①	**善管注意義務** ⚠有償・無償問わず	
	②	**自己服務義務**	
		原則	受任者は委任事務を**第三者に任せてはならない**
		例外	次の**どちらかの場合**は、第三者に委託できる ●委任者の許諾がある場合 ●やむを得ない事由がある場合
	③	**報告義務** ●委任者の請求がある時➡いつでも委任事務の処理状況を報告 ●委任終了後➡遅滞なく、経過と結果を報告	
受任者の権利	①	**特約がある場合の報酬支払請求権** ⚠①委任者に帰責事由がなく委任契約が終了した場合、②委任が履行の中途で終了した場合は、委任者は、既に履行した割合に応じて報酬を支払わなければならない	
	②	費用前払請求権	
	③	**立替費用償還義務** ➡費用に加えて支払日以後の利息の支払を請求できる	
	④	**損害賠償請求権** 受任者は、委任事務を処理するため、**自己に過失なく損害を受けた場合、委任者に損害賠償請求ができる**	

民法

2 委任の終了

(1) 委任の解除

①	委任者・受任者のどちらからでも、また、相手方の債務不履行等の理由がなくても、いつでも解除できる
②	相手方に不利な時期の解除や受任者の利益をも目的とする委任の解除の場合、原則として損害賠償が必要だが、例外として、やむを得ない事由がある場合は、不要となる
③	委任契約を解除してもその効果は遡及せず、解除した時から将来に向かって効力を失う

(2) 一定の事由が生じたことによる終了

委任者・受任者が死亡・破産手続開始の決定を受けた場合、また、受任者が後見開始の審判を受けた場合は、委任契約は終了する。しかし、委任者が後見開始の審判を受けても終了しない。

⚠委任者や受任者が保佐開始の審判や補助開始の審判を受けても、委任契約は終了しない。

○：終了　✕：終了しない

終了事由	委任者	受任者
死 亡	○	○
破産手続開始決定	○	○
後見開始の審判	✕	○

(3) 委任の終了後の処分

委任が終了した場合で急迫の事情があるときは、受任者（場合により、その相続人等）は、委任者等が委任事務を処理できるようになるまで、必要な処分を行わなければならない。

(4) 委任の終了の対抗要件

委任の終了事由は、これを相手方に通知したとき、または相手方がこれを知っていたときでなければ、委任の終了を相手方に対抗できない。

知識をチェック　今年狙われる!!「予想問題」&「重要過去問」➡ P.56

POINT 21 その他の契約

- 贈与契約➡「書面による贈与」は撤回不可
- 使用貸借契約➡借主の死亡で終了

1 請負契約

請負とは、請負人が仕事を完成させることを、注文者はその仕事の結果に対して報酬を支払うことを、相互に約束する契約である。

請負人の義務		契約上の**仕事を完成させる義務** ⚠請負人が履行補助者や下請人に任せるのは任意（自由）
注文者の義務		仕事の完成に対して**報酬を支払う義務**（原則、後払い）
解除	注文者	仕事の**完成前**であれば、**損害を賠償して解除できる**
	請負人	注文者が**破産手続開始**の決定を受けたときは、**解除できる** ⚠この場合、注文者側の破産管財人からも解除できる

2 契約不適合責任（請負人の担保責任）

請負人が種類・品質に関して契約の内容に適合しない仕事の目的物を注文者に引き渡した場合、請負人は、売主と同様の**契約不適合責任**を負わなければならない（➡ **POINT 18** 3）。

3 贈与契約

贈与とは、当事者の一方がある財産を無償で相手方に与える意思表示をし、相手方がそれを受諾することで成立する契約である。

解除	原則	**各当事者（贈与者・受贈者）は、いつでも解除可**
	例外	次のどちらかで行われた場合は、**解除不可** ① **書面**による贈与 ② **履行が終わった**場合 ⚠不動産の場合は登記または引渡し
死因贈与		**贈与者の死亡**によって効力を生じる贈与契約 ⚠死因贈与の契約には、受贈者の受諾が必要
負担付贈与		① 受贈者にも**一定の義務を負担させる贈与** ⚠贈与者は、負担の限度で売主と同様の担保責任を負う
		② 受贈者が**負担を履行しない**場合、**贈与者は契約を解除可**

4 使用貸借契約

使用貸借とは、当事者の一方がある物を引き渡すことを約束し、相手方がその受け取った物について無償で使用・収益をして契約が終了したときに返還をすることを約束することで成立する契約である。

存続期間	なし	
修 繕	貸主には修繕義務がない	
必要費	通常の必要費は、借主負担	
貸主の担保責任	原則	目的物が特定された時の状態で引き渡せば責任を負わない
	例外	当事者が異なる合意をしていた場合、その合意に従った責任を負う

	①	期間を契約に定めた場合 ➡期間満了時に終了	
終了時期	②	期間の定めがない場合	
		使用の目的を定めている	●使用・収益が終わった時に終了 ●使用・収益をするのに足りる期間を経過 ➡貸主は解除できる
		使用の目的を定めていない	貸主はいつでも解除可
	③	借主はいつでも解除できる	
借主の死亡	終了する　⚠相続人に承継されない		

1 一般の不法行為

不法行為とは、他人の権利や利益を違法に侵害して損害を与える行為をいう。

成立要件	① 加害者に責任能力（自己の責任を弁識する能力）がある
	② 加害者に故意・過失がある
	③ 加害行為に違法性がある
	④ 損害が加害行為を原因として発生している（因果関係がある）
効果	被害者から加害者に対する**損害賠償請求権**が発生する
	① 被害者の近親者（父母・配偶者・子）は、自己の財産権が侵害されなかった場合でも、加害者に損害賠償請求が可能（慰謝料請求） ⚠胎児は、既に生まれたものとみなされ、出生後、加害者に対して損害賠償請求ができる ⚠慰謝料請求権は、被害者が生前にこれを行使する意思を表明しなくても、当然に相続の対象となる　判例
	② 損害賠償債務は、被害者から加害者への履行の請求がなくても、**損害発生と同時に履行遅滞**となる　判例
過失相殺	**被害者にも過失**があるときは、裁判官は、当事者の申立てなしに**損害賠償額の認定の際に考慮（過失相殺）できる**
損害賠償請求権の消滅時効	被害者または法定代理人が**損害および加害者を知った時から3年**（人の生命または身体を害する不法行為の場合は**5年**）、または**不法行為の時から 20 年経過すると消滅する**

2 不法行為の注意点 💡

(1) **不法行為責任**と**債務不履行責任**が同時に成立する場合は、それぞれ別々に、あるいは同時に、相手方に対して**責任追及**をすることができる。

(2) **他人の名誉を毀損した者**に対しては、裁判所は、被害者の請求により、損害賠償に代えて、または損害賠償とともに、**名誉を回復するのに相当な処分**（謝罪広告等）を命じることができる。

(3) **未成年者**が他人に損害を加えたとしても**責任能力**（12歳程度が有する判断能力）**がない場合**、損害賠償責任を**負わない**。

⚠ 親権者等の監督義務者が、監督義務を怠らなかったこと、または、義務を怠らなくても損害が生じたことを立証できない場合、監督義務者が責任を負う。

(4) **失火**の場合、**加害者**に<u>重過失</u>がない限り、不法行為責任を**負わない**（失火責任法による修正）。

⚠ 責任無能力者の失火➡監督につき重過失があった場合のみ、監督義務者が責任を負う。

3 不当利得・不法原因給付

　不当利得とは、法律上の原因がないにもかかわらず得た利得（利益）をいう。また、不当利得には、「不当利得になりそうでならない」または「不当利得にならないが特別に不当利得と認められる」という特殊な不当利得がある。

	不当利得	法律上の原因がないにもかかわらず、他人の財産・労務により利益（不当利得）を受け、それによって他人に損害を与えた者は、<u>受けた利益</u>を返還しなければならない
特殊な不当利得	不法原因給付	**不法な原因**（公序良俗違反）のために給付をした者は、原則として、<u>給付した物</u>の返還を請求できない
	非債弁済	●債務が存在しないのに、弁済として給付を行ったこと ●弁済者が債務の不存在を**知らなかったとき**に限り、<u>給付した物</u>の返還を請求できる
	期限前の弁済	**期限前の弁済**は<u>有効</u>であり、いったん給付した物の返還を請求できない。ただし、**期限未到来を知らずに誤って弁済**した場合、債権者は、弁済時から期限までの<u>利益相当額</u>を返還しなければならない
	他人の債務の弁済	他人の債務を自己の債務と誤信して弁済した場合で、善意で債権証書を破棄した・担保を放棄した・時効で債権を失ったときは、その**返還請求をすることができない**

不法行為❷（特殊な不法行為）

- 使用者が損害賠償をした場合➡被用者に求償可
- 共同不法行為の加害者が負う責任➡連帯債務
- 所有者が負う工作物責任➡無過失責任

重要度	マ	B
	管	A

特殊な不法行為とは、「一般の不法行為」の原則を修正した不法行為責任のことである。

1 使用者責任

(1) 使用者責任とは、事業のために他人を使用する者（使用者）が、被用者（従業員等）が事業の執行について第三者に加えた損害を賠償する責任をいう。

成立要件	①	使用者が<u>ある事業</u>のために他人を使用していること
	②	被用者が、<u>事業の執行</u>について不法行為を行ったこと ➡被用者の行為の<u>外形</u>を基準に客観的に判断される
	③	**被用者と第三者**との間に、<u>不法行為</u>が成立すること
	④	使用者に免責事由がないこと ⚠使用者は、選任・監督に相当な注意をしていたことを証明した場合は、**使用者責任を免れる**

(2) 使用者責任の注意点 💡

①	使用者は、被用者とともに**連帯して責任**を負う
②	使用者が全額賠償した場合、**信義則上相当な限度**で、**被用者に求償できる** ⚠被用者が賠償した場合も同様に、使用者に求償できる
③	**使用者に代わって事業を監督する者**も、使用者と同様の責任を負う

2 共同不法行為

(1) 共同不法行為とは、数人が共同して不法行為を行い、それによって第三者に損害を加えたことをいう。この場合、**各自が**<u>連帯</u>して、被害者に対して損害賠償責任を負う。

1

民法

(2) 共同不法行為の注意点 💡

①	共同不法行為者は、**各自連帯して責任を負う**
②	**教唆者**（そそのかした者）・**幇助者**（助けた者）も、**共同不法行為者**とみなされる

3 工作物責任

(1) **工作物責任**とは、土地の工作物（マンション等）の設置・保存の瑕疵のため第三者に損害を与えた場合に、その工作物の**所有者・占有者**が被害者の損害を賠償する責任をいう。

⚠占有者は、損害発生防止に必要な注意をしていたことを証明した場合、工作物責任を免れる（過失責任）

(2) 工作物責任の注意点 💡

①	占有者が免責された場合、**所有者が責任を負い**、損害発生防止に必要な注意をしていたことを証明した場合でも**免責されない**（無過失責任）
②	**損害の原因について他に責任を負う者**がある場合、占有者・所有者は、その者に**求償できる** ⚠この場合でも、占有者・所有者は工作物責任を免れるわけではない
③	**竹木の植栽・支持の瑕疵**による損害の場合、**竹木の占有者・所有者**が**工作物責任と同様の責任を負う**

4 請負契約の注文者の責任

請負契約において**請負人が第三者に損害を与えた**場合の**不法行為責任**は、次のとおりである。

原　則	注文者は、**請負人が第三者に与えた損害**について賠償責任を**負わない**
例　外	**注文・指図**について**注文者に過失**があった場合は、**負う**

5 動物の占有者等の責任

動物の占有者・管理する者は、その動物が第三者に与えた損害について賠償責任を負う。

知識をチェック ✏️ 今年狙われる!! 「予想問題」&「重要過去問」 ➡ P.57

51

● 相続人が数人いる➡相続財産はその共有に属する
● 相続開始後から遺産分割までの共同相続人の滞納管理費債務
　➡不可分債務

重要度 マ S
　　　 管 S

1 相 続

(1) **相続**とは、死亡した者（被相続人）の有していた**一切の**権利・義務（相続財産）を特定の者（相続人）に承継させることをいう。

(2) **相続人**が数人いる場合、相続財産はその**共有**に属し、各共同相続人はその相続分に応じて、被相続人の権利・義務を承継する（共同相続）。

2 相続人の範囲と相続分

(1) **相続人の範囲**
相続人になれるのは、次の者である。なお、**血族相続人**には次の①➡②➡③の順番で優先順位があり、上位の者が1人でもいれば、下位の者は相続人にならない。

配 偶 者		配偶者は**常に相続人**となる
血族相続人	① 子	**非嫡出子**の相続分は**嫡出子**と同じ
	② 直系尊族（父母・祖父母）	父母・祖父母といった親等が異なる者がいる場合、被相続人と親等の近い者が優先して相続人となる
	③ 兄弟姉妹	半血兄弟姉妹（片親が同じ）の法定相続分は、全血兄弟姉妹（両親が同じ）の1/2となる

(2) **法定相続分**
各相続人の**法定相続分**は、次のとおりである。また、同順位の血族相続人が複数いる場合、**各自の相続分は相等しい**。

相続人	法定相続分	
配偶者と子	配偶者	1/2
	子	1/2
配偶者と直系尊族	配偶者	2/3
	直系尊族	1/3
配偶者と兄弟姉妹	配偶者	3/4
	兄弟姉妹	1/4

3 相続権の喪失

相続人は、次の場合に相続権を失う。

法律上当然に相続権を失う場合（欠格要件）	① 故意に被相続人・先順位（同順位）の相続人を死亡させ、または死亡させようとして、刑に処せられた者
	② 被相続人が殺害されたことを知りながら、告発・告訴をしなかった者（一定の場合を除く）
	③ 遺言書に関して、詐欺・強迫・偽造・変造・破棄・隠匿した者
被相続人の意思により相続権を失う場合（廃除）	被相続人は、次の場合に家庭裁判所に推定相続人の廃除を請求できる ① 被相続人に虐待・重大な侮辱を加えたとき ② 著しい非行があったとき

4 代襲相続

代襲相続とは、相続開始時に相続人となる予定だった者が死亡・欠格・廃除によって**相続権を失った**場合に、その者の**直系卑属**（子・孫）が、代わりに相続することをいう。

注意点 ⚠	① 代襲相続は、子や孫（**直系卑属**）と**兄弟姉妹**に認められている
	② 相続を放棄した場合は、**代襲相続は認められない**

5 相続と滞納管理費債務の相続人の負担

被相続人の生前の滞納管理費等	各相続人に相続分に応じて、法律上当然に**分割して帰属**
相続開始後から遺産分割までの共同相続人の滞納管理費等	専有部分が相続によって共有物となった後に発生した債務（管理費等）であるため、不可分債務となり、**相続人全員が全額を負担**
遺産分割後の相続人による滞納管理費等	専有部分を取得した者が負担

6 相続の単純承認・限定承認・放棄

相続人は、**相続の開始があったことを知った時から3ヵ月以内**（熟慮期間）に、①**単純承認**、②**限定承認**、③**放棄**のいずれかをしなければならない。

⚠️いったん行った承認・放棄は、熟慮期間内であっても撤回<u>不可</u>

①	単純承認	被相続人の財産を**無限に承継**すること
②	限定承認	**相続で得た財産の範囲内**で債務を負担すること ➡ <u>相続人全員</u>で財産目録を作成して、**家庭裁判所に申述**する必要がある
③	放　棄	**一切の相続財産の承継を拒否**すること ➡ 放棄する旨を**家庭裁判所に申述**する必要がある ⚠️<u>相続開始前の放棄は認められない</u>

7 法定単純承認

次の①〜③の場合、相続人は、**単純承認をしたものとみなされ**（法定単純承認）、もはや相続放棄ができなくなる。

①	**相続人が<u>相続財産</u>の全部・一部を処分したとき** ⚠️保存行為・<u>短期賃貸借</u>（土地は5年以内・建物は3年以内等）をしても単純承認したことにはならない
②	相続人が、**相続の開始があったことを知った時から3ヵ月以内**に<u>限定承認・相続の放棄</u>をしなかったとき
③	相続人が、限定承認・放棄をした後でも、**相続財産の全部・一部を隠匿・消費**し、または**悪意でこれを相続財産の目録中に記載しなかったとき**

8 遺産分割

遺産分割とは、相続財産の**共有関係を解消する手続**をいう。

時　期	被相続人が<u>遺言</u>で禁じた場合を除いて、**いつでも可能**
方　法	共同相続人<u>全員の協議</u>によって行われる ➡ 協議が調わない場合、**家庭裁判所の審判**を請求できる
効　果	相続開始時にさかのぼって効力が生ずる
分割の禁止	● 被相続人は、遺言で相続開始から**5年を超えない期間**を定めて**遺産分割を禁止**できる ● 共同相続人は、5年以内の期間で遺産の分割を禁止できる ⚠️相続開始から10年を超えることは不可

担保責任	各共同相続人は、他の相続人に対して、その相続分に応じて**売主と同様の**担保責任を負う

9 配偶者居住権

(1) 配偶者短期居住権

　被相続人の配偶者が、**相続が開始した時**に被相続人が所有していた居住建物に**無償**で住んでいる場合には、以下の日までは、引き続き、その居住建物を無償で使用する権利（**配偶者短期居住権**）を取得することができる。

居住建物について配偶者を含む共同相続人間で遺産の分割をすべき場合	遺産の分割により居住建物の帰属が確定した日または相続開始の時から**6ヵ月**を経過する日のいずれか遅い日
上記以外の場合	居住建物取得者からの配偶者短期居住権消滅申入れの日から**6ヵ月**を経過する日

(2) 配偶者居住権

　配偶者が、相続が開始した時に居住していた被相続人が所有していた居住建物に住んでいる場合は、終身または一定期間、配偶者がその建物を無償で使用・収益する権利（**配偶者居住権**）を取得する。

取得要件	①	**遺産の分割**によって配偶者居住権を取得する場合
	②	**配偶者居住権が**遺贈**の目的とされた場合**
	③	**被相続人と配偶者との間に、配偶者居住権を取得させる旨の**死因贈与**契約がある場合** ⚠被相続人が相続開始の時に居住建物を配偶者以外の者と共有していた場合は成立しない
使用収益	①	配偶者は、従前の用法に従い、善良な管理者の注意をもって、居住建物の使用および収益をしなければならない
	②	従前居住の用に供していなかった部分について、これを居住の用に供することができる
	③	配偶者居住権は、譲渡することができない。
	④	配偶者は、居住建物の所有者の承諾を得なければ、居住建物の改築・増築・第三者に居住建物の使用・収益をさせることができない。
費用負担		配偶者は、居住建物の通常の必要費を負担する

知識をチェック　✐　今年狙われる!!　「予想問題」&「重要過去問」➡ P.58

POINT 16 契約の種類等

❶ □□ AがBにマンションの1室を売却した場合に、AB間の売買契約が著しく廉価で行われ、それがBの暴利行為として、公事良俗に反するとき、Aは、暴利行為を理由として、当該売買契約を取り消すことができる。
予想問題

POINT 17 同時履行の抗弁権・契約の解除等

❷ □□ マンションの専有部分が、AからB、BからCへと転売され、それぞれ移転登記を経た後、AB間の契約がBの債務不履行により解除された。Aは、Cに対して解除の効果を主張することができない。予想問題

POINT 18 売買契約

❸ □□ ともに宅地建物取引業者ではない個人である買主Aが売主Bからマンションの1住戸を買ったところ、その専有部分について契約不適合があった場合、売買契約において、BがAに対して本件契約不適合の担保責任を一切負わない旨の特約をした場合には、Bが本件契約不適合を知りながら、Aに告げなかったときであっても契約不適合責任を負わない。
管過 H30

POINT 19 賃貸借契約

❹ □□ マンションの専有部分を所有するAが、当該専有部分をBに賃貸した場合、Bが当該専有部分について支出した費用のうち、Aは、必要費については直ちにBに償還する義務を負うが、有益費については賃貸借終了時に償還すればよい。管過 H23

❺ □□ Aが、Bの区分所有するマンションの専有部分をBから賃借している場合、Aが、Bの承諾なく、Cに対して本件専有部分を転貸し、Cがこれを使用しているときは、Bに対する背信的行為にあたらない特段の事情があるときでも、Bは、Aの無断転貸を理由に、AB間の賃貸借契約を解除することができる。予想問題

POINT 20 委任契約

❻ □□ 受任者は、無報酬で委託事務を受任するときでも、善良な管理者の注意をもって当該事務を処理する義務を負う。予想問題

❼ 受任者は、委任者の請求があっても、その都度委任事務処理の状況を報告する必要はなく、委任終了後に報告すれば足りる。 予想問題

POINT 21 その他の契約

❽ マンションの区分所有者Aは、リフォーム会社Bとの間で、住戸内の浴室をリフォームする内容の請負契約を締結した場合、Bの施工ミスにより浴室から水漏れが生じていても、修補が可能なときには、AはBに対して、直ちに代金減額請求をすることはできない。 管過 R2

❾ A（注文者）・B（請負人）間のマンションの建築を内容とする請負契約において、引渡しを受けたマンションに契約内容に適合しない瑕疵があるときでも、Aは請負契約を解除することができない。 予想問題

❿ 使用貸借契約において借主が死亡したとき、その目的物を使用する権利は、借主の相続人に承継される。 予想問題

POINT 22 不法行為❶

⓫ 区分所有者が、管理組合の理事長に対して、不法なことを行わせる目的で金銭を給付した場合において、当該区分所有者は、当該理事長に対して、上記給付は公序良俗に反し無効であるとして返還を請求することができる。 管過 H25

⓬ Aの不法行為に関し、被害者Bにも過失があった場合、Aから過失相殺の主張がなければ、裁判所は、その額の認定に当たって、損害賠償額を減額することができない。 予想問題

POINT 23 不法行為❷（特殊な不法行為）

⓭ 被用者Aが使用者Bの事業の執行について顧客Cに損害を与え、Aに不法行為が成立する場合において、BがCに対して損害賠償をしたときは、Bは、その全額をAに対して求償することができる。 予想問題

⓮ 専有部分を賃借人Aが占有している場合に、その専有部分の瑕疵により他人に損害が発生したときには、Aが損害賠償責任を負い、区分所有者である賃貸人が責任を負うことはない。 予想問題

⓯　マンションを区分所有するＡが死亡した場合、Ａの相続人が数人あると
□□　きには、Ａの有していた当該住戸に係る区分所有権等の権利は、遺産分
　　　割がなされるまでは、これらの相続人の共有に属する。予想問題

⓰　甲マンションの201号室の区分所有者Ａが死亡した。Ａには妻Ｂ並び
□□　にＡＢ間の子Ｃ・Ｄがいるが、Ｂは相続放棄を、Ｃ・Ｄはいずれも単純
　　　承認をした。Ａの死亡後遺産分割までの間に201号室について発生し
　　　た管理費債務が４万円である場合、Ｃ・Ｄが負担する債務は、各２万円
　　　である。予想問題

答　POINT 16 ❶✕：公序良俗違反は「取消し」ではなく「無効」。POINT 17 ❷○
POINT 18 ❸✕：売主が契約不適合を「知りながら告げなかった事実」については、
その責任を免れることができない。POINT 19 ❹○　❺✕：背信的行為にあたらない特
段の事情がある場合は、解除不可。POINT 20 ❻○　❼✕：請求があった都度、報告
しなければならない。POINT 21 ❽○　❾✕：原則として、解除可。❿✕：借主の死
亡により終了する。POINT 22 ⓫✕：不法原因給付は、返還請求不可。⓬✕：裁判
所は、当事者の申立てがなくても過失相殺可。POINT 23 ⓭✕：求償は信義則上、
相当な限度に限られる。⓮✕：Ａに過失がない場合、所有者である賃貸人が責任を
負う。POINT 24 ⓯○　⓰✕：管理費債務はＣ・Ｄの不可分債務となり、各自４万円
全額を負担する。

第2章
·················

区分所有法・
（建物の区分所有等に関する法律）

被災区分所有法・
（被災区分所有建物の再建等に関する特別措置法）

建替え等円滑化法
（マンションの建替え等の円滑化に関する法律）

専有部分と共用部分

1 専有部分

(1) 一棟の建物において、①構造上の独立性と②利用上の独立性の2つの要件を備え、区分所有権の目的にできる建物の部分を、専有部分という。

①	構造上の独立性	壁・床・天井等によって他の部分と遮断されている ⚠三方が壁で、一方がシャッター等で仕切られている場合等、完全に壁で遮断されている必要はない
②	利用上の独立性	●独立して住居・店舗・事務所・倉庫等の用途に供することができる ⚠用途は住居に限定されない ●外部に通じる独立した出入口がある

(2) 区分所有権の成立には、建物の内部に構造上・利用上の独立性がある部分があること（上記①②）に加えて、所有者がその建物を区分所有する意思を表示すること（例区分所有建物である旨の登記）が必要である。

2 共用部分

(1) 法定共用部分と規約共用部分

区分所有者が共同で使用する廊下・階段室等を共用部分といい、法律上当然に共用部分である①法定共用部分と、規約により定められた②規約共用部分の2つがある。

①	法定共用部分	専有部分以外の建物の部分（規約共用部分とされた専有部分を除く） ●構造上、区分所有者の全員または一部の共用に供されるべき建物の部分 例玄関（エントランス）・ロビー・廊下・階段室・エレベーター・バルコニー等 ●建物の基本的構造部分（躯体部分） 専有部分に属しない建物の附属物 例設備全般、水道・排水の本管等
②	規約共用部分	規約により共用部分とされた専有部分・附属の建物 例管理人室・集会室・管理棟・倉庫・車庫等

⑵　**全体共用部分と一部共用部分**

　　共用部分は、「構造上、誰が共用するのか」により、さらに①**全体共用部分**と②**一部共用部分**に分類される。

①	全体共用部分	**構造上、区分所有者全員で共用する部分** 例 通常の廊下・エレベーター、階段等
②	一部共用部分	**構造上、一部の区分所有者のみで共用する部分** 例 高層階専用エレベーター等

3 共用部分の登記

規約共用部分	第三者に対抗するには	共用部分である旨の登記が必要
法定共用部分		登記が不要（共用部分であることが明白）

4 専有部分・共用部分に関する重要な判例

1　共用設備が設置されている建物の部分が専有部分となり得る要件 （最判 S56.6.18）	構造上区分され、用途上独立性を有する**建物部分**（車庫・倉庫等）は、その一部に共用設備が設置されている場合でも、次の①～③のすべてを満たす場合は、専有部分として区分所有権の目的にすることができる ①　**共用設備が占める割合が小部分** ②　建物部分の権利者の排他的使用に支障がない ③　②の「排他的使用」によって共用設備の利用にも支障をきたさない
2　管理人室についての専有部分と共用部分との判別 （最判 H5.2.12）	共用部分である管理事務室と**機能的に分離できない管理人室**（管理人が居住する部屋）は、それ自体に利用上の独立性があるとはいえず、区分所有権の目的にはならない
3　排水管の枝管の帰属 （最判 H12.3.21）	マンションの上階の床スラブと下階の天井裏との間の空間部分に設置された上階専用の排水管の枝管は、その構造・設置場所に照らし、「**専有部分に属しない建物の付属物**」であり、区分所有者全員の共用部分に当たる

知識をチェック　　今年狙われる!!　「予想問題」＆「重要過去問」 ➡ P.74

区分所有法・被災区分所有法・建替え等円滑化法

POINT 2 区分所有者の権利・義務

- 管理費等の支払債権には、先取特権が発生する
- 競売による権利取得者も、特定承継人としての責任を負う
- 瑕疵の部位が不明な場合 ➡ 共用部分の設置・保存の瑕疵と推定

1 先取特権

(1) **先取特権によって担保される債権**

区分所有者は次の①②の債権につき、また、**管理者・管理組合法人は③の債権**につき、債務者の区分所有権と建物に備え付けた動産の上に、先取特権を有する。

		被担保債権	具体例
区分所有者	①	共用部分・建物の敷地・共用部分以外の建物の附属施設につき、**他の区分所有者に対して有する債権**	管理費用・公租公課を立て替えて支払った場合の立替金償還債権
	②	規約や集会の決議で他の区分所有者に対して有する債権	●各区分所有者が負担すべき管理費・修繕積立金の支払債権 ●組合費等を定めた場合の支払債権
管理者・管理組合法人	③	その職務・業務の執行につき、**区分所有者に対して有する債権**	●訴訟追行のために必要となる費用 ●共用部分の緊急点検費用 ⚠ 報酬支払特約がある場合でも報酬請求権は含まれない

(2) **先取特権の対象となる財産**

次の①②2つのみであり、債務者の「**総財産**」には、行使できない。

①	債務者の区分所有権	先取特権の実行の際、区分所有権だけでなく、**共用部分の共有持分・敷地利用権**も一括して競売される
②	建物に備え付けた動産	●**債務者の所有物に限定される**（畳や建具等、建物の使用に際して設置された動産等） ●専有部分に限られず、共用部分に備え付けられたものも含まれる

(3) 先取特権の効力等

区分所有法上の先取特権は、民法上の共益費用の先取特権とみなされる。

対抗力	登記をしなくても**一般の債権者には**優先するが、登記をした**第三者**（抵当権者等）には、**登記なしでは対抗できない**
行使の制限	まず**不動産以外の財産**（建物に備え付けた動産）から弁済を受け、なお不足がある場合にはじめて**不動産**（区分所有権）から弁済を受ける
第三者の動産	債務者が第三者から借りて一時的に建物に備え付けた動産についても、**善意無過失の区分所有者・管理者・管理組合法人**は、その動産について**先取特権を取得する**

2 特定承継人の責任

１(1)①②③の債権は、債務者である区分所有者の**特定承継人**（売買契約・贈与契約・競売等により**権利を取得した者**）に対しても行使できる。

⚠前区分所有者にも請求できる。

⚠中間取得者は特定承継人に含まれるが、賃借人は含まれない。

⚠特定承継人の責任は、前区分所有者の債務の存在について善意・悪意を問わず生ずる。

3 建物の設置・保存の瑕疵に関する推定

区分所有建物の設置または保存の瑕疵により他人に損害が生じた場合、次のように損害賠償責任を負う。

原　則	建物の設置・保存に瑕疵があること（瑕疵の部位が**不明な場合を含む**）で他人に損害が生じた場合、その瑕疵は、**共用部分の設置・保存にあるものと推定**される	区分所有者全員が損害賠償責任を負う
例　外	特定の専有部分の瑕疵による損害であることが証明された場合	特定の専有部分の占有者（過失責任）または区分所有者（無過失責任）が損害賠償責任を負う

知識をチェック　　今年狙われる!!「予想問題」&「重要過去問」 ➡ P.74

1 共用部分の共有関係

(1) 区分所有者全員で共有する①**全体共用部分**と、一部の区分所有者のみで共有する②**一部共用部分**の共有関係は、次のとおりである。

① 全体共用部分	原則	区分所有者全員の共有
	例外	**規約で別段の定めができる** 例「特定の区分所有者や管理者を所有者とすることができる（管理所有）」
② 一部共用部分	原則	共用すべき一部の区分所有者の共有
	例外	**規約で別段の定めができる** 例●「区分所有者全員の共有とすることができる」 ●「特定の区分所有者や管理者を所有者とすることができる（管理所有）」

(2) 共用部分には**民法177条**（不動産の物権変動の対抗要件は**登記**）は適用されず、専有部分の登記で、共用部分の対抗要件とする。

　⚠つまり、専有部分の登記があれば、共用部分の共有持分も第三者に対抗可となる。

2 共用部分の使用

　各共有者は、**持分**にかかわらず、**共用部分をその用方**（性質や構造に反しない本来の使用方法）**に従って使用**しなければならない。

法定共用部分	共用部分の**構造・位置等**から当然に**用方**が定まる
規約共用部分	**規約の内容に用方**が定められる

		H28	H29	H30	R1	R2	R3	R4	R5	8回中
過去の出題	マンション管理士								△	1回
	管理業務主任者									0回

3 持分の割合（全体共用部分と一部共用部分）

	原　則	例　外
全体共用部分の持分割合	専有部分の床面積の割合	
一部共用部分の持分割合	① 専有部分の床面積の割合 ② 床面積を有するもの（階段室・廊下等）は、これを共用する各区分所有者の専有部分の床面積の割合により配分し、それぞれの区分所有者の専有部分の床面積に算入して、計算する	規約で別段の定めができる 例「持分割合は均等とする」
専有部分の床面積の算出方法	壁その他の区画の内側線で囲まれた部分の水平投影面積による（内のり計算）	規約で別段の定めができる 例「壁心計算とする」

✂ 上記②の具体例

Aが40㎡、Bが60㎡、Cが120㎡の専有部分を有し、ABのみが共用する一部共用部分の床面積が20㎡ある場合

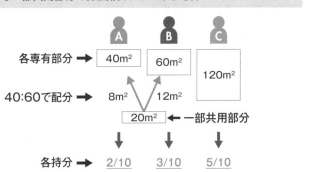

知識をチェック　✎ 今年狙われる!!「予想問題」&「重要過去問」➡ P.74

● 専有部分と共用部分の共有持分の分離処分 ➡ 区分所有法に別段の定めがある場合のみ可
● 一部共用部分が全員の利害に関係する場合、当然に全員で管理

1 共用部分の共有者の持分の処分

専有部分と共用部分の共有持分は、次のように**一体化**されている。

共有持分の処分		**共用部分の持分**は、専有部分**の処分に従う** ⚠強行規定であり、規約で「従わない」とすることは不可 例 ● 専有部分を**時効取得**すると、共用部分の**共有持分も同時に取得**する ● 専有部分に設定された**抵当権の効力**は、共用部分の**共有持分にも**及ぶ
分離処分の禁止	原則	**専有部分と共用部分の共有持分は分離処分が不可** 【分離処分の禁止の例】 ① **専有部分を売却**した場合、当然に**共用部分の共有持分も対象**となり、同時に**買主に移転**する ② **区分所有法に別段の定め**がある場合を除いて、**専有部分と共用部分を分離処分（売却・贈与・抵当権の設定**等）**することができない**
	例外	**区分所有法に別段の定め**がある次の①②の場合のみ、分離処分が可 ① **規約により特定の区分所有者または管理者を共用部分の所有者（管理所有者）とする場合** ② **規約の設定・変更により共有持分の割合を変更する場合** ⚠「規約による別段の定め」で、専有部分と共用部分の共有持分を分離処分することは不可

2 一部共用部分の管理

一部共用部分の管理は、原則として、それを共用する<u>一部区分所有者</u>のみで行う。

ただし、例外として、次の「①区分所有者全員の利害に関係する場合」「②規約で全員で管理する旨の定めがある場合」は、区分所有者全員で管理する。

① 全員の利害に関係する場合 **例** 一部共用部分である外壁の塗装が建物全体の美観に影響を及ぼす場合		区分所有者全員で**管理する** ⚠一部共用部分の区分所有者のみで管理することは不可
全員の利害に関係**しない**場合	② 規約で全員で管理する旨の定めがある場合	区分所有者全員で**管理する** ⚠一部共用部分の区分所有者または議決権の 1/4 超の反対がある場合は不可
	規約で全員で管理する旨の定めがない場合（原則）	**一部共用部分を共用する区分所有者のみで管理する**

3 専有部分と共用部分のまとめ

区分所有法上、「建物（本体）」と「附属施設」は、次のように分類される。

建物	専有部分		**区分所有権の目的となり得る部分**で、規約で共用部分とされていない部分
	共用部分	法定共用部分	**構造上当然に区分所有者の共用に供される**部分
		規約共用部分	区分所有権の目的となり得るが、**規約で共用部分とされた部分**
附属施設	附属物	専有部分	**専有部分に属する**建物の附属物 **例** 専有部分のための給水管・排水管の枝管
		共用部分	**専有部分に属しない**建物の附属物
	附属の建物	規約共用部分	**規約で共用部分とされた**附属の建物 **例** 建物とは別の建物である管理棟・集会棟
		規約共用部分以外 （共用部分以外の附属の建物）	**規約で共用部分とされていない**附属の建物・外灯・フェンス等 ⚠区分所有者全員で共有していれば、管理組合の管理対象になる

2 区分所有法・被災区分所有法・建替え等円滑化法

POINT 5 共用部分の管理等❶

コは出る！
- 管理行為・変更行為➡特別の影響を受ける者の承諾が必要
- 共用部分の重大変更➡「区分所有者の定数のみ過半数まで減」は可

重要度 マ A　管 A

1 共用部分の管理・変更

種　類		定義・内容	要件等
①	保存行為	**現状を維持する行為** 例① 小修繕・清掃等 　② エレベーターの保守	① **各区分所有者**が<u>単独</u>でできる
			② **規約で別段の定め**ができる ⚠専有部分の使用に**特別の影響**を及ぼすときでも、その所有者の承諾は不要
②	管理行為	**保存・変更行為以外の管理行為** 例共用部分に係る損害保険契約の締結・共用部分の賃貸借契約の締結・解除	① **区分所有者および議決権の各<u>過半数</u>による集会決議**（<u>普通</u>**決議**）が必要
③ 変更行為	軽微	**共用部分の変更**（その形状（外観・構造）または効用（機能・用途）の著しい**変更を伴わないもの**） 例●階段・廊下への手すりの設置 ●掲示板の変更 ●外壁のひび割れの補修 ●計画修繕・大規模修繕（外壁塗装・屋上防水・給水管ライニング等）	① **区分所有者および議決権の各過半数による集会決議（普通決議）が必要** ② **規約で別段の定め**ができる ③ 専有部分の使用に**特別の影響**を及ぼすときは、その所有者の**承諾が必要** ⚠承諾がなければ、その決議が無効となる
	重大	**共用部分の変更**（その形状または効用の著しい**変更を伴わないもの**を除く） ⚠費用の多寡は問わない 例① 階段室をエレベーター室に改造する・外壁に新たにエレベーターを外付けする ② 共用部分である集会室を賃貸店舗に変更する	① **区分所有者および議決権の各 3/4 以上の多数による集会決議（<u>特別</u>決議）が必要** ⚠区分所有者の定数のみ、規約で過半数まで減じることができる ② 専有部分の使用に**特別の影響**を及ぼすときは、その所有者の**承諾が必要**

2 共用部分の管理の注意点

(1) 「**特別の影響**」とは、受忍限度（我慢の限界）**を超える影響を受けること**をいう **判例** 。 **例** 非常階段の設置により、特定の専有部分への出入りが不自由になる場合や、採光・通風が悪化する場合等である。

(2) 「共用部分である廊下を改造して専有部分にする」「屋上に増築をして専有部分にする」等は、共用部分の「重大変更」ではなく「**廃止・処分**」にあたり、区分所有者全員の同意が必要となる。

3 共用部分の負担・利益の収取

原　則	各共有者は、持分（専有部分の床面積の割合）に応じて、共用部分に関する**費用（管理費等）を負担**し、**利益**（駐車場・広告塔設置による**賃料等**）**を収取**する
例　外	**規約で別段の定めができる** **例** 「共有持分の割合にかかわらず**管理費等を一律に同額とする**」

4 管理所有

　共用部分（一部共用部分含む）は、本来**区分所有者全員の共有**であるが、効率的な管理のため、**規約**により**管理所有者を定めることができる**。

管理所有者になれる者	①	**特定の区分所有者**
	②	管理者 ⚠ 管理者であれば、区分所有者以外の者でも管理所有者となれる
管理所有者の権限等	①	共用部分を**管理する義務**を負う ➡共用部分の**保存行為・管理行為**（損害保険契約の締結等）・**軽微変更**を行うに際して、**集会の決議は**不要
	②	「管理する目的」の所有であるため、**共用部分の**重大変更を行うことは**不可**
管理所有に要した費用	①	管理所有者は、区分所有者に相当な管理費用を請求できる ⚠ 報酬は、特約がないと請求不可
	②	規約に別段の定めがない限り、各区分所有者が**共用部分の共有持分の割合**に応じて負担する

知識をチェック　✏ 今年狙われる!! 「予想問題」&「重要過去問」 ➡ P.75

●建物の敷地等の「管理行為」には集会の普通決議、「重大変更」には特別決議が必要

重要度	マ B
	管 B

1 共用部分に関する規定の準用

建物の敷地・共用部分以外の附属施設が区分所有者の共有に属する場合、共用部分に関する区分所有法 17 条（重大変更）・18 条（保存行為・管理行為・軽微変更）・19 条（負担・利益の収取）の規定（**POINT 5 1 2 3**）が準用される。

条　文	準用される規定の内容
17 条	① **重大変更を行う場合、集会の特別決議が必要** **例** ●敷地内の別棟の集会所を除却すること ●機械式駐車場の新設・撤去
	② 重大変更が専有部分に**特別の影響**を及ぼすときは、その専有部分の区分所有者の承諾が必要となる
18 条	① 管理は、原則として集会の決議による
	② **保存行為**は、各区分所有者が**単独**でできる
	③ 管理が専有部分に**特別の影響**を及ぼすときは、その専有部分の**区分所有者の承諾が必要**となる
	④ 損害保険契約をすることは、管理行為とみなされる
19 条	**負担・利益収取は、原則として持分割合による** **例** 共用部分以外の附属施設の**管理費用の負担**は、**持分割合**による

2 共用部分に関する規定の準用の注意点

(1) 敷地・共用部分以外の附属施設は、管理所有の対象とはならない。

(2) 「マンションの敷地の一部を分筆して売却する場合」は、敷地の重大変更にはあたらず、共有物である敷地の処分として、区分所有者全員の同意が必要となる。

3 共用部分の管理等のまとめ

共用部分の保存行為・管理行為・変更行為について区分所有者の団体（管理組合）による場合と管理所有による場合を整理すると、次のようになる。

○：できる　✕：できない

		管理組合による場合			管理所有による場合
		要　件	別段の定め	「特別の影響を受ける者」の承諾の要否	
①	保存行為	単独	○	不要	○
②	管理行為	各過半数	○	必要	○
③	変更行為 軽微	各過半数	○	必要	○
	変更行為 重大	各 3/4 以上	✕*	必要	✕

＊：決議要件を「区分所有者の定数」のみ過半数まで減らすことは可

4 共有（民法）と共用部分の共有（区分所有法）の比較

	「共有」（民法）	「共用部分の共有」（区分所有法）
持分割合	原則として相等しい	原則として専有部分の床面積の割合
持分の処分	自由	専有部分との分離処分は禁止
使用方法	持分に応じて使用	用方に従って使用
保存行為	各共有者が単独で行うことができる	各区分所有者が単独で行うことができる
管理行為	持分の価額の過半数で決する	区分所有者および議決権の各過半数で決する（普通決議）
変更行為 軽微変更	持分の価格の過半数で決する	区分所有者および議決権の各過半数で決する（普通決議）
変更行為 重大変更	共有者全員の同意が必要	区分所有者および議決権の各 3/4 以上で決する（特別決議）
負担割合	各共有者が持分割合に応じて負担	各区分所有者が持分割合に応じて負担
分割請求	可	不可

POINT 7　敷地・敷地利用権

 ● 建物・法定敷地と一体として管理・使用する土地は、規約敷地にできる
● 規約で定めれば、専有部分と敷地利用権は分離処分可

1　敷　地 （法定敷地・規約敷地）

法定敷地	建物が物理的に所在する土地
規約敷地	① 建物および建物が所在する土地と**一体として管理または使用**する庭・通路・その他の土地で、**規約により建物の敷地とされた土地** ▲法定敷地に隣接している必要はない
	② 建物の**一部**の**滅失**や土地の**一部**の**分割**によって、当然に**規約敷地とみなされる土地**（「**みなし規約敷地**」）

2　敷地利用権

　敷地利用権とは、専有部分を所有するための建物の敷地に関する権利をいう。

敷地利用権の種類	① **土地所有権**の場合	▲タウンハウス等のように、これらの権利を区分所有者が共有しないケースもある
	② **借地権**（地上権・賃借権）の場合	
	③ **使用借権**の場合	
敷地利用権の持分割合	① 区分所有法に**直接の定めがない**（明文規定がない） ➡ **1人**の区分所有者が数個の専有部分を所有する場合は、「**各専有部分の床面積の割合**」となる ▲規約で異なる割合にできる	
	② **分譲契約に定めがあれば、その定めによる** ▲定めがない場合➡民法の規定により相等しいものと推定される	
分離処分の禁止	原則	敷地利用権が数人で**共有**・準共有する所有権等の場合、専有部分と敷地利用権の分離処分は禁止 ▲敷地利用権が共有・準共有でない場合は、分離処分の禁止の対象外
	例外	規約で別段の定めがある場合は可

分離処分が無効である旨の主張の制限	原則	専有部分または敷地利用権の分離処分の禁止に反する処分の無効は、**善意の相手方に主張不可**
	例外	敷地権の登記をした後は、**善意の相手方に主張可**
民法255条（持分帰属）の適用除外		敷地利用権の持分は、次の場合、他の共有者に帰属しない ① 共有者の1人が**持分を放棄**したとき ② **相続人なしで死亡**したとき ➡持分は専有部分と共に国庫に帰属する

3 敷地利用権の分離処分の禁止に関する例

禁止される分離処分	専有部分もしくは敷地利用権の**片方のみの** ①売却、②贈与、③質権・抵当権の設定、④差押え
禁止されない分離処分	●敷地のみに**借地権（賃借権）を設定**する ●敷地の地下に**区分地上権を設定**する ⚠区分地上権：空中や地下に工作物を所有するために土地の上下の範囲を定めて設定される地上権のこと

4 区分所有権の売渡請求権

　敷地利用権を有しない区分所有者（例 敷地利用権が借地権の場合で、地代の不払いにより契約が解除された等）に対し、その専有部分の収去を請求する権利を有する者（土地所有者）は、その区分所有権を時価で売り渡すべきことを請求できる。

⚠この売渡請求権は形成権（権利者の一方的な意思表示により一定の法律関係を生じさせる権利）であり、行使されると、区分所有者の承諾がなくても区分所有権（専有部分）の売買契約が成立する。

5 「持分割合」のまとめ

共用部分	原則として専有部分の床面積の割合（規約で別段の定めが可）
敷地・共用部分以外の附属施設	●**区分所有法に規定なし** ●分譲契約等に定めがなければ、民法により「相等しいもの」と推定される

POINT 1 専有部分と共用部分

❶ 共用部分とは、専有部分以外の建物の部分、専有部分に属しない建物の
□□ 附属物及び規約により共用部分とされた附属の建物をいう。 マ過 H25

❷ 専有部分及び附属の建物は、その旨の登記をしなければ、規約による共
□□ 用部分とすることができない。 予想問題

POINT 2 区分所有者の権利・義務

❸ 担保権の実行による売却を原因として区分所有権を取得した者は、区分
□□ 所有法第8条の特定承継人である。 マ過 H20

❹ Aが区分所有する甲マンションの101号室の水漏れの被害について、
□□ 直上室の201号室の所有者Bに損害賠償を請求する場合、Bは、その
原因が甲マンションにあることが明らかであるが、原因が存する部位が
不明な場合には、Aに対して、損害賠償の責任を負うことはない。
予想問題

POINT 3 共用部分等❶

❺ 各区分所有者は、共用部分をその持分に応じて使用することができる。
□□ 予想問題

❻ 共有持分の割合を計算する場合、一部共用部分の床面積は、これを共用
□□ すべき各区分所有者の専有部分の床面積の割合により配分されて、それ
ぞれの区分所有者の専有部分の床面積に算入される。 管過 H27

POINT 4 共用部分等❷

❼ あるマンションの専有部分である301号室をA、B、Cの3人が共有
□□ し、302号室をDが占有している場合、Dは、302号室については時
効によって取得することができるが、共用部分の持分については、それ
と共に時効により取得することはできない。 管過 H19

❽ 一部共用部分の管理のうち、区分所有者全員の利害に関係するものであ
□□ っても、これを共用する区分所有者のみで行う旨を規約で定めることが
できる。 予想問題

POINT 5 **共用部分の管理等❶**

❾
□□
共用部分の変更（その形状又は効用の著しい変更を伴わないものを除く）は、区分所有者及び議決権の各 3/4 以上の多数による集会の決議で決するが、この議決権の定数は、規約でその過半数まで減ずることができる。 予想問題

❿
□□
共用部分の保存行為は、各区分所有者が単独で行うことができるが、その保存行為が専有部分の使用に特別の影響を及ぼすべきときでも、当該専有部分の所有者の承諾を得る必要はない。 予想問題

POINT 6 **共用部分の管理等❷**

⓫
□□
共用部分と同様に、敷地も管理者の管理所有とすることができる。 予想問題

⓬
□□
甲マンション管理組合が区分所有者の共有に属する敷地の一部にある樹木を伐採し、駐車場として隣接するマンションに賃貸しようとする場合は、区分所有者及び議決権の各 3/4 以上の多数による集会の決議（特別決議）を得なければならない。 マ過 H17

POINT 7 **敷地・敷地利用権**

⓭
□□
区分所有法の敷地には、区分所有者が建物及び建物が所在する土地と一体として管理又は使用をする庭、通路その他の土地で規約に定めたものも含む。 マ過 R4

⓮
□□
敷地利用権が数人で有する所有権である場合には、区分所有者は、原則として、その有する専有部分とその専有部分に係る敷地利用権とを分離して処分することができないとされており、規約で別段の定めをすることはできない。 予想問題

答 **POINT 1** ❶○ ❷✕：登記は第三者への対抗要件であり、規約共用部分とするための要件ではない。 **POINT 2** ❸○ ❹✕：共用部分に瑕疵があると推定され、Bも区分所有者として責任を負う。 **POINT 3** ❺✕：持分にかかわらず用方に従って使用することができる。 ❻○ **POINT 4** ❼✕：共用部分の持分も、時効により取得できる。 ❽✕：全員の利害に関係する場合は、全員で管理する。 **POINT 5** ❾✕：減ずることができるのは「区分所有者の定数」のみ。 ❿○ **POINT 6** ⓫✕：敷地は管理所有の対象外。 ⓬○：敷地の重大変更にあたるため特別決議が必要。 **POINT 7** ⓭○ ⓮✕：規約で「分離処分できる」旨を定められる。

- 管理者には資格制限はない
- 管理者は区分所有者の「代理人」である
- 管理者は毎年1回、必ず集会を招集しなければならない

1 管理者の選任・解任と職務等

管理者の選任・解任	①	管理者を置くか否かは**任意**
	②	**規約で別段の定めがない限り、集会の**普通決議**で選任・解任できる** 例 規約の「別段の定め」 ●「集会の決議によらず、理事会の決議で選任する」 ●「輪番制とする」 ●「決議要件を区分所有者および議決権の各2/3以上とする」
	③	職務を行うに適しない事情がある場合、各区分所有者は**単独で**裁判所**に解任請求ができる**
資格等	①	**法人**（マンション管理業者等）**でもなれる**
	②	区分所有者**以外でもなれる**
	③	員数・任期について**制限がない**
権限	①	共用部分・建物の敷地・附属施設の**保存行為**
	②	**集会の決議の実行**
	③	**規約で定めた行為をする権利を有し、義務を負う**
	④	規約に特別の定め**があるときは、**管理所有者**になれる**
代理権	①	**区分所有者を、その職務に関し**代理**する**
	②	**損害保険金・損害賠償金・不当利得の返還金の請求・受領について、区分所有者を**代理**する**
	③	**管理者の代理権に加えた制限は、**善意の第三者**に対抗不可**
訴訟追行権	①	その職務に関し、**規約または集会の決議により、原告・被告**となって訴訟を追行することができる
	②	規約により**原告・被告になったときは、区分所有者に通知が必要**だが、集会の決議による場合は**不要**
事務報告	①	集会において毎年1回一定の時期に事務に関する報告をしなければならない ⚠書面の交付やメールの送付に代えることはできない

2 委任の規定の準用

管理者の権利・義務には、区分所有法および規約に定めるもののほか、民法の委任に関する規定が準用される。

	①	特約がある場合の報酬請求権
	②	費用の前払請求権
権 利	③	費用および支出日以後の利息の支払請求権
	④	自己に過失なく被った損害の賠償請求権
	⑤	いつでも辞任できる
	①	善管注意義務
義 務	②	職務状況の報告義務
	③	職務上受け取った金銭等の引渡義務

3 集会の招集

招 集	少なくとも毎年1回、集会の招集が必要	
報 告	①	集会において毎年1回一定の時期に、事務に関する報告が必要
	②	次のような扱いは不可 ●規約の定め・集会の決議によって報告を省略すること ●文書の配布をもって報告に代えること ●規約で「管理者以外の者が報告する」と定めること

4 区分所有者の責任

管理者が、職務の範囲内で第三者との間でした行為（例修繕工事の請負契約）について、区分所有者が責任を負う割合は、次のとおりである。

原 則	専有部分の床面積の割合
例 外	規約で管理に要する経費の負担割合が定められているときは、その割合

● 管理組合法人の成立要件は「特別決議」と「登記」
● 管理組合法人は、区分所有者を代理する

重要度 マ S / 管 A

1 区分所有者の団体

(1) **区分所有者**は、全員で、建物（共用部分）・敷地・附属施設の**管理を行う**ための団体（管理組合）を、<u>当然に</u>**構成する**。

(2) **区分所有者**（一部共用部分を一部の区分所有者が管理する場合も含む）は、**集会を開き、規約を定め、管理者を置くことができる**（すべて任意）。

(3) **区分所有者の団体**が「権利能力のない社団」といえるためには、**組織を備え**、<u>多数決の原則</u>が行われ、**構成員が変更しても団体そのものが存続**し、**代表の方法・総会の運営・財産の管理等が確定**していなければならない **判例**。

2 管理組合法人

管理組合は、次の要件を満たすことで**管理組合法人**となる。

成立要件 ⚠法人としての新たな規約の作成や定款の定めは不要	①	**区分所有者および議決権の各 3/4 以上の多数による**集会の決議（特別決議）で、次の事項を定めること	
		定める事項	**法人となる旨**
			名称 例「甲マンション管理組合法人」
			事務所
	②	主たる事務所の所在地において<u>法人登記</u>をすること	
		登記事項	目的・業務
			名称
			事務所
			代表権を有する者の氏名・住所・資格 ⚠代表権を有しない理事・監事は登記<u>不要</u>
			共同代表を定めた場合は、その旨
名称使用の義務		名称中に必ず「**管理組合法人**」という文字を用いる	
登記の対抗力		登記事項は、登記後でなければ**第三者に対抗不可**	

	H28	H29	H30	R1	R2	R3	R4	R5	8回中
マンション管理士	△△△	△△	△△	△		△△		△	6回
管理業務主任者	○△	△			△			△△	4回

過去の出題

3 管理組合法人の権限等

　管理組合法人は、成立により次のような権限を持つ。なお、**成立前の集会の決議・規約・管理者の職務の範囲内の行為**は、法人にも効力を生じる。

代理権	①	その事務に関し、区分所有者を**代理**する ⚠区分所有者を代理するのは「管理組合法人自身」であり、「理事」ではない
	②	**損害保険契約に基づく保険金額・共用部分等について生じた損害賠償金・不当利得による返還金の請求・受領**についても、区分所有者を**代理**する
	③	法人の代理権に加えた制限は、**善意の第三者に対抗不可**
訴訟追行権	①	**規約または集会の決議**により、その事務に関し原告・被告となることができる
	②	**規約により**原告・被告になったときは、**区分所有者に通知が必要** ⚠集会の決議による場合は、不要
責任		**代表権を有する理事**が、その職務の執行について第三者に与えた**損害を賠償する責任**を負う
管理者の規定の不準用		管理者を置くことは**不可**

4 財産目録・区分所有者名簿

　管理組合法人は、**財産目録・区分所有者名簿**を作成しなければならない。

財産目録	①	常に事務所に備え置かなければならない	
	②	作成の時期	
		原則	**設立の時・毎年1月~3月の間**
		例外	事業年度を設ける場合 ⇒**設立の時・毎事業年度の終了時**
区分所有者名簿		変更があるごとに**必要な変更**を加える	

管理組合法人❷

コこは
出る！

● 規約または集会の決議で、代表理事を定めることができる
● 解散事由➡建物の全部の滅失・専有部分の不存在・集会の特別決議

重要度 マ S
管 S

1 理事・監事

管理組合法人は、**必ず理事・監事を置かなければならない**。

		理 事	監 事
人 数		制限なし（何人でも可）	
選 任		規約で別段の定めがない限り、**集会の普通決議**で選任・解任可 ⚠各区分所有者は、単独で裁判所に解任請求ができる	
資 格	①	規約で別段の定めがない限り、**区分所有者以外の者**を理事として**選任可**	
	②	法人は就任不可（**自然人のみ**）	
兼 任		監事と兼任不可	理事・使用人と兼任不可
職務・権限	①	**業務執行**および**代表機関**である	① 管理組合法人の**財産状況・理事の業務執行**を監視する**監査機関**（会計監査・業務監査）である
	②	理事が数人いる場合、法人の事務は理事の**過半数**で決する	
	③	理事が数人いる場合、**各自**が法人を代表する	
	④	**規約または集会の決議**によって**代表理事**を定めることができる	② 法令・規約違反や著しく不当な事項がある場合、**集会で報告する義務**があるため、集会の招集権を持つ
	⑤	**規約または集会の決議**によって**共同代表**を定めることができる	
	⑥	**規約の定め**に基づき、**理事の互選**で**代表理事を定める**ことができる	
	⑦	理事の代表（理）権に加えた制限は、善意の**第三者**に対抗不可	③ **代表理事の行為**が管理組合法人と**利益相反**となる場合、**監事が法人を代表する**
	⑧	**規約または集会の決議**で禁止されていない場合、特定の行為を他人に委任できる	
任 期	原則	**2**年	
	例外	規約で**3年以内**において**別段の定め**をすることができる	

欠 員	(1)	次の①②の場合、**任期満了**または**辞任**で退任した理事・監事は、**新たに理事・監事が就任するまで職務を行う（職務続行義務）**
		① 理事・監事が欠けたとき
		② 規約で定めた理事・監事の員数が欠けたとき ⚠死亡や解任による退任の場合は、職務続行義務はない
	(2)	事務の遅滞により損害が発生するおそれがある場合、**裁判所**は、**利害関係人**・**検察官の請求**により、**仮理事**・**仮監事**を選任する

2 管理組合法人の事務の執行

(1) **法人の事務**は、すべて**集会の決議**によって行う。ただし、「**特別決議事項・行為の停止等の請求訴訟の提起**」以外の事項については、規約で、**理事その他の役員が決する**と定めることができる。

(2) **保存行為**は、理事が決することができる。

3 区分所有者の責任

区分所有者は、次の①②の場合、原則として**共用部分の持分割合**に応じて、管理組合法人が負うべき**債務を弁済**しなければならない。

①	管理組合法人の財産をもって**債務を完済**できないとき
②	管理組合法人の財産に対する**強制執行**が功を奏しなかったとき

4 法人の解散

(1) 解散事由	① 建物の**全部**が滅失した場合（建替えの場合を含む） ② 建物に**専有部分**がなくなった場合 ③ 集会の決議（**特別決議**）があった場合 ⚠区分所有者が1人になっても解散しない ⚠解散した法人も、清算の結了までは法人格を有する
(2) 残余財産の帰属	**規約で別段の定めがある場合を除いて、共用部分の共有持分の割合で各区分所有者に帰属する** ⚠(1)③の事由で解散する場合は「法人でない区分所有者の団体」が復活し、その団体に帰属する

知識をチェック　今年狙われる!!「予想問題」&「重要過去問」⇒ P.94

2

区分所有法・被災区分所有法・建替え等円滑化法

規約❶（規約事項）

●規約で定められる事項➡建物・敷地・附属施設の管理または
使用に関する事項

重要度 マ B
管 C

1 規約で定めることができる事項

規約は、区分所有者が全員で建物・敷地等の維持管理と共同生活を円滑に行うために定める**自主ルール**である。

なお、規約を定めるかどうかは**任意**である。

定めることができる事項	① **建物**（専有部分・共用部分）・**敷地・附属施設**の**管理・使用**に関する**区分所有者相互間**の事項	
	「管理」に関する事項	●共用部分の点検・補修
		●管理費・修繕積立金の負担に関する事項
		●管理組合の組織・運営に関する事項等
	「使用」に関する事項	●専有部分の使用方法
		●共用部分・敷地の使用方法・使用の対価（駐車場使用料等）に関する事項等
	⚠管理・使用に関しない事項を定めることは不可 例「専有部分の譲渡を禁止する」	
	② 区分所有法に規定があり、**個別に規約で定めることができる事項**（個別的規約事項）	
規約を定める基準	規約は、専有部分・共用部分・敷地・附属施設に関する次の事項について総合的に考慮して、**区分所有者の利害の衡平が図られるように**定める	
	①形状 ②面積 ③位置関係 ④使用目的 ⑤利用状況 ⑥区分所有者が支払った対価 ⑦その他の事情	
	⚠区分所有者間の衡平を欠く規約は、無効	
作 成	**書面**または**電磁的記録**による ⚠規約等で作成方法を定める必要はない	

2 絶対的規約事項・相対的規約事項

個別的規約事項には、「規約」でのみ定めることができる事項（**絶対的規約事項**）と「規約または集会の決議」によって定めることができる事項

（相対的規約事項）とがある。

	①	規約共用部分（➡POINT1 **2**）
	②	規約敷地（➡POINT7 **1**）
	③	共用部分等の共有関係（➡POINT3 **1**）
	④	共用部分の持分割合（➡POINT3 **3**）
	⑤	共用部分の変更に関する決議定数の削減（➡POINT5 **1**）
	⑥	共用部分の管理に関する決定方法（➡POINT5 **1**）
	⑦	共用部分の負担割合・利益収取の割合（➡POINT5 **3**）
	⑧	専有部分と敷地利用権の分離処分禁止の排除（➡POINT7 **2**）
	⑨	1人の区分所有者が複数の専有部分を有する場合の各専有部分の敷地利用権の割合（➡POINT7 **2**）
絶対的規約事項	⑩	管理者の選任・解任方法（➡POINT8 **1**）
	⑪	管理所有（➡POINT5 **4**）
	⑫	集会招集権の定数の削減（➡POINT13 **1**）
	⑬	集会招集通知の期間の伸縮（➡POINT13 **2**）
	⑭	集会招集の建物内の掲示による通知（➡POINT13 **3**）
	⑮	通知事項以外についての決議（➡POINT13 **4**）
	⑯	議決権割合の変更（➡POINT14 **1**）
	⑰	議決権定数の変更（➡POINT14 **2**）
	⑱	管理組合法人の理事・監事の任期（➡POINT10 **1**）
	⑲	管理組合法人の事務の執行方法
	⑳	小規模滅失の復旧方法（➡POINT17 **1**）
	㉑	建替え決議の招集期間の伸長（➡POINT18 **3**）
相対的規約事項	①	先取特権の目的となる他の区分所有者に対して有する債権の範囲（➡POINT2 **1**）
	②	管理者の訴訟追行権（➡POINT8 **1**）
	③	管理者がいない場合の規約・議事録等の保管者（➡POINT12 **3**、14 **3**）
	④	電磁的方法による議決権の行使（➡POINT15 **1**）
	⑤	管理組合法人の代表理事・共同代表の定め（➡POINT10 **1**）

2

区分所有法・被災区分所有法・建替え等円滑化法

● 全員の利害に関係しない一部共用部分に関する事項
　➡一部区分所有者または議決権の 1/4 を超える者が反対した
　場合、全員の規約による設定は不可

重要度　マ A　管 A

1 規約の設定・変更・廃止

(1) 規約の設定・変更・廃止は、区分所有者および議決権の各 3/4 以上の多数による集会決議（特別決議）が必要であり、この定数は増減できない。

(2) 規約の設定・変更・廃止が、一部の区分所有者の権利に特別の影響を及ぼすときは、その者の承諾が必要であり、承諾がなければその規約の設定等は無効となる。

判例	「特別の影響を及ぼすべきとき」	「規約の設定・変更等の必要性・合理性」と「一部の区分所有者が受ける不利益」とを比較衡量し、その不利益が区分所有者の受忍すべき限度を超える場合
	「特別の影響を及ぼす」	① 専有部分の用途に定めがない場合の「用途を住居専用にする」旨の規約の設定
		② 専用使用権を消滅させる規約の設定
	「特別の影響を及ぼさない」	① ペットの飼育を禁止する旨の規約の変更
		② 不在組合員に対してのみ、住民活動協力金の負担を義務付ける内容への変更
		③ 無償の専用使用権の有償化や、有償の専用使用権の使用料を増額する内容への変更

(3) 一部共用部分の管理に関する規約事項については、次のとおりである。

原　則	一部の区分所有者が規約で定めることができる	
例　外	次の場合は、区分所有者全員の規約で定める	
	①	区分所有者全員の利害に関係する場合
	②	区分所有者全員の規約に定めがある場合　➡一部区分所有者の 1/4 超または議決権の 1/4 超の者が反対したときは設定不可

(4) 次の内容の規約の設定は、判例で可能とされている。

① 住居部分と店舗部分の各区分所有者について、異なる管理費等の負担を内容とする規約 判例

② 現に居住する区分所有者と現に居住していない区分所有者について、異なる管理費等の負担を内容とする規約 判例

2 公正証書による規約の設定

最初に建物の専有部分の全部を所有する者（例 新築マンションの分譲業者）は、公正証書により、規約を設定することができる。

設定事項	① 規約共用部分に関する定め
	② 規約敷地に関する定め
	③ 専有部分と敷地利用権との分離処分を可能とする定め
	④ 敷地利用権の持分割合
「最初に専有部分の全部を所有する者」の例	マンション一棟を新築した分譲業者（デベロッパー）等 ⚠中古マンションの専有部分の全部が、結果的に単独所有となった場合、公正証書による規約設定は不可
効力発生の時期	原則 / 公正証書が作成された時
	建物完成前に公正証書が作成された場合 / 建物完成の時（区分所有権が成立した時）

3 規約の作成・保管・閲覧等

作 成		書面または電磁的方法で作成可能
保 管	管理者 あり	●管理者が保管する ⚠規約で「管理者が指定する者が保管する」と定めることはできない
		●法人の場合、理事が法人の事務所で保管する
	管理者 なし	規約または集会の決議で定められた次の者が保管する ① 建物を使用している区分所有者 ② その代理人（⚠賃借人でもよい）
閲 覧	利害関係人からの請求があったとき	原則 / 規約の閲覧を拒めない
		例外 / 正当な理由がある場合は拒否可
保管場所の掲示		建物内の見やすい場所に掲示することが必要

集会❶（招集権者・招集手続等）

● 集会の招集通知は「会日より1週間前の発信」が必要
　→ この期間は規約で伸縮可
● 普通決議事項に限り、規約で定めれば非通知でも決議可

重要度　マ S
　　　　管 A

1 集会の招集権者

　集会とは、区分所有者全員で構成される、**最高意思決定機関**であり、その招集は、次のように行われる。

管理者が選任されている場合	① **管理者**は、少なくとも**毎年1回、集会を招集**する
	② **少数区分所有者**（区分所有者の**1/5以上**で議決権の**1/5以上**を有する者）から招集請求があった場合、管理者は、**2週間以内**に、**4週間以内の日**を会日とする招集通知を発する →招集通知が発せられないときは、**区分所有者が自ら（少数区分所有者全員の連名で）招集**できる ⚠少数区分所有者の招集請求の定数は、区分所有者・議決権のどちらも規約で**減ずること**（例「1/6以上」）はできるが、**増やすこと**（例「1/4以上」）は不可
管理者が選任されていない場合	**少数区分所有者**が招集する（全員の連名で招集できる） →この場合は、毎年1回の開催の義務付けはなし

2 集会の招集手続

(1) 通知期間・通知事項

通知期間	**会日より少なくとも1週間前**に発する →この期間は規約で**伸長・短縮できる** →通知の発送の翌日から会日の前日までに**7日間**必要
通知事項	次の場合は、「**会議の目的たる事項**」に加えて「**議案の要領**」をも通知しなければならない ① **共用部分の重大変更** ② **規約の設定・変更・廃止** ③ **大規模滅失の復旧** ④ **建替え** ⑤ **団地規約の設定についての各棟の決議** ⑥ **団地内建物の建替え承認決議** ⚠議題が「管理組合法人の設立・解散」「共同の利益に反する行為者への訴えの提起」の場合、議案の要領は通知不要

(2) 通知すべき場所

通知を受ける場所が	ある	通知された場所
	ない	専有部分が所在する場所

(3) 通知の宛て先通知（届出）

単独所有の場合	その区分所有者		
共有の場合	議決権行使者の指定が	ある	指定された者
		ない	共有者のうちの任意の1人

(4) 招集手続の省略

集会は、区分所有者全員の同意があるときは、招集の手続を経ないで開くことができる。

⚠ (4)により招集された集会では「あらかじめ通知された事項」以外でも決議できる。

3 掲示による通知

次の者に対する招集通知は、規約に特別の定めがあるときは、建物内の見やすい場所に掲示して行うことができる。

①	建物内に住所を有する区分所有者
②	招集通知を受けるべき場所を通知（届出）していない区分所有者

⚠ 規約に特別の定めをした場合でも、「招集通知を受けるべき場所を通知している区分所有者」に対しては、通知を発しなければならない。

4 決議事項の制限

原　則	あらかじめ通知した事項のみ決議できる
例　外	普通決議事項に関して、規約で別段の定めがある場合 ⚠ 特別決議事項については、規約で別段の定めは不可

⚠ 区分所有者全員の同意により招集手続が省略された集会では、決議事項に制限はなく、特別決議事項を含むすべての事項について決議できる。

2

区分所有法・被災区分所有法・建替え等円滑化法

集会❷(集会の議事・議長・議事録等)

● 集会の議長には、原則として管理者が就任する
● 議事録は、電磁的記録で作成可

1 集会の議決権

集会において各区分所有者が有する**議決権**は、次のとおりである。

原 則	共用部分の共有持分の割合（専有部分の床面積の割合）
例 外	**規約で別段の定め**をした場合 例「議決権は専有部分1戸につき1個とする」

⚠️規約で定めれば、特別決議事項を「専有部分の床面積割合による」とし、普通決議事項を「1住戸1議決権」とすることができる（2つの議決権の併用も可能）。

2 集会の議事

原 則	普通決議	区分所有者および議決権の各過半数	
例 外	特別決議	①	特別の定数が定められている場合（4①～⑦）
		②	規約で別段の定めをした場合

3 集会の議長・議事録

議長	原 則		管理者（法人の場合は理事）または**集会を招集した少数区分所有者の1人**
	例 外	①	**規約に別段の定めがある場合**
		②	集会で議長について別段の決議があった場合
議事録	作 成		議長が**書面**または電磁的記録で作成 ⚠️電磁的記録で作成する場合でも、集会決議や規約の定めは不要
	記載事項		**議事の経過の要領・その結果**
	署 名		議長および集会に出席した**区分所有者のうち2人**（計3人） ⚠️規約の定めによって省略することは不可

議事録	保 管	管理者	あり	●管理者が保管 ●法人の場合、理事が法人の事務所で保管
			なし	規約または集会の決議で定められた次の者が保管する ① 建物を使用している区分所有者 ② ①の代理人（⚠賃借人でもよい）
	閲 覧	利害関係人からの請求があったとき	原則	閲覧を拒めない
			例外	正当な理由がある場合は拒否可
	保管場所	建物内の見やすい場所に掲示する		

4 決議事項

定 数	決議事項	規約による定数の変更の可否
区分所有者および議決権の各過半数	**普通決議** （下記①～⑦以外）	できる
区分所有者および議決権の各 3/4 以上	① 規約の設定・変更・廃止	できない
	② 管理組合法人の設立・解散	
	③ 大規模滅失の復旧	
	④ 義務違反者に対する訴えの提起（⚠行為の停止等の請求の訴えの提起を除く）	
	⑤ 団地内の建物について、団地規約の定めの承認	
	⑥ 共用部分の重大変更	区分所有者の定数のみ過半数まで減ずることは可
区分所有者および議決権の各 4/5 以上	⑦ 建替え決議	できない

2

区分所有法・被災区分所有法・建替え等円滑化法

- 電磁的方法による議決権の行使➡規約または集会の決議が必要
- 区分所有者全員の承諾があるときは、集会を開催せず「書面または電磁的方法による決議」ができる

1 議決権の行使方法

集会を開催して決議する場合、議決権は、区分所有者が自ら出席して行使するのが原則であるが、**出席できない場合**でも、区分所有者は次の①〜③の方法により、**議決権を行使できる**。

①	書面による議決権の行使	集会開催前に議案に関する賛否を記載した書面を提出する方法で議決権を行使すること
②	代理人による議決権の行使	区分所有者から代理権を授与された者が集会に出席して、代理人として議決権を行使すること
③	電磁的方法による議決権の行使	電子メール・ＦＡＸ等の電磁的方法により賛否を投票する方法で議決権を行使すること ⚠ 電磁的方法による議決権の行使を可能とするには、①②と異なり、規約または集会の決議が必要

2 書面または電磁的方法による決議等

1 と異なり、次の①②の集会を開催せずに決議を成立させる方法がある。

①	書面または電磁的方法による決議	区分所有者全員の承諾があるときは、「書面または電磁的方法による決議」ができる ➡この決議は開催された集会の決議と同一の効力を持つ ● 集会を開催せず「書面または電磁的方法による決議」を行うこと（決議の方法）については、全員の承諾が必要 ⚠ 1人でも反対したら不可 ● 招集期間に代えて、回答期日より少なくとも1週間前までに通知を発しなければならない ● 議事はあくまで、書面または電磁的方法による賛否の投票による多数決で決する

②	書面または 電磁的方法に よる全員の合意	**区分所有者**全員の書面または電磁的方法による合意（賛成）があれば、**①の決議があったものとみなされる** ➡普通決議・特別決議事項を問わず、議案（決議の目的）に対する全員の合意が必要

2
区分所有法・被災区分所有法・建替え等円滑化法

3 議決権行使者の指定

専有部分を数人で共有する場合、共有者は、**議決権を行使すべき者「1人」**を定めなければならない。

⚠各共有者が、それぞれの持分に応じて議決権を行使することは不可。

4 占有者の意見陳述権・義務

専有部分の賃借人等の占有者（⚠区分所有者の同居の親族は含まれない）は、集会に出席できないが、次のような意見陳述権が認められている。

占有者の 意見陳述権	**【占有者が会議の目的につき利害関係を有する場合】** ① 集会に出席して意見を述べることができるが、**議決権の行使は不可** ② 区分所有者に通知後、**遅滞なく、集会の日時・場所・会議の目的たる事項**の掲示が必要 <hr>例●会議の目的が「管理費の増額」➡**利害関係なし** ●会議の目的が「ペットの飼育禁止規約設定」➡**利害関係あり** ●会議の目的が「専有部分を居住目的以外には使用禁止とする規約変更」➡**利害関係あり**（事務所として使用の場合） ●会議の目的が「**共用部分に係る大規模修繕工事の負担金の増額**」➡**利害関係なし**
占有者の 義務	① 建物の保存に有害な行為・建物の管理または使用に関する共同の利益に反する行為の禁止 ② 建物・敷地・附属施設の使用方法につき、区分所有者が規約または集会の決議に基づき負う義務と同一の義務を負う ⚠「使用方法」以外については負わない ➡つまり「管理費の支払義務」を負うことはない

知識をチェック　✎　今年狙われる!!「予想問題」&「重要過去問」➡ P.95

POINT 16 義務違反者に対する措置

コは出る!
- 使用禁止・競売・引渡し ➡ 特別決議に基づく訴訟でのみ請求可
- 引渡請求における弁明の機会は、**占有者のみ**に与えればよい

重要度 マ管 S A

1 区分所有者の義務

区分所有者は、<u>建物の保存</u>に有害な行為その他建物の管理・使用に関し、<u>共同の利益</u>に反する行為をしてはならず、**占有者も同様**の義務を負う。

2 義務違反者に対する請求

区分所有者・占有者が **1** の義務に違反した場合、**他の区分所有者全員**または**管理組合法人**は、次の請求をすることができる。

行為の停止等の請求	義務違反者	**区分所有者・占有者**
	要件	共同の利益に反する行為等をし、またはするおそれがある場合
	請求内容	① **行為の停止**
		② **行為の結果の除去**
		③ **行為の予防**のため、必要な措置をとること
	訴訟の要否	**訴訟上・訴訟外**いずれでも**請求可** ⚠ 訴訟をする場合➡集会の<u>普通決議</u>が必要
	弁明の機会	<u>不要</u>
使用禁止の請求	義務違反者	**区分所有者**
	要件	行為の停止等の請求のみでは、区分所有者の共同生活の維持を図ることが困難な場合
	請求内容	義務違反者による**専有部分の使用禁止** ⚠ 義務違反者の家族・使用人も使用が禁止されるが、専有部分の売却や賃貸は可
	訴訟の要否	**訴訟上でのみ**請求可➡集会の<u>特別決議</u>が必要
	弁明の機会	<u>必要</u>

	義務違反者	**区分所有者**
競売の請求	要 件	他の方法によっては、区分所有者の共同生活の維持を図ることが困難な場合
	請求内容	**区分所有権・敷地利用権の競売** ➡判決に基づく競売申立ては、**判決確定日から6ヵ月以内**に行わなければならない
	訴訟の要否	**訴訟上でのみ**請求可➡集会の**特別決議**が必要
	弁明の機会	必要
引渡しの請求	義務違反者	**占有者**
	要 件	他の方法によっては、区分所有者の共同生活の維持を図ることが困難な場合
	請求内容	① 占有する専有部分の使用収益を目的とする**契約の解除**
		② **専有部分の引渡し**
	訴訟の要否	**訴訟上でのみ**請求可➡集会の**特別決議**が必要
	弁明の機会	必要 ⚠占有者のみに与えれば足りる 判例

2 区分所有法・被災区分所有法・建替え等円滑化法

3 義務違反者に対する請求の注意点 💡

①	当初から行為の停止等の請求では共同生活の維持が困難であると考えられる場合、**行為の停止等の請求を経ずに**、**使用禁止請求**や**競売請求・引渡請求をすることも可能**である
②	**義務違反者である区分所有者自身**も、集会に出席して**自己の議決権を行使**できる

4 訴えを提起できる者

法人格	あ り	**管理組合法人**
	な し	次のどちらかの者 ① 他（違反者以外）の**区分所有者全員** ② **集会の普通決議**により、管理者 または集会で指定された**区分所有者** ⚠「規約」で定めておくことは不可

今年狙われる!!「予想問題」&「重要過去問」❺

POINT 8 管理者

❶
□□ 管理者に不正な行為その他その職務を行うに適しない事情があるとき
は、各区分所有者は、その解任を建物の所在地の市町村長を経由して都
道府県知事に請求することができる。 管過 H16

POINT 9 区分所有者の団体、管理組合法人❶

❷
□□ 理事は、集会の決議により、管理組合法人の事務に関し、区分所有者の
ために、原告又は被告となることができるが、この場合には、遅滞な
く、原告又は被告となった旨を区分所有者に通知しなければならない。
管過 H26

❸
□□ 管理組合が法人格を取得する前の集会の決議、規約及び管理者の職務の
範囲内の行為は、管理組合法人につき効力を生じない。 予想問題

POINT 10 管理組合法人❷

❹
□□ 理事が数人あるときは、各自管理組合法人を代表する権限を有するが、
規約または集会の決議によって、管理組合法人を代表すべき理事を定め
ることができる。 予想問題

POINT 11 規約❶（規約事項）

❺
□□ 管理規約は、規約にその旨の定めがなくても、電磁的記録により作成す
ることができる。 管過 H20

POINT 12 規約❷（規約の設定・規約の保管・閲覧等）

❻
□□ 区分所有者全員の利害に関係しない一部共用部分に関する事項について
の区分所有者全員の規約の設定、変更又は廃止は、当該一部共用部分を
共用すべき区分所有者の 1/5 を超える者又はその議決権の 1/5 を超え
る議決権を有する者が反対したときは、することができない。 予想問題

❼
□□ 区分所有者全員で構成する団体に管理者が選任されている場合には、規
約は、管理者が保管しなければならない。 管過 R4

POINT 13 集会❶（招集権者・招集手続等）

❽
□□ 区分所有者全員の同意がなければ、集会招集の手続を省略することはで
きない。 管過 H24

94

POINT 14 集会❷（集会の議事・議長・議事録等）

❾ 管理組合の管理者又は管理組合法人の理事は、集会において、規約に別段の定めがある場合及び別段の決議があった場合を除いて、議長となる。[予想問題]

❿ 集会の議事録を電磁的記録により作成するためには、規約による規定又は集会の決議が必要である。[マ過 R4]

POINT 15 集会❸（議決権の行使・占有者）

⓫ 議決権は、書面又は代理人によって行使することができるほか、規約又は集会の決議により、電磁的方法によって行使することができる。[予想問題]

⓬ 規約により集会において決議すべきものとされた事項については、区分所有者全員の書面又は電磁的方法による合意があったときは、書面又は電磁的方法による決議があったものとみなす。[マ過 R4]

POINT 16 義務違反者に対する措置

⓭ 行為の停止等の請求をした後でなければ、義務違反者である区分所有者に対する使用禁止の請求及び競売請求をすることはできない。[予想問題]

⓮ 規約違反の区分所有者に対し違反行為の停止請求の訴訟を提起することを決議する場合でも、その者の議決権行使を認めなければならない。[管過 H23]

答 **POINT 8** ❶✕：「裁判所」に請求できる。**POINT 9** ❷✕：「集会の決議」による場合は通知不要。❸✕：効力が生じる。**POINT 10** ❹○ **POINT 11** ❺○ **POINT 12** ❻✕：各「1/4」超の者。❼○ **POINT 13** ❽○ **POINT 14** ❾○ ❿✕：議事録を電磁的記録により作成することについて、規約の定め又は集会の決議は不要である。**POINT 15** ⓫○ ⓬○ **POINT 16** ⓭✕：要件を満たせば直接、使用禁止または競売の請求ができる。⓮○

95

コは 出る！
● 小規模滅失・大規模滅失 ➡ 専有部分は各区分所有者が単独で復旧可
● 買取指定者の指定がされた ➡ その者に対してのみ買取請求が可

重要度 マ B
管 C

1 小規模滅失の場合（建物価格の 1/2 以下に相当する部分の滅失）の復旧

専有部分		各区分所有者が単独で費用を負担して復旧する
共用部分	原則	各区所有者が単独で復旧できる ➡ 復旧した者は、他の区分所有者に、<u>共用部分の持分</u>に応じて費用の償還請求ができる ⚠ 小規模滅失の場合の復旧は、規約で別段の定めをすることができる 例「小規模滅失の復旧は、すべて集会の決議によって行う」
	例外	次の①～③の決議が成立した場合、各区分所有者は、**単独での復旧が不可**となる ① 復旧決議（普通決議） ② <u>建替え決議</u> ③ 団地内建物の一括建替え決議

2 大規模滅失の場合（建物価格の 1/2 を超える部分の滅失）の復旧

　小規模滅失の復旧と異なり、各区分所有者が単独で共用部分の復旧をすることはできず、**集会の決議を経て復旧**しなければならない。

(1) 専有部分の復旧
　　各区分所有者が**単独**で費用を負担して復旧する。

(2) 共用部分の復旧
　　① 集会において、区分所有者および議決権の各 <u>3/4</u> 以上の多数で、復旧決議ができる。
　　　⚠集会の議事録には、各区分所有者の賛否を記載（記録）しなければならない。

　　② 復旧決議の日から <u>2</u> 週間を経過したときは、**決議に賛成した区分所有者以外の区分所有者**（反対者等）は、**決議賛成者**に対し、建物・敷地に関する権利を時価で買い取るべきことを請求（買取請求）できる。

　　③ ②の請求を受けた**決議賛成者**は、請求日から **2 ヵ月以内**に、他の決議賛成者の全部・一部に対し、決議賛成者以外の区分所有者を除いて算定した共用部分の持分割合に応じて**買取請求**ができる。

④ **復旧決議の日から2週間以内**に、**決議賛成者全員の合意**により買取指定者が指定され、買取指定者がその旨を決議賛成者以外の区分所有者に**書面または電磁的方法で通知**した場合は、その者は買取指定者に対してのみ買取請求ができる。

請求者	買取指定者	相手方
決議賛成者以外の区分所有者	なし	決議賛成者の全部・一部
	あり	買取指定者のみ

⑤ 買取指定者が、買取請求に基づく売買の代金に係る債務を弁済しないときは、**決議賛成者**は、買取指定者と連帯して、債務を弁済しなければならない。

⑥ 集会を招集した者は、決議賛成者以外の区分所有者に対し、4ヵ月以上の期間を定め、買取請求権を行使するか否かを確答すべき旨を**書面または電磁的方法で催告**できる。
⚠️確答がない場合、買取請求権は消滅する。

⑦ **大規模滅失の日から6ヵ月以内**に復旧決議・建替え決議・団地内建物の一括建替え決議がないとき、**各区分所有者**は、他の区分所有者に対し、**買取請求**ができる。

⑧ 裁判所は、次のア〜ウの者からの請求に対して、償還金・代金の支払につき相当の期限を許与できる。

ア	小規模滅失の復旧に関する**費用の償還請求**を受けた**区分所有者**
イ	**買取りの請求**を受けた**区分所有者**
ウ	**買取りの請求**を受けた**買取指定者**

✂️「復旧」の流れ

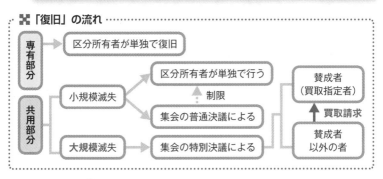

POINT 18 建替え❶ (建替え決議)

ココは出る！
- 建替え➡区分所有者および議決権の各 **4/5** 以上の多数で決議
- 元の敷地と一部が重なる土地であれば、建替え可能
- 建替え決議が目的の招集通知➡会日の **2ヵ月**前までに発する

重要度　マ C　管 C

---

1 建替え決議

　集会において、区分所有者および議決権の各 4/5 以上の多数で、建物を取り壊し、かつ、元の敷地と少なくとも一部は重なる次の①～④のいずれかの土地に、新たに建物を建築する旨の決議（建替え決議）ができる。

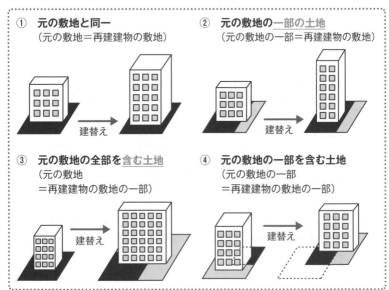

① **元の敷地と同一**
（元の敷地＝再建建物の敷地）

建替え

② **元の敷地の一部の土地**
（元の敷地の一部＝再建建物の敷地）

建替え

③ **元の敷地の全部を含む土地**
（元の敷地
＝再建建物の敷地の一部）

建替え

④ **元の敷地の一部を含む土地**
（元の敷地の一部
＝再建建物の敷地の一部）

建替え

---

2 建替え決議で定める事項

　建替え決議では、次の①～④について必ず決議しなければならず、これらを定めなかった場合、建替え決議は無効となる。

①	新たに建築する建物（再建建物）の設計の概要
②	建物の取壊し・再建建物の建築に要する費用の概算額
③	②に規定する費用の分担に関する事項
④	再建建物の区分所有権の帰属に関する事項

2

区分所有法・被災区分所有法・建替え等円滑化法

3 建替え決議の集会

建替え決議を目的とする集会は、次のように行われる。

建替え決議を目的とする集会の招集通知（下図①）	① 少なくとも集会の2ヵ月前に発する ⚠この期間は規約で伸長できるが、短縮は不可
	② 議案の要領に加えて、次の事項も通知が必要 ●建替えを必要とする理由 ●建替えをしない場合の建物の効用の維持・回復に要する費用の額・その内訳 ●建物の修繕に関する計画が定められているときは、その内容 ●修繕積立金の積立て額
説明会の招集通知（②）	少なくとも説明会の1週間前に発する ⚠この期間は規約で伸長できるが、短縮は不可
説明会の開催（③）	建替え決議を目的とする集会の1ヵ月前までに、通知事項について説明会を開催する
議事録の記載事項	各区分所有者の賛否を記載（記録）しなければならない

✂ 建替え決議までの流れ

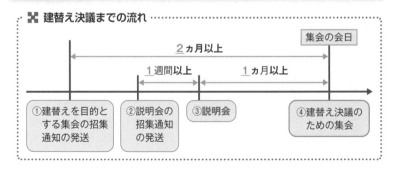

建替え❷（建替え決議後の手続）

● 催告に2ヵ月以内に回答しなかった者➡不参加者とみなされる
● 建替え参加区分所有者全員の合意で、買受指定者を指定可

1 区分所有権等の売渡請求等

建替え決議後の手続は、次のとおりである。

催　告	建替え決議後、集会を招集した者は、遅滞なく、**賛成しなかった区分所有者に**対し、**建替えに参加するか否かを回答すべき旨**を、書面または電磁的方法（区分所有者の承諾が必要）で**催告**する ➡催告を受けた日から**2ヵ月以内に回答しなかった**区分所有者は、**建替えに参加しない**旨を回答したものとみなされる	
売渡請求	請求者	① 建替え決議に賛成した各区分所有者
		② 参加する旨を回答した各区分所有者
		③ **買受指定者**（参加者全員の合意により指定）
	請求される者	**建替えに参加しない旨を回答した区分所有者**
	請求期間	催告の回答期間満了日から**2ヵ月以内**
	請求内容	区分所有権・敷地利用権を時価で**売り渡すべきこと**

2 建物の明渡しに関する期限の許与

裁判所は、建替え不参加者が次の①②の**両方に該当する場合**は、**不参加者からの請求により**、代金の支払または提供の日から1年を超えない範囲内で、明渡しにつき相当の期限を許与できる。

①	建物の明渡しによりその**生活上著しい困難を生じるおそれがある**場合
②	**建替え決議の遂行に甚だしい影響を及ぼさないものと認めるべき顕著な事由がある**場合

3 再売渡請求

建替え決議の日から**2年以内**に、正当な理由なく**建物の取壊し工事に着手しない**場合、区分所有権・敷地利用権を**売り渡した者**は、この**期間の満了の日から6ヵ月以内**に、買主が支払った代金に相当する金銭をその区分

所有権・敷地利用権を現在有する者に提供して、これらの権利を**売り渡す**べきことを請求できる。

4 建替えに関する合意

次の①～③およびその**承継人**は、建替えに合意した者とみなされる。

①	**建替え決議に賛成した各区分所有者**
②	催告に対し、建替え決議の内容により建替えに**参加する旨を回答した各区分所有者**
③	区分所有権または敷地利用権を**買い受けた各買受指定者**

建替え決議後の流れ

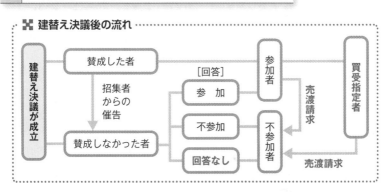

5 買取請求（大規模滅失）と売渡請求（建替え）の比較

		請求者	請求を受ける者	請求内容	裁判所の許与
買取請求（大規模滅失の場合）		決議賛成者以外の区分所有者	① **決議賛成者**等	建物・敷地に関する権利を時価で買い取るべきこと	代金等の**支払につき相当の期限**
			② 買取指定者		
売渡請求（建替えの場合）	①	建替え参加者等	建替え不参加者等	区分所有権・敷地利用権を時価で**売り渡す**べきこと	不参加者の**明渡しにつき相当の期限**
	②	買受指定者			

2
区分所有法・被災区分所有法・建替え等円滑化法

POINT 20 団地❶（団地管理組合等）

- 数棟の建物所有者が土地・附属施設を共有➡団地が成立
- 団地管理組合と各棟の管理組合は併存する

重要度 マ A / 管 C

1 団 地

次の要件を満たすと区分所有法上の「団地」が成立し、団地内の建物の各所有者は、全員で**団地管理組合**を構成する。

団地の成立要件	① 一団地内に**数棟の建物**（**区分所有建物**や**戸建**）があること ➡「数棟の建物」が**戸建**のみでも、**団地が成立する**
	② ①の建物の所有者（団地内建物所有者）が**土地**（**敷地・通路等**）または**附属施設**（**集会棟・倉庫等**）を**共有**していること
団地管理組合	団地内建物所有者は、全員で、その土地・附属施設・専有部分のある建物の管理を行うための団体（**団地管理組合**）を構成し、**集会**を開き、**規約**を定め、**管理者**を置くことができる ➡**団地管理組合**が成立する場合でも、団地内建物が区分所有建物であれば**各棟の管理組合**も存続し、両者は**併存**する

2 団地管理組合の管理対象

団地管理組合の管理対象は、次の①〜③である。なお、④⑤は管理対象とはならない。

管理対象			
	①	団地建物所有者が**全員で共有**する団地内の**土地**または**附属施設**	**当然に管理対象となる**
	②	団地内の**一部の建物所有者が共有**する団地内の**土地**または**附属施設** ⚠ 戸建所有者のみの共有を除く	**規約により管理対象となる** 団地管理規約の設定 ＋ 共有者の各 **3/4** 以上の同意 ｝が必要
	③	団地内の**区分所有建物** ⚠ 各区分所有建物ごとに異なる管理内容とすることもできる	**規約により管理対象となる** 団地管理規約の設定 ＋ 各棟の特別決議 ｝が必要

管理対象外	④	団地内の一部の建物所有者が**単独所有する**団地内の土地または附属施設	**管理対象**とすることは**不可**
	⑤	団地内の**戸建建物**	

3 団地の管理に準用されない主な規定

団地の管理には、原則として区分所有建物の管理に関する規定が準用されるが、次の①〜⑤は除外される（準用されない）。

①	規約敷地・規約共用部分
②	敷地利用権
③	**共用部分の管理所有**
④	**義務違反者に対する措置**
⑤	復旧・建替え

4 団地共用部分

「附属施設である独立した建物」および「区分所有建物の専有部分」は、規約で団地共用部分とすることができる。

共用部分である旨の登記	団地共用部分は、**登記をしなければ第三者に対抗不可**
公正証書による規約の設定	一団地内の数棟の建物の全部を所有する者は、**公正証書による団地規約**で、団地共用部分を定めることができる
区分所有建物の共用部分に関する規定の準用	① 団地建物所有者**全員の共有**に属する
	② その**用方に従って使用**できる
	③ **共有者の持分**は、**建物または専有部分の**床面積の割合による ▲団地規約で別段の定めをすることが可
	④ **共有者の持分**は、**建物または専有部分の処分に従う**
	⑤ 共有者は、**団地共用部分の持分**と、建物または**専有部分とを分離して処分**することは**不可**

21 団地❷ （団地内建物の建替え）

● 建替え承認決議 ➡ 特別の影響を受ける区分所有建物の区分所有者の議決権の 3/4 以上の賛成が必要
● 一括建替え決議 ➡ 団地内建物の全部が区分所有建物の場合に限る

重要度　マ B
　　　　管 C

1 団地内建物の建替え承認決議

(1) 団地内の**特定建物**（建替え予定の建物）を建て替える場合には、団地管理組合の集会において、**建替え承認決議**が必要となる。

適用要件	① 団地内建物の<u>全部</u>または<u>一部</u>が**区分所有建物**であること	
	② **土地**が団地内建物所有者の**共有**であること	
	③ 次の決議等があること	
	対象となる特定建物	必要な決議等
	区分所有建物	<u>建替え</u>決議または **区分所有者全員の同意**
	区分所有建物以外	その所有者の同意

集　会	① 集会の会日の<u>2</u>ヵ月前に招集通知を発する ⚠規約で伸長のみ可
	② 招集通知には 「議案の要領」＋「再建団地内建物の設計の概要」を記載する

決　議	団地管理組合の集会において、**議決権の 3/4 以上の多数**による**承認決議**（建替え承認決議）があること ● 議決権は、<u>土地の持分割合</u>による ● 建替え承認決議では、特定建物の所有者は、全員、**賛成する旨の議決権を行使したものとみなされる**

特別の影響を及ぼす場合	特定建物の建替えが、「他の建物」の建替えに**特別の影響を及ぼす**場合、次の者が建替え承認決議に賛成していることが必要となる	
	「他の建物」の種類	必要な賛成者
	区分所有建物	区分所有者全員の**議決権**の **3/4 以上**を有する区分所有者
	区分所有建物以外	その建物の所有者

(2) 特定建物が2以上ある場合、それらの特定建物の所有者は、**各特定建物の所有者の合意**（区分所有建物の場合は、区分所有者および議決権の各 4/5 以上の多数による、**一括して建替え承認決議に付する旨の決議**）により、団地管理組合の集会で、建替え承認決議を別々ではなく一括して、建替え承認決議に付すことができる。

2 団地内建物の一括建替え決議

　団地内の建物すべてを**一括して建て替える**場合には、団地管理組合の集会において、**一括建替え決議**が必要となる。

適用要件	①	団地内建物の**全部**が区分所有建物であること ⚠「戸建」を含んで団地関係が成立している場合は、一括建替え決議は不可
	②	**敷地**が団地内建物所有者の**共有**であること
	③	団地内建物の管理について**団地規約**が定められていること
集会	①	会日の少なくとも**2ヵ月**前に招集通知を発する ⚠規約で伸長のみ可
	②	招集通知には、議案の要領と次の事項を記載する ●建替えを必要とする**理由** ●建替えをしない場合の建物の効用の維持・回復に要する費用の額・その内訳 ●建物の修繕計画の内容・修繕積立金の額
決議	①	次の事項について、団地管理組合の集会で、**団地建物所有者および議決権の各 4/5 以上の多数による決議**が必要 【決議で定める事項】 ●再建団地内敷地の一体的な利用についての**計画の概要** ●再建団地内建物の**設計の概要** ●取壊し・再建団地内建物の建築に要する**費用の概算額** ●**費用の分担** ●**区分所有権の帰属**
	②	一括建替え決議において、団地内の**区分所有建物ごとに、区分所有者および議決権の各 2/3 以上**が**賛成**していることが必要 ⚠一括建替え決議とは別に各棟で集会を開催して決議するのではない

2 区分所有法・被災区分所有法・建替え等円滑化法

被災区分所有法

● 政令施行日から3年間➡敷地共有者等集会を開催できる
● 区分所有者・議決権・敷地利用権の持分価格の各4/5以上の多数で、建物敷地売却決議ができる

重要度 マ A 管 C

1 区分所有建物が全部滅失した場合

敷地共有者等集会	**敷地共有持分等を有する者（敷地共有者等）**は、政令施行日から起算して**3年**が経過する日までの間は、**集会（敷地共有者等集会）**を開き、**管理者**を置くことができる ⚠規約は定めることはできない
再建決議	**敷地共有者等集会**で、敷地共有者等の**議決権（敷地共有持分等の価格の割合）**の**4/5**以上の多数で、少なくとも元の敷地の一部を含む土地に建物（再建建物）を建築する旨の決議（**再建決議**）ができる
集会の招集	**管理者が選任されている場合** ① **管理者が招集する** ② **議決権の1/5以上**を有する者から招集請求があった場合、管理者は、**2週間以内**に、**4週間以内の日を会日**とする招集通知を発する ➡招集通知が発せられないときは、請求者が自ら招集できる **管理者が選任されていない場合** **議決権の1/5以上**を有する者が招集する
掲示による通知	**敷地共有者等の所在を知ることができない場合**、集会の招集通知は、**敷地内の見やすい場所**に掲示して行うことができる ⚠招集通知は、掲示をした時に到達したものとみなされるが、請求者に、所在を知らないことについて過失があったときは、到達の効力を生じない
敷地売却決議	**敷地共有者等集会**で、敷地共有者等は、その**議決権の4/5以上**の多数で、敷地共有持分等に係る土地を売却する旨の決議（**敷地売却決議**）ができる **決議で定める事項** ● 売却の相手方となる**予定の者の氏名・名称** ● 売却による**代金の見込額**
分割請求の特例	敷地共有者等は、**政令施行日から起算して1ヵ月を経過する日の翌日から3年を経過する日**までは、敷地共有持分等に係る土地等の**分割請求ができない**

2 区分所有建物が一部滅失（大規模滅失）した場合

<table>
<tr>
<td>区分所有者
集会</td>
<td colspan="2">区分所有者は、政令施行日から起算して<u>1</u>年が経過する日までの間は、集会（区分所有者集会）を開くことができる</td>
</tr>
<tr>
<td rowspan="2">集会の招集の
通知に関する
特例</td>
<td>①</td>
<td>区分所有者が、災害発生後に管理者に対して通知を受ける場所を通知していたときは、その場所に宛ててすれば足りる</td>
</tr>
<tr>
<td>②</td>
<td>招集者が区分所有者の所在を知ることができず、かつ、知らないことについて過失がない場合、招集通知は、区分所有建物内、またはその敷地内の見やすい場所に掲示すれば足りる</td>
</tr>
<tr>
<td>建物敷地
売却決議</td>
<td colspan="2">区分所有者集会で、区分所有者、議決権および<u>敷地利用権</u>の持分の価格の各 <u>4/5</u> 以上の多数で、区分所有建物およびその敷地を売却する旨の決議（建物敷地売却決議）ができる</td>
</tr>
<tr>
<td>建物取壊し
敷地売却決議</td>
<td colspan="2">区分所有者集会で、区分所有者、議決権および<u>敷地利用権</u>の持分の価格の各 <u>4/5</u> 以上の多数で、区分所有建物を取り壊し、かつ、これに係る敷地を売却する旨の決議（建物取壊し敷地売却決議）をすることができる</td>
</tr>
<tr>
<td rowspan="2">取壊し決議</td>
<td colspan="2">区分所有者集会において、区分所有者および議決権の各 4/5 以上の多数で、区分所有建物を取り壊す旨の決議（建物取壊し決議）をすることができる</td>
</tr>
<tr>
<td colspan="2">⚠区分所有建物の取壊し後、政令施行日から3年経過までの間は、前述 1 の敷地共有者集会を開くことができる</td>
</tr>
</table>

3 「全部滅失・一部滅失」の決議要件のまとめ

規 模	決 議	決議要件
全部滅失	再建決議	議決権（敷地共有持分等の価格の割合）の <u>4/5</u> 以上
	敷地売却決議	
一部滅失 （大規模滅失）	建物敷地売却決議	区分所有者、議決権および<u>敷地利用権</u>の持分の価格の各 <u>4/5</u> 以上
	建物取壊し敷地売却決議	
	取壊し決議	区分所有者および議決権の各 <u>4/5</u> 以上

知識をチェック ✏ 今年狙われる!! 「予想問題」&「重要過去問」 ➡ P.117

区分所有法・被災区分所有法・建替え等円滑化法

建替え等円滑化法❶ （建替組合）

● 建替組合の設立 ➡ 建替え合意者5人以上が共同して定款・事業計画を定める
● 建替組合の設立・解散 ➡ 都道府県知事等の認可が必要

1 用語の定義

マンション建替事業	建替え等円滑化法に従って行われる建替えに関する事業・その附帯事業のこと
施行マンション	建替事業を施行する現に存するマンション（旧マンション）のこと
施行再建マンション	建替事業の施行により建築された再建マンション（新マンション）のこと

2 マンション建替事業の施行

マンション建替事業の施行には、①マンション建替組合が行うもの（組合施行）と、②区分所有者またはその同意を得た者が1人または数人共同して行うもの（個人施行）がある。

⚠試験対策としては、組合施行が重要である。

3 建替組合による建替事業の流れ （権利変換制度）

建替事業のスムーズな遂行を目的に、建替事業の主体となる建替組合に法人格を与え、施行マンションの権利関係をそのまま施行再建マンションに移行する権利変換制度が整備されている。

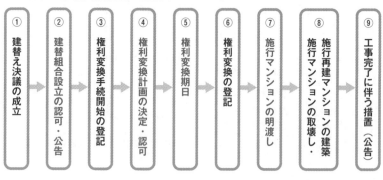

① 建替え決議の成立 → ② 建替組合設立の認可・公告 → ③ 権利変換手続開始の登記 → ④ 権利変換計画の決定・認可 → ⑤ 権利変換期日 → ⑥ 権利変換の登記 → ⑦ 施行マンションの明渡し → ⑧ 施行再建マンションの建築 施行マンションの取壊し・ → ⑨ 工事完了に伴う措置（公告）

4 建替組合

建替え決議の成立によって、**建替えに合意した区分所有者・買受指定者**（**建替え合意者**）は、建替組合を設立して**建替事業**を行うことができる。

設立要件	①	**建替え合意者が 5 人**以上共同して、**定款・事業計画**を定める
	②	**建替え合意者の 3/4 以上の同意**により、**組合設立**を申請する
	③	**都道府県知事等の認可**によって成立し、**法人格**を取得する
組合員		建替え合意者等
参加組合員		建替事業に**参加することを希望**し、かつ、それに必要な**資力・信用を有する者**で、**定款で定められた**もの 例 建替事業を行う**マンションデベロッパー**等
役員等	①	**総会**で、**理事 3 人**以上、**監事 2 人**以上を**選任**する
	②	**理事の互選**により、**理事長を 1 人選任**する
	③	**総会**で、**審査委員 3 人**以上を**選任**する
総会の議事	①	**総組合員の半数以上の出席**で成立し、議事は**出席者の議決権の過半数**で決する
	②	**定款の変更・事業計画の変更**のうち重要な事項は、**組合員の議決権および持分割合の各 3/4 以上**で決する
	③	**権利変換計画の決定およびその変更**は、**組合員の議決権および持分割合の各 4/5 以上**で決する
	④	**組合員**は**書面**（電磁的方法）・**代理人**で、**総代**は**書面**（電磁的方法）で、**議決権・選挙権**を行使できる
売渡請求		建替組合を設立したとき、建替組合は、**認可の公告日から 2 ヵ月以内**に、建替えに参加しない旨を回答した区分所有者等に、**売渡請求**をすることができる
解散事由 ⚠どちらの場合も、都道府県知事等の認可が必要	①	**総会の議決**（⚠組合員の議決権および持分割合の各 3/4 以上、ただし**権利変換期日前に限る**）
	②	**事業の完成またはその完成の不能**

知識をチェック ✐ 今年狙われる!! 「予想問題」&「重要過去問」 ➡ P.117

建替え等円滑化法❷（権利変換）

● 権利変換計画の決定・変更➡組合員の議決権および持分割合の各 4/5 以上の多数による総会の議決が必要
● 権利変換期日に、担保権等は施行再建マンションに移行する

重要度　マ B　管 C

1　権利変換手続－①（権利変換期日前）

　権利変換とは、**施行マンション**に存在する区分所有権・敷地利用権・専有部分の抵当権等の権利を、**施行再建マンション**に移行する手続をいう。

権利変換手続開始の登記	建替組合は、建替組合設立認可の公告があったときは遅滞なく、登記所に、**権利変換手続開始の登記**を申請しなければならない
	⚠登記後に組合員が権利を処分する場合、建替組合の承認が必要
権利変換を希望しない旨の申出	施行マンションの区分所有権または敷地利用権を有する者は、建替組合設立認可の公告の日から **30 日以内**であれば、**権利の変換を希望せず、金銭の給付を希望する旨の申出**ができる

建替組合は次の①～③の手続を経て、**権利変換計画**を定め、都道府県知事等の認可を受ける

権利変換計画の決定・認可	①	権利変換計画について、総会における**議決**（組合員の**議決権および持分割合の各 4/5 以上の多数**）を経る

➡権利変換計画について総会の議決があった場合、「建替組合」および「決議に賛成しなかった組合員」は、相互に次の請求ができる

請　求	請求者	相手方	内容・請求期間
売渡請求	建替組合	決議に賛成しなかった組合員	● 対価は**時価**による
買取請求	決議に賛成しなかった組合員	建替組合	● 議決があった日から**2ヵ月以内**

②	**関係権利者（抵当権者等）の同意を得る**

⚠同意を得られない場合でも、「同意を得られない理由・同意を得られない者の権利に損害を与えないための措置」を記載した書面を添付すれば、認可の申請ができる

③	**審査委員の過半数の同意を得る**

権利変換期日における権利変換	①	建替組合は、**権利変換期日までに**補償金を支払う
	②	区分所有権は、施行再建マンションの**建築工事完了の公告の日**に、新たに施行再建マンションに区分所有権を与えられるべき者が取得する
	③	施行マンションの敷地利用権は消滅し、**施行再建マンションの敷地利用権**は、新たにその敷地利用権を与えられるべき者が取得する
	④	登記された担保権等は、権利変換期日以後は、**施行再建マンションの区分所有権および敷地利用権の上に移行**する
	⑤	施行マンションは建替組合に帰属する

2 権利変換手続 -② (権利変換期日後)

建替組合は、権利変換期日後に施行マンションを取り壊し、施行再建マンションの建築工事を行う。

権利変換の登記	建替組合は、権利変換期日後遅滞なく、施行再建マンションの敷地につき、**権利変換後の土地に関する権利**について、**必要な登記**の申請をしなければならない
施行マンションの明渡請求	建替組合は、権利変換期日後に、工事のため必要があるときは、施行マンション・敷地を占有している者に対し、**期間を定めて明渡しを請求できる**
工事完了に伴う措置	① 建替組合は、建築工事が完了したときは、速やかに**その旨を公告**するとともに、**施行再建マンションに権利を取得する者**に対する通知が必要
	② 建替組合は、建築工事が完了したときは、遅滞なく、**施行再建マンション・施行再建マンションに関する権利**について、**必要な登記を申請**しなければならない

POINT 25 建替え等円滑化法❸（マンション敷地売却決議）

●特定要除却認定マンション➡区分所有者・議決権および敷地利用権の持分価格の各 4/5 以上の多数で、マンション敷地売却決議ができる

重要度 マ B 管 C

1 マンション敷地売却制度の流れ

　マンション敷地売却制度は、地震等の災害に対する安全性が確保されていないマンションの建替え等の円滑化を図るため、**マンションとその敷地の売却を可能にする仕組み**である。

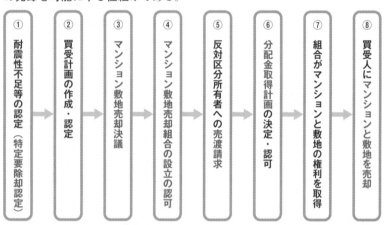

① 耐震性不足等の認定（特定要除却認定）

② 買受計画の作成・認定

③ マンション敷地売却決議

④ マンション敷地売却組合の設立の認可

⑤ 反対区分所有者への売渡請求

⑥ 分配金取得計画の決定・認可

⑦ 組合がマンションと敷地の権利を取得

⑧ 買受人にマンションと敷地を売却

2 マンション敷地売却決議等

　マンション敷地売却決議に基づく敷地売却事業に関するポイントは、次のとおりである。

マンション敷地売却決議	①	**特定要除却認定マンション**について、**区分所有者、議決権**および敷地利用権の持分価格の**各 4/5 以上の多数**で、**特定要除却認定マンション、およびその敷地**（敷地利用権が借地権であるときは、その借地権）**を売却する旨の決議ができる**
	②	敷地売却決議に係る買受人は、敷地売却決議前に、要除却認定マンションについて買受計画を作成し、都道府県知事等の認定を受けなければならない

マンション敷地売却組合	① 敷地売却決議の合意者は、**5人以上共同**して**都道府県知事等の認可**を受け、**マンション敷地売却組合**を設立できる
	② 組合の設立には、**合意者の3/4以上の同意**が必要
売渡請求	マンション敷地売却組合は、**決議に反対した区分所有者**に対し、区分所有権と敷地利用権を**時価で売り渡す**よう請求できる
分配金取得計画	マンション敷地売却組合は、設立認可の公告後、遅滞なく、**分配金取得計画**を定めて、**都道府県知事等の認可**を受けなければならない
分配金・補償金の支払	敷地売却組合は、権利消滅期日までに、組合員に対し**分配金**を支払うとともに、消滅した権利を有していた者（借家権者等）に**補償金**を支払う
権利の帰属等	売却マンション・敷地利用権は、**分配金取得計画**で定めた**権利消滅期日**に敷地売却組合に帰属し、売却マンションを目的とする**所有権以外の権利**（借家権・担保権等）**は消滅**する

○・・・適用あり　×・・・適用無し

対象となるマンション		容積率緩和	マンション敷地売却
要除却認定	特定要除却認定	**地震に対する安全性**に係る建築基準法等の基準に不適合	○	○
		火災に対する安全性に係る建築基準法等の基準に不適合	○	○
		外壁等剥離により被害が生じる恐れがある	○	○
	給水・排水設備等の損傷等により著しく衛生上有害となるおそれがある	○	×
	バリアフリー法の建築物移動等円滑化基準に準ずる基準に不適合	○	×

知識をチェック　今年狙われる‼　「予想問題」＆「重要過去問」 ➡ P.117

2

区分所有法・被災区分所有法・建替え等円滑化法

POINT 26　建替え等円滑化法④（敷地分割決議）

 ●特定団地建物所有者および議決権の各 4/5 以上の多数で敷地分割決議をすることができる

1 敷地分割決議の趣旨

　団地内の一部のマンションについて耐震性不足等により除却をする場合に、敷地が団地全体の共有のままだと当該一部のマンションだけ、建替えやマンション敷地売却をすることができないので、敷地を分割できるようになった。

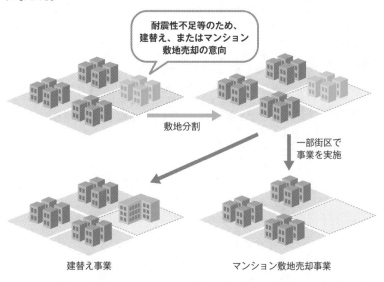

建替え事業　　　　　　　　　マンション敷地売却事業

2 敷地分割決議等

団地所有者集会	特定要除却認定を受けた場合においては、団地内建物を構成する特定要除却認定マンションの敷地（当該特定要除却認定マンションの敷地利用権が借地権であるときは、その借地権）の共有者である当該団地内建物の団地建物所有者（特定団地建物所有者）は、団地建物所有者集会を開くことができる

敷地分割決議	特定団地建物所有者の共有に属する団地内建物の**敷地またはその借地権を分割する**旨の決議をいう
敷地分割決議の要件	① 特定要除却認定を受けた場合であること ② 特定団地建物所有者および議決権の各**5分の4以上**の多数の決議によること
敷地分割組合の設立要件	① 敷地分割合意者が、**5人**以上共同して、定款および事業計画を定める ② 敷地分割合意者の**4分の3以上**の同意（同意した者の議決権の合計が敷地分割合意者の議決権の合計の**4分の3以上**となる場合に限る）を得て、敷地分割組合設立を申請する ③ **都道府県知事等の認可**によって成立する
敷地権利変換計画	① 除却マンション敷地となるべき土地に現に存する団地内建物の特定団地建物所有者に対しては、**除却敷地持分**が与えられるように定めなければならない ② 非除却マンション敷地となるべき土地に現に存する団地内建物の特定団地建物所有者に対しては、**非除却敷地持分等**が与えられるように定めなければならない ③ 除却敷地持分または非除却敷地持分等は、それらの者が権利を有する建物の位置、環境、利用状況等およびそれらの者が有する分割実施敷地持分の割合等を総合的に勘案して、それらの者の**相互間の衡平を害しない**ように定めなければならない

2

区分所有法・被災区分所有法・建替え等円滑化法

知識をチェック　今年狙われる!!　「予想問題」&「重要過去問」 → P.117　115

✎ 今年狙われる!!「予想問題」&「重要過去問」❻

POINT 17 復 旧

❶ 大規模滅失についての復旧決議がなされた場合において、買取指定者の
☐☐ 指定は、復旧決議の日から1週間以内になされる必要がある。 予想問題

POINT 18 建替え❶（建替え決議）

❷ 建替え決議において、現在の建物の敷地の周囲の土地を購入して、現在
☐☐ の建物の敷地と新たに購入した土地を含む拡張された一体の土地は、再
建建物の敷地とすることができない。 マ過 H23

❸ 建替え決議のための集会招集通知は、当該集会の会日より少なくとも2
☐☐ ヵ月前に発しなければならないが、この期間は規約で伸長又は短縮する
ことができる。 予想問題

POINT 19 建替え❷（建替え決議後の手続）

❹ 建替え決議があったときは、集会を招集した者は、遅滞なく、建替え決
☐☐ 議に賛成しなかった区分所有者（その承継人を含む）に対し、建替え決
議の内容により建替えに参加するか否かを回答すべき旨を、書面で催告
しなければならない。 予想問題

POINT 20 団地❶（団地管理組合等）

❺ 区分所有建物数棟で構成される団地には、団地管理組合は成立するが、
☐☐ 棟ごとの管理組合が成立することはない。 予想問題

❻ 団地管理組合の集会においては、区分所有法第57条の共同の利益に反
☐☐ する行為の停止等の訴訟を提起するための決議をすることができない。
マ過 H21

POINT 21 団地❷（団地内建物の建替え）

❼ 一団地内にA、B及びCの3棟のマンションがある場合、Aマンション
☐☐ の集会において建替え決議に反対した区分所有者は、団地管理組合の集
会における建替え承認決議においても、反対の議決権を行使することが
できる。 マ過 H27

❽ 団地内建物の一括建替え決議が成立するためには、その決議において団
☐☐ 地内の区分所有建物ごとに、区分所有者及び議決権の各3/4以上が賛
成していることが必要である。 予想問題

POINT 22 **被災区分所有法**

❾
☐☐
政令指定災害により、区分所有建物の全部が滅失した場合で、その建物に係る敷地利用権が数人で有する所有権その他の権利であったときは、敷地共有者等は、その政令の施行の日から起算して1年が経過する日までの間は、敷地共有者等集会を開き、管理者を置くことができる。 予想問題

POINT 23 **建替え等円滑化法❶（建替組合）**

❿
☐☐
建替え合意者は、5人以上共同して、定款及び事業計画を定め、都道府県知事（市の区域内においては市の長）の認可を受けてマンション建替組合を設立することができる。 マ過 H18

POINT 24 **建替え等円滑化法❷（権利変換）**

⓫
☐☐
建替組合が、権利変換計画を定める場合には、組合員の議決権及び持分割合の各3/4以上の賛成による総会の決議が必要である。 予想問題

POINT 25 **建替え等円滑化法❸（マンション敷地売却決議）**

⓬
☐☐
特定要除却認定マンションに係る敷地利用権が数人で有する所有権又は借地権であるときは、区分所有者集会において、区分所有者、議決権及び当該敷地利用権の持分の価格の各4/5以上の多数で、当該特定要除却認定マンション及びその敷地を売却する旨の決議をすることができる。 予想問題

POINT 26 **建替え等円滑化法❹（敷地分割決議）**

⓭
☐☐
敷地分割組合設立の認可を申請しようとする敷地分割合意者は、組合の設立について、敷地分割合意者の3/4以上の同意を得なければならない。 予想問題

答 **POINT 17** **❶ ✕**：「2週間」以内。 **POINT 18** **❷ ✕**：建替え前の建物の敷地と一部でも重なっている土地であれば、再建建物の敷地とすることができる。 **❸ ✕**：この期間は伸長できるが、短縮は不可。 **POINT 19** **❹ ○** **POINT 20** **❺ ✕**：団地管理組合と棟ごとの管理組合は併存する。 **❻ ○** **POINT 21** **❼ ✕**：「全員賛成する旨」の議決権を行使したとみなされる。 **❽ ✕**：各「2/3」以上。 **POINT 22** **❾ ✕**：「3年」を経過する日まで。 **POINT 23** **❿ ○** **POINT 24** **⓫ ✕**：各「4/5」以上。 **POINT 25** **⓬ ○** **POINT 26** **⓭ ○**

第3章

マンション管理に係る諸法令

POINT 1 不動産登記法❶

- 権利部の甲区➡所有権に関する事項
  権利部の乙区➡所有権以外の権利に関する事項
- 権利部の登記➡原則、登記権利者と登記義務者が共同申請する

重要度 マ B
管 B

1 登記記録の構成

登記とは、登記所にある登記簿に登記事項を記録することをいい、登記記録は次のように構成されている。

	不動産の物理的現況（形状・位置等）を表示
表題部	① **土地** 所在地・地番・地目・地積・所有者（氏名・住所） ② **建物** 所在地・家屋番号・種類・構造・床面積・所有者（氏名・住所） ⚠「固定資産税評価額」は記載されない。

権利部	甲区	<u>所有権</u>に関する事項を表示 ➡所有権の保存・移転登記、**所有権の仮登記、 所有権の差押え登記、買戻し特約の登記、 処分禁止の仮処分の登記**等
	乙区	<u>所有権</u>**以外**の権利に関する事項を表示 ➡地上権、賃借権、抵当権の設定・移転登記等

(1) 登記の優劣（先後）

登記した権利の**優劣**（どちらが先にされた登記か）は、次のように決まる。

「甲区の登記」同士の優劣	順位番号の先後による
「乙区の登記」同士の優劣	
甲区の登記と乙区の登記間の優劣	**受付番号の先後**による

(2) 表題部・権利部の登記の対抗力

表示および権利の各登記における対抗力の有無は、次のとおりである。

	原則	**対抗力なし**
表題部の登記	例外 （対抗力あり）	●規約共用部分である旨の登記
		●借地権の対抗要件としての建物の表題部の登記
権利部の登記	**対抗力あり**	

2 登記の申請手続

登記の申請手続は、次のように行われる。

登記の申請	原則	●表示（表題部）の登記➡所有権を取得した者が1ヵ月以内に申請する
		●権利の登記➡当事者の申請・官公署の嘱託で行う ⚠相続登記について、不動産を相続した者は、①自己のために相続の開始があったことを知り、かつ、②不動産の所有権を取得したことを知った日から3年以内に申請しなければならない
	例外	表示（表題部）の登記➡登記官の職権で可
共同申請	原則	登記権利者・登記義務者が共同で申請
	例外 （単独申請）	① 表示の登記 ② 所有権保存登記 ③ 相続・合併による権利の移転の登記等
申請に必要な主な情報		① 登記申請情報
		② 登記原因証明情報（売買契約書の内容等）
		③ 登記識別情報（12桁のコード番号）
申請方法		次のどちらかによる
		① インターネットを利用したオンライン申請 ② 申請情報を記載した書面の提出

3 登記簿の公開

誰でも、登記官に対し、手数料を納付して、登記記録に記録されている事項の全部または一部を証明した登記事項証明書や、記録されている事項の概要を記載した登記事項要約書の交付を請求することができる。

	利害関係	証明力	送付（郵送）での請求
登記事項証明書 （登記官の認証文あり）	不要	あり	できる
登記事項要約書 （登記官の認証文なし）	不要	なし	できない

- 「一棟の建物全体の表題部」と「各区分建物（専有部分）の表題部」は、一括申請が必要
- 原始取得者から専有部分の所有権を取得した者➡自己名義で保存登記可

重要度 マ S / 管 B

1 表題部の申請

　原始取得者（マンションデベロッパー等）は、マンション新築後、1ヵ月以内に区分建物（専有部分）の表題登記を同じ一棟のマンションの他の区分建物と<u>一括</u>して申請しなければならない。その場合、各区分建物の表題部所有者は<u>原始取得者</u>となる。

2 区分所有建物の登記記録の構成

　区分所有建物の登記記録は、「一棟の建物全体の表題部」と「区分建物ごとの表題部および権利部」で構成されている。

一棟の建物	表題部	① 専有部分の家屋番号
		② **一棟の建物の表示** 所在・建物の名称・構造・**各階の床面積**（<u>壁心</u>**計算**による。共用部分を含む）・原因およびその日付・登記の日付
		③ **敷地権の目的である土地の表示** 土地の符号・所在および地番・地目・地積・登記の日付
各区分建物（専有部分）	表題部	① **専有部分の建物の表示** 不動産番号・区分建物の家屋番号・名称・種類・構造・**床面積**（<u>内のり</u>**計算**による）、原因およびその日付・登記の日付
		② **敷地権の表示** 土地の符号・**敷地権の種類**・**敷地権の割合**・原因およびその日付・登記の日付
		③ 所有者（原始取得者）の氏名・住所
	権利部	甲区 **所有権**に関する事項
		乙区 **所有権以外の権利**に関する事項

3 所有権保存登記の申請者

　表題部所有者（原始取得者）から、売買契約等によって専有部分の所有権を取得した者は、<u>敷地権の登記名義人</u>の承諾を得て、**直接自己名義**で保

存登記をすることができる。そして、この場合は、「原因およびその日付」欄も登記されるため、登記原因証明情報の提供も必要となる。

4 敷地権の登記

敷地権	**登記された敷地利用権で、専有部分と分離して処分できないもの** ⚠️ 敷地利用権には、所有権・地上権・賃借権・使用借権があるが、使用借権は登記できないので、敷地権とはならない		
敷地権である旨の登記	**登記官の職権**で、土地の登記記録の「事項欄」に次の登記を記録する		
	①	敷地権が所有権の場合	**甲**区に「敷地権である旨の登記」
	②	敷地権が地上権・賃借権の場合	**乙**区に「敷地権である旨の登記」
敷地権の登記の効力	**区分建物の権利部にされた登記**（所有権・一般の先取特権・質権・抵当権等）は、**土地の敷地権についてされた登記**としての効力を有する ➡ 相続や売買を原因として専有部分に所有権移転登記をした場合、**敷地権の持分移転の登記は不要**		

5 規約共用部分の登記

①	**規約共用部分（団地共用部分）**は、**共用部分である旨の登記**をしなければ、**第三者に対抗不可**
②	**共用部分である旨の登記**は、**表題部所有者**または**所有権の登記名義人**が申請することができる
③	**共用部分である旨の登記**がされると、表題部所有者または専有部分の権利に関する登記は抹消されるので、所有権以外の権利の登記（抵当権・賃借権等）がある場合、その**権利者の承諾が必要**
④	専有部分・附属建物の表題部の「**原因およびその日付**」欄には、「**共用部分である旨の登記**」が記録される

知識をチェック　✏️　今年狙われる!!「予想問題」&「重要過去問」 ➡ P.143

借地借家法（借家権）

● 賃借人は引渡しを受けていれば、借家権の対抗可
● 定期建物賃貸借契約は、必ず書面によって行う

重要度 マ A
管 S

1 借家権とは

借家権とは、**建物の賃借権**のことである。

適用範囲	①	**一時使用が明らかな建物賃貸借や使用貸借**には、**適用不可**
	②	**居住用**に限られない➡**事業用（事務所等）でも可**
存続期間	①	期間を定める場合
		<table><tr><td>最長</td><td>**制限なし（50年超も<u>可</u>）**</td></tr><tr><td>1年未満</td><td>**期間の定めのない建物賃貸借となる**（定期建物賃貸借を除く）</td></tr></table>
	②	期間を定めない場合➡当事者は**いつでも解約の申入れ可**
		<table><tr><td>賃貸人から（正当事由が<u>必要</u>）</td><td>**6ヵ月経過後に終了**</td></tr><tr><td>賃借人から（正当事由が<u>不要</u>）</td><td>3ヵ月経過後に終了</td></tr></table>
終了事由	①	建物の滅失
	②	期間満了の**1年前から6ヵ月前**までの間に相手方に**更新拒絶の通知**（<u>賃貸人</u>がする場合は<u>正当事由が必要</u>）をした場合
更新	①	当事者の合意による更新
	②	更新拒絶の**通知がない**場合➡**更新とみなす**（法定更新）
	③	期間満了後、賃借人が引き続き**使用を継続**し、賃貸人が**異議を述べない**場合➡**更新とみなす**（法定更新）
		⚠②③で更新する場合、更新後の期間は、<u>期間の定めのないもの</u>になる➡更新後の解約の申入れは可
造作買取請求権	**賃貸人の同意**を得て取り付けた造作は、契約終了時に**賃貸人に対して時価で買い取ることを請求できる** ⚠「造作買取請求権を行使しない」旨の特約は、有効
対抗要件	①	賃借権の登記
	②	建物の<u>引渡し</u> ➡賃借人は<u>引渡し</u>を受けていれば、その後に物権（建物の所有権等）を取得した者についても**対抗可**

2 借家権の注意点 💡

(1) 借地借家法の規定に反する特約で、**借家人に不利な特約**（例「賃貸人は必要があれば**契約期間中でも中途解約できる**」旨の特約）は無効。

(2) 家賃が、近隣の建物の家賃と比較して不相当となった場合等には、当事者は、将来に向かって**家賃の増額または減額を請求**できる。

(3) 一定期間、「家賃を増額しない」旨の特約がある場合には、その期間内は**増額請求**できない。しかし、「家賃を減額しない」旨の特約は、借主に不利なため無効となり、**減額請求**ができる 判例 。

3 定期建物賃貸借

定期建物賃貸借（定期借家権）とは、**更新がない借家権**である。

契約の成立	① 契約は**書面**または**電磁的記録**で行う ⚠公正証書に限られない ② 契約書に「**更新しない旨**」の記載が必要
期　間	期間に制限はなく、**1年未満も可** 例「6ヵ月」としたら6ヵ月の期間となる
説　明	**賃貸人**が賃借人に対し「期間満了とともに契約は終了し、更新がない」旨をあらかじめ**書面を交付**または電磁的方法により提供（賃借人の承諾が必要）して**説明**しなければならない
中途解約	**賃借人**は①～③のすべてに該当する場合、契約期間中でも**解約できる** ➡解約の申入れから**1ヵ月経過で終了** ① **居住用建物**であること ② 床面積が**200㎡未満**であること ③ 転勤や療養等**やむを得ない事情**で生活本拠として使用することが困難であること
終　了	① 1年以上の期間を定めた定期建物賃貸借は、期間満了の1年前から6ヵ月前までの間に、**賃貸人が賃借人に対し終了する旨の通知**をしなければ、終了を賃借人に対抗不可 ➡この期間経過後に通知をした場合、**通知後6ヵ月経過で終了** ② 契約期間終了後でも、**再契約は可**
賃料の改定の特約	賃料の改定に関する特約がある場合、**賃料増減額請求権**に関する規定（ 2 (2)(3)）は適用されない ⚠「相互に賃料の増減額請求をすることは不可」の旨の特約は有効

（知識をチェック）　✎　今年狙われる!!「予想問題」&「重要過去問」➡ P.143

125

● 住宅性能表示制度➡新築・中古住宅を対象とする任意の制度
● 瑕疵担保責任の特例による責任期間
　➡原則として引渡時から10年間

1 住宅性能表示（評価）制度

　住宅性能表示制度は、新築住宅・既存（中古）住宅を対象とする任意の制度であり、利用するかどうかは、当事者の判断にゆだねられている。

(1) **住宅性能評価書**

　登録住宅性能評価機関が選任した評価員が住宅性能評価を実施し、基準に達していれば、次の2種類の住宅性能評価書が申請者に交付される。

①	設計住宅性能評価書	設計図書の段階での評価結果をまとめたもの
②	建設住宅性能評価書	施工・完成段階での検査を経てその評価結果をまとめたもの

(2) **主な表示項目**

① 新築住宅の性能は、次の各項目について、等級や数値等で表示する。なお、等級（0～5）は、性能が高いものほど数字が大きくなる。

② 性能表示事項は、必ず評価・表示する必須事項と、任意で評価・表示する選択事項の2つに区分されている。

①	構造の安定に関すること（必須）	地震や風等の力が加わった時の建物全体の強さ
②	火災時の安全に関すること（選択）	火災発生時の避難のしやすさや建物の燃えにくさ
③	劣化の軽減に関すること（必須）	建物の劣化を防止・軽減するための対策
④	維持管理・更新への配慮に関すること（必須）	給・排水管とガス管の日常における維持管理のしやすさ
⑤	温熱環境・エネルギー消費量に関すること（必須）	冷暖房時の省エネルギーの程度
⑥	空気環境に関すること（選択）	内装材のホルムアルデヒド発散量の少なさや換気の方法
⑦	光・視環境に関すること（選択）	開口部の面積の大きさや位置
⑧	音環境に関すること（選択）	居室の外壁開口部のサッシの遮音性能

⑨	高齢者等への配慮に関すること（選択）	加齢等に伴って身体機能が低下した時の移動のしやすさや介助のしやすさ
⑩	防犯に関すること（選択）	開口部の侵入防止対策

2 指定住宅紛争処理機関

住宅性能評価書の交付を受けた住宅（新築・既存）について、建設工事の請負契約や売買契約に関する紛争が生じた場合、当事者は、**指定住宅紛争処理機関**に対し、紛争のあっせん・調停・仲裁を申請できる。

3 瑕疵（種類・品質の不適合）担保責任の特例

対　象	新築住宅（建設工事完了後1年以内に人の居住の用に供されていないもの ⚠既存住宅・一時使用目的の新築住宅には適用されない ⚠住宅店舗複合用途型マンションの場合、住宅部分のみに適用される
対象部位	① 構造耐力上主要な部分（基礎・壁・柱・筋かい・屋根版等） ② 雨水の浸入を防止する部分（屋根・外壁等）
責任追及手段	① 契約の解除 ② 損害賠償請求 ③ 追完請求（修補・代替物引渡し・不足分引渡し請求） ④ 代金（請負では報酬）減額請求
責任追及期間	① 引渡しから10年間（特約で20年まで伸長できる） ② 新築住宅が、請負契約に基づき、請負人から売主（注文者）に引き渡された場合➡買主の責任追及期間は、請負人から売主（注文者）に引き渡された時から10年間となる
特　約	買主・注文者に不利な特約は無効（強行規定） 例 無効となる特約 ●修補請求はできるが、損害賠償は不可 ●構造耐力上主要な部分等の責任期間を「引渡時から5年」とする

知識をチェック ✎ 今年狙われる!! 「予想問題」&「重要過去問」 ➡ P.143

宅地建物取引業法❶

● 広告において「代金等の対価の額・支払方法等」について、著しく事実に相違する表示は不可
● 媒介契約は「一般媒介契約」「専属専任・専任媒介契約」に分かれる

重要度	マ	C
管	C

1 宅地建物取引業法（宅建業法）とは

宅建業法は、免許・宅地建物取引士（宅建士）・書面の交付義務・業務上の諸規制等の規定によって、**宅地建物取引業者（宅建業者）**を規制している。

宅地建物取引業（宅建業）	①**宅地・建物**（マンションの1室のような建物の一部を含む）の**売買・交換契約**を、当事者としてする行為、②**宅地・建物の売買・交換・貸借契約**の代理や媒介をする行為で、**業**（不特定多数相手に反復継続して行う）として行うもの
宅建業者	宅建業法の免許を受けて**宅建業を営む者**
宅建士	宅建士試験に合格し、知事の登録を受け、**宅建士証の交付**を受けた者

2 主な業務上の諸規制

誇大広告の禁止	広告をするときは、次の①～⑧に関して**著しく事実に相違する表示**をし、または実際のものよりも**著しく優良・有利であると人を誤認させるような表示**をしてはならない ①所在　②規模　③形質　④利用の制限 ⑤環境　⑥交通等の利便 ⑦**代金等の対価の額と支払方法** ⑧代金等の金銭の貸借のあっせん
取引態様（当事者・代理・媒介）の明示	① **広告**をするとき➡広告中に明示 ② **注文**を受けたとき➡遅滞なく、注文者に明示
広告・契約締結時期の制限	**工事完了前**の「未完成マンション」の場合、一定の許可・確認等（**開発許可・建築確認**）があった後でなければ、**広告の開始や契約（貸借を除く）**を締結してはならない
報酬額の受領制限（媒介・代理）	宅建業者は、**国土交通大臣の定める額**を超えて報酬を受領してはならない

3 媒介契約

(1) 媒介契約の種類

媒介契約には、**一般媒介契約**（複数の業者に依頼可）・**専任媒介契約**（1の業者のみに依頼）・**専属専任媒介契約**（1の業者のみに依頼、かつ、自ら発見した相手方との契約は不可）の3つの種類がある。

(2) 媒介契約書

宅建業者は、媒介（代理）の依頼者との間で媒介契約を締結したときは、遅滞なく、依頼者に対して**媒介契約書**を交付（依頼者の承諾を得て電磁的方法で提供可）しなければならない。

交付の相手	売買・交換の媒介の**依頼者**（貸借を除く）
交付時期	媒介契約締結後、**遅滞なく**
方　法	**宅建業者**が**記名押印**して交付する ⚠宅建士による記名押印や説明は不要
主な 記載事項	●媒介の種類　　●報酬に関する事項 ●**建物状況調査を実施する者のあっせんに関する事項**（既存建物の場合） ●媒介契約違反があった場合の措置 ●指定流通機構への登録に関する事項 ●**標準媒介契約約款に基づくか否かの別**

(3) 専任媒介契約・専属専任媒介契約

両者の差異は、次のとおりである。

	専任媒介契約	専属専任媒介契約
有効期間	**3ヵ月以内**（更新後も） ⚠3ヵ月を超えて契約した場合は、3ヵ月に短縮される	
更　新	依頼者が申し出れば、更新は可（更新後の期間も**3ヵ月**以内） ⚠「自動更新する」旨の特約は無効	
依頼者への業務 処理状況報告義務	**2週間に1回以上**	**1週間に1回以上**
指定流通機構への 登録義務	契約日から**7日以内** （休業日を除く）	契約日から**5日以内** （休業日を除く）

知識をチェック ✏ **今年狙われる!!**「予想問題」&「重要過去問」➡ **P.144**

129

コは
出る!
● 重要事項の説明は、宅建士であれば「専任」でなくても可
● 専有部分の用途に関する規約の定めは、「案」でも説明必要
● 37条書面には宅建士の記名が必要だが、その説明は**不要**

重要度 マ C
管 S

1 重要事項の説明

　宅建業者は、契約締結前の判断材料の提供を目的として、物件について一定の**重要事項**を説明しなければならない。

説明義務者	宅建業者
説明の相手方	**権利を取得しようとする者**（買主・借主・交換の両当事者）
説明の時期	**契約が成立するまでの間**
説明者	**宅建士** ⚠専任の宅建士である必要はない ⚠相手方からの請求がなくても宅建士証の提示が必要
方 法	**重要事項を記載した書面（宅建士が記名）を交付して説明する** ⚠買主等の承諾が得られても、説明や書面の交付の省略は不可 ⚠宅建業者間取引の場合、書面の交付だけを行えばよく、宅建士による説明は不要 ⚠買主等の承諾を得て電磁的方法による提供も可

2 重要事項説明書の記載事項

(1) 売買契約の場合の重要事項説明書に記載すべき事項

	物件自体の条件・取引条件・その他の記載事項
①	登記簿上の権利関係
②	法令に基づく制限の内容
③	**私道に関する負担に関する事項**
④	**飲用水・電気・ガス等の供給施設・排水施設の整備状況**
⑤	未完成の場合➡完成時の形状・構造
⑥	**建物状況調査の実施の有無・概要**、建築・維持保全の状況に関する書類の保存の状況（既存建物の場合） ⚠宅建業者が自ら建物状況調査を実施する必要はない
⑦	代金以外に授受される金銭の額・授受の目的
⑧	契約の解除に関する事項

⑨	損害賠償額の予定・違約金に関する事項
⑩	手付金等の保全措置の概要
⑪	**支払金・預り金を受領する場合に講じる保全措置**
⑫	代金に関する金銭のあっせん内容・あっせんが成立しないときの措置
⑬	宅地・建物の**契約不適合を担保すべき責任の履行措置の概要** ●保証保険契約等の措置を講ずるか否か、講ずる場合には、その概要
⑭	割賦販売契約の場合の事項
⑮	**造成宅地防災区域内・土砂災害警戒区域内・津波災害警戒区域内**にあるときは、**その旨**
⑯	**石綿（アスベスト）の使用の有無の調査結果の記録**があるときは、**その内容**
⑰	**耐震診断**を受けたものであるときは、**その内容** ●昭和56年6月1日以降に新築工事に着手したものを除く ⚠宅建業者が自ら耐震診断を実施する必要はない
⑱	**住宅性能評価を受けた新築住宅**であるときは、**その旨** ⚠具体的な評価内容の説明は不要
⑲	当該宅地または建物が所在する市町村の長が提供する図面（ハザードマップ）に当該宅地または建物の位置が表示されているときは、当該図面における当該宅地または建物の所在地

(2) **マンションの売買契約の場合の追加記載事項**
(1)に加え、次の事項も記載しなければならない。

	●②～⑥→規約がまだ「案」の段階である場合は、その案を説明
①	敷地に関する権利（**敷地権**）の種類・内容
②	**共用部分**に関する**規約の定め**
③	**専有部分の用途**、その他の**利用制限に関する規約の定め** 例 ペットの飼育禁止・ピアノの使用制限・楽器演奏の禁止等
④	**専用使用権**に関する**規約の定め**
⑤	一棟の建物の計画的な維持修繕のための費用等を**特定の者にのみ減免する旨の規約の定め**
⑥	**計画修繕積立金に関する規約の定め・積立総額・その滞納額**
⑦	区分所有者が負担する通常の**管理費用の額**・その滞納額

	建物・敷地の**管理の委託先**
⑧	●委託を受けている者の氏名・住所（法人の場合、**商号**または名称・**主たる事務所の所在地**） ⚠「事務所に置かれる専任の管理業務主任者の氏名」は説明不要
⑨	一棟の建物の**維持修繕の実施状況**が記録されているときは、**その内容**

3 重要事項説明書の記載事項

⑴ 賃貸借契約の場合の重要事項説明書に記載すべき追加事項

	物件自体の条件・取引条件・その他の記載事項
①	契約<u>期間</u>および契約の<u>更新</u>に関する事項
②	宅地・建物の<u>用途</u>その他の<u>利用制限</u>に関する事項
③	<u>敷金</u>その他、契約終了時に<u>精算</u>することとされている<u>金銭の精算</u>に関する事項
④	宅地・建物の管理が委託されているときは、その委託を受けている者の<u>氏名・住所</u>
⑤	台所、浴室、便所等<u>設備の整備の状況</u>
⑥	<u>定期建物賃貸借</u>・<u>終身建物賃貸借</u>を設定しようとするときは、その旨
⑦	契約終了時のその宅地の上の<u>建物の取壊し</u>に関する事項を定めようとするときは、その内容
⑧	<u>定期借地権</u>を設定しようとするときは、その旨

⑵ マンションの賃貸借契約の場合の追加記載事項
⑴に加え、次の事項も記載しなければならない。

	●①➡規約がまだ「案」の段階である場合、その案を説明 ●①②➡定めも案もなければ説明不要
①	専有部分の**用途**、その他の利用制限に関する**規約の定め**
②	建物・敷地の**管理の委託先**

4 契約締結時に交付すべき書面（37 条書面）

　宅建業者は、**契約成立後、一定事項を記載した書面（37 条書面）**を交付しなければならない。

交付義務者	宅建業者
交付の相手方	① 契約の**両当事者**（売主・買主、貸主・借主、交換の両当事者）
	② 宅建業者が自ら売主となる場合は、取引の相手方
交付時期	契約成立後、**遅滞なく**
方　法	宅建業法37条所定の事項を記載した**書面を交付**する ⚠宅建士による記名を要するが、宅建士による説明は不要 ⚠交付の相手方の承諾を得て電磁的方法による提供も可

5 37条書面の記載事項

●①～⑥は 絶対的**記載事項**（必ず記載） ●⑦～⑬は 任意的**記載事項**（定めるかは任意、定めたら記載）	売 買	貸 借
① 当事者の氏名・住所	○	○
② 物件を特定するため必要な事項（所在・地番等）	○	○
③ **構造耐力上主要な部分等の状況について、当事者が確認した事項**（既存建物の場合）	○	×
④ 代金・交換差金・借賃の額・支払時期・その方法	○	○
⑤ 移転登記の申請時期	○	×
⑥ 宅地・建物の引渡時期	○	○
⑦ 代金等以外に授受される金銭の額・目的・授受の時期	○	○
⑧ 契約の解除に関する定め	○	○
⑨ 損害賠償の予定額・違約金に関する定め	○	○
⑩ 代金等の金銭のあっせんが成立しないときの措置	○	×
⑪ 天災等不可抗力による損害の負担（**危険負担**）に関する定め	○	○
⑫ **契約不適合責任**に関する定め・**契約不適合責任**の履行についての定め	○	×
⑬ **租税その他の公課**（固定資産税等）の負担に関する定め	○	×

1 手付金の性質と額の制限

　宅建業者が売主、宅建業者でない者が買主となる売買契約では、手付金の性質と額について次のように制限される。

性質	① 手付は、当事者でどのように定めた場合であっても、**解約手付とみなされる**	
	② ①に反する特約で、**買主に不利となるものは無効**	
	原　則	**相手方が履行に着手する前**であれば、買主は**手付を放棄**、売主は**倍額を現実に提供して解除できる**
	特約の具体例	● 買主は手付の半額を放棄、売主は倍額を現実に提供して解除できる 　➡ **有効**（買主に有利）
		● 売主が履行に着手した後であっても、買主は手付を放棄して解除できる 　➡ **有効**（買主に有利）
		● 売主は受領した手付を全額返還して解除できる 　➡ **無効**（買主に不利）
額	手付金の額は、代金の **2/10 を超えてはならない** ⚠ 2/10 を超える定めをした場合は、超える部分についてのみ無効	

2 手付金等の保全措置

　宅建業者が売主、宅建業者でない者が買主となる売買契約では、宅建業者は、手付金等の全額について保全措置を講じた後でなければ、**手付金等を受領してはならない**。

手付金等	手付金・中間金・内金等の名目を問わず、契約締結日から引渡し前に支払われる金銭で代金に充当されるもの		
	⚠引渡しと同時に支払われる金銭(残代金)は含まれない		
保全措置が不要となる場合	① 買主に**所有権移転**の登記をしたとき		
	② 手付金等が少額である場合		
	未完成物件	代金の**5**%以下、かつ、**1,000万円以下**	
	完成物件	代金の**10**%以下、かつ、**1,000万円以下**	

保全措置の方法		保証委託契約	保証保険契約	手付金等寄託契約
	未完成物件	○	○	✕
	完成物件	○	○	○

3 契約不適合責任の特約の制限

宅建業者が売主、宅建業者でない者が買主となる売買契約では、契約不適合責任に関し、**民法の規定より買主に不利となる特約をしてはならない**。

例 外	契約内容の不適合につき<u>通知</u>する期間を目的物の「**引渡日から2年以上(=最低2年で定める)**」とする特約は有効
特 約	**買主に不利な特約は無効** ●無効となる場合➡**民法の規定が適用**される ⚠売主・買主間で何ら取り決めをしなかった場合でも、宅建業法違反にはならない➡この場合は民法が適用される **無効となる特約の**例 ●「引渡しの日から1年間のみ責任を負う」 ●「修補請求はできるが、損害賠償は売主が認めるときのみ可」 ●「売主の責めに帰すものであったときのみ責任を負う」

3 マンション管理に係る諸法令

消費者契約法

- 消費者契約とは、消費者・事業者間の契約をいう
- 事業者の種類・品質に関する契約不適合責任を全部免除する条項は、原則として無効

消費者契約法は、消費者・事業者間の契約について、消費者の利益を保護することを目的としている。

1 消費者契約法とは

<table>
<tr><td rowspan="4">定　義</td><td>消費者契約</td><td colspan="3">消費者と事業者との間で締結される契約</td></tr>
<tr><td>消費者</td><td colspan="3">法の対象は**個人のみ**（下記の②の「個人」は除く）</td></tr>
<tr><td rowspan="2">事業者</td><td colspan="3">① **法人**その他の団体</td></tr>
<tr><td colspan="3">② **事業として、または事業のために契約の当事者となる場合における**個人</td></tr>
<tr><td>適格消費者団体</td><td colspan="3">不特定かつ多数の消費者の利益のために、事業者の不当な行為に対する**差止請求権を行使するのに必要な適格性を有する法人の消費者団体として、内閣総理大臣の認定を受けた**者</td></tr>
<tr><td rowspan="3">適　用</td><td>事業者・消費者間</td><td>消費者・消費者間</td><td>事業者・事業者間</td></tr>
<tr><td>**適用**あり</td><td colspan="2">**適用**なし</td></tr>
<tr><td colspan="3">消費者間の契約を**事業者が媒介する**場合は、適用されない
⚠株式会社が、マンションを業務用として使用する個人に売却する契約には、適用されない</td></tr>
<tr><td rowspan="5">取消し</td><td colspan="3">**消費者**は、一定の場合に消費者契約を**取り消す**ことができる。</td></tr>
<tr><td colspan="3">① 事業者の**不適切な行為**（不実告知・断定的判断の提供・不利益事実の不告知）が原因で**誤認**したことにより、消費者契約を締結した</td></tr>
<tr><td colspan="3">② 事業者の**不退去・退去妨害**により**困惑**し、消費者契約を締結した</td></tr>
<tr><td colspan="3">③ 事業者が消費者契約の目的となるものの**分量・回数・期間が消費者にとって通常の分量等を著しく超えること**（過量契約）を**知りながら勧誘**した</td></tr>
<tr><td colspan="3">⚠取消権は、原則として、追認できる時から1年または消費者契約締結の時から5年のどちらか早い時の経過で、**時効消滅する**</td></tr>
</table>

3 マンション管理に係る諸法令

	消費者契約において、一定の条項は無効となる。
条項の無効	① 事業者の債務不履行により消費者に生じた損害賠償責任の全部または一部（事業者の故意・重過失によるものに限る）を免除し、または当該事業者にその責任の有無を決定する権限を付与する条項
	② 事業者の債務の履行に際してされた事業者の不法行為により生じた損害賠償責任の全部または一部（事業者の故意・重過失によるものに限る）を免除し、または当該事業者にその責任の有無を決定する権限を付与する条項
	③ 消費者契約が有償契約である場合において、引き渡された目的物が種類または品質に関して契約の内容に適合しないときに、これにより消費者に生じた損害を賠償する事業者の責任を免除し、または当該事業者にその責任の有無もしくは限度を決定する権限を付与するもの ▲事業者が履行の追完をする責任または不適合の程度に応じた代金もしくは報酬の減額をする責任を負うこととされている場合は事業者の責任を免除する特約も有効
	④ 事業者の債務不履行により生じた消費者の解除権を放棄させ、または当該事業者にその解除権の有無を決定する権限を付与する消費者契約の条項

2 消費者の利益を一方的に害する条項の無効

消費者の権利を制限し、消費者の義務を加重する消費者契約の条項であって、**民法の基本原則**（信義誠実の原則）に反して**消費者の利益を一方的に害する**ものは、**無効**である。

▲マンションの賃貸借契約において、契約終了時に敷金から一定額を償却する（敷引き）とする特約は、この規定には抵触せずに、有効である 判例。

3 他の法律の適用

(1) 消費者契約の取消し、および消費者契約の条項の効力については、「**民法・商法**」以外の他の法律に別段の定めがあるときは、その定めによる。

(2) 例えば、**消費者契約法が適用される売買契約**で、宅建業法の消費者保護の規定（「宅建業者が売主、宅建業者でない者が買主の場合」のみを対象とする規定）がある場合は、宅建業法の規定が優先して適用される。

知識をチェック ✐ 今年狙われる!!「予想問題」&「重要過去問」 ➡ P.144

個人情報保護法

- 紙面で作成された組合員名簿も「個人情報データベース等」に該当
- 事業者が個人情報を取り扱う際は、利用目的をできる限り特定する

重要度 マ C
管 A

1 用語の定義

個人情報	① <u>氏名・生年月日</u>等（文字ではなくても、顔が識別できる映像や、声で誰かがわかる録音でもよい）により**生存する**<u>特定の個人</u>**を識別できる情報**（他の情報と容易に照合することができ、特定の個人を識別できる情報を含む） ② <u>個人識別符号</u>が含まれる情報 ⚠「防犯カメラの映像」も含まれる
個人識別符号	① **特定の個人**の身体の一部の特徴を**電子計算機**のために変換した符号　例顔認識データ・指紋認識データ ② **対象者ごとに異なる**ものとなるように役務の利用や商品の購入に関し割り当てられ、または個人に発行されるカードや書類に付される符号 例パスポート番号・免許証番号
要配慮個人情報	本人の**人種・信条・社会的身分**・病歴・犯罪の経歴・犯罪により害を被った事実で本人に対する不当な差別・偏見等の不利益が生じないようにその取扱いに**特に配慮を要する記述等が含まれる個人情報**
個人情報データベース等	**個人情報を含む情報の集合物**であって、次の①②をいう ① 特定の個人情報を<u>コンピュータ</u>を用いて検索できるように体系的に構成したもの ② 特定の個人情報を整理し、**目次や索引を付けて容易に検索できる**ように体系的に構成したもの 例紙面で作成されている組合員名簿、顧客名簿等
個人情報取扱事業者	<u>個人情報データベース等</u>を事業の用に供している者 ⚠管理組合も、個人情報取扱事業者に該当する
個人データ	**個人情報データベース等**を構成する個人情報
保有個人データ	個人情報取扱事業者が、**開示、内容の訂正・追加・削除、利用の停止・消去および第三者への提供の停止**を行うことができる**権限を有する個人データ**

匿名加工情報	特定の個人を識別できないよう加工し、かつ、個人情報を復元できないデータ
仮名加工情報	個人情報の一部を削除する等して、他の情報と照合しない限り特定の個人を識別することができないように個人情報を加工して得られる情報

3 マンション管理に係る諸法令

2 個人情報取扱事業者等の義務

個人情報取扱事業者が遵守すべき主な義務は、次のとおりである。

①	個人情報の取扱いの際には、利用目的をできる限り特定しなければならない
②	あらかじめ本人の同意を得ずに、特定された利用目的の達成に必要な範囲を超えて、個人情報を取り扱ってはならない
③	個人情報を取得した場合は、あらかじめその利用目的を公表している場合を除き、速やかに、その利用目的を本人に通知・公表しなければならない
④	①法令に基づく場合、②人の生命・身体または財産の保護を図るために必要がある場合であって、本人の同意を得ることが困難である場合等の一定の場合を除いて、あらかじめ本人に同意を得ずに、個人データを第三者に提供してはならない ⚠マンション管理業者が、管理費の滞納者リストを管理組合の管理者に提供することは、「財産の保護を図るため」に必要であり、かつ、本人の同意を得ることが困難である場合に該当するので、個人情報保護法に反しない
⑤	次の①～⑤の事項を事前に本人に通知し、または本人が容易に知り得る状態におく場合には、個人情報保護委員会に届け出れば、本人の同意がなくても、個人データを第三者提供することができる ① 第三者への提供を利用目的とすること ② 第三者に提供される個人データの項目 ③ 第三者への提供の方法 ④ 本人の求めに応じて個人データの第三者への提供を停止すること ⑤ 本人の求めを受け付ける方法
⑥	●本人が識別される保有個人データの開示を求められたときは、その本人に対し、本人が請求した方法により、遅滞なく、保有個人データを開示しなければならない ●開示に際し手数料を徴収できる

知識をチェック　✏　今年狙われる!!「予想問題」&「重要過去問」⇒ P.145　**139**

賃貸住宅管理業法

- 賃貸住宅管理業者には事務所ごとに1人以上の業務管理者が必要
- 特定転貸事業者・勧誘者の双方に誇大広告の禁止義務が課されている

重要度	マ	C
	管	A

1 用語の定義

賃貸住宅	① 賃貸の用に供する住宅であること ② 人の居住の用に供する家屋または家屋の部分であること ③ 旅館や民泊の目的で使用されていないこと	すべてに該当
管理業務	① 維持保全業務 住宅の居室およびその他の部分について、点検・清掃その他の維持を行い、必要な修繕を行うこと ② 家賃等の管理業務 ⚠①の維持保全業務と併せて行う必要がある	

2 賃貸住宅管理業

(1) 賃貸住宅管理業の登録

賃貸住宅管理業を営もうとする者は、**国土交通大臣の登録**を受けなければならない。

登録の有効期間	5年間
更新の申請期間	有効期間の満了の日の90日前から30日前までの間
更新後の有効期間	従前の登録の有効期間の満了の日の翌日から起算して5年間

(2) 賃貸住宅管理業者の義務

賃貸住宅管理業者は、以下の義務を負う。

標識の掲示	賃貸住宅管理業者は、営業所等ごとに、公衆の見やすい場所に、国土交通省令で定める様式の標識を掲げなければならない
従業者証明書の携帯等	●賃貸住宅管理業者は、使用人等に従業者証明書を携帯させなければ、その者をその業務に従事させてはならない

従業者証明書の携帯等	●使用人等は、委託者等から請求があったときは、従業者証明書を提示しなければならない
帳簿の備付け等	帳簿は、各事業年度の末日をもって閉鎖し、閉鎖後5年間保存しなければならない
業務管理者の設置	営業所等ごとに、1人以上の業務管理者を選任しなければならない
財産の分別管理	賃貸住宅管理業者は、自己の固有財産および他の管理受託契約に基づく管理業務において受領する家賃等と分別して管理しなければならない
委託者への定期報告	賃貸住宅管理業者は、一定の事項につき、定期的に、委託者に報告しなければならない
管理業務の再委託の禁止	賃貸住宅管理業者は、委託者から委託を受けた管理業務の全部を他の者に対し、再委託してはならない
秘密を守る義務	●賃貸住宅管理業者は、正当な理由がある場合でなければ、その業務上取り扱ったことについて知り得た秘密を他に漏らしてはならない ●賃貸住宅管理業者の従業者等は、正当な理由がある場合でなければ、賃貸住宅管理業の業務を補助したことについて知り得た秘密を他に漏らしてはならない
管理受託契約重要事項の説明	賃貸住宅管理業者は、管理受託契約の締結前に、管理業務を委託しようとする賃貸住宅の貸主に対し、管理受託契約の内容およびその履行に関する重要事項について、重要事項説明書を交付（相手方の承諾を得れば電磁的方法も可）して説明しなければならない
管理受託契約締結時の書面交付	賃貸住宅管理業者は、管理受託契約を締結したときは、管理業務を委託する賃貸住宅の貸主（委託者）に対し、遅滞なく、一定の事項を記載した管理受託契約締結時の書面を交付（相手方の承諾を得れば電磁的方法も可）しなければならない

3 マンション管理に係る諸法令

3 特定転貸事業者等

(1) 特定転貸事業者・勧誘者

特定転貸事業者	特定賃貸借契約に基づき賃借した賃貸住宅を第三者に転貸する事業を営む者（サブリース業者）

勧誘者	特定転貸事業者と関連性を有し、特定賃貸借契約の締結についての勧誘を行わせる者

(2) 特定転貸事業者・勧誘者の義務

誇大広告等の禁止	著しく事実に相違する表示をし、または実際のものよりも著しく優良であり、もしくは有利であると人を誤認させるような表示（誇大広告等）をしてはならない
不当勧誘等の禁止	故意に事実を告げず・不実のことを告げる行為や特定賃貸借契約の締結等のため、特定賃貸借契約の相手方等を威迫する行為等をしてはならない

(3) 特定転貸事業者の義務

特定賃貸借契約重要事項の説明	特定賃貸借契約を締結する前に、特定賃貸借契約の相手方となろうとする者に対し、特定賃貸借契約の内容およびその履行に関する事項について、重要事項説明書を交付（相手方の承諾を得れば電磁的方法も可）して説明しなければならない
特定賃貸借契約締結時書面の交付	特定賃貸借契約を締結したときは、特定賃貸借契約の相手方（貸主）に対し、遅滞なく、一定の事項を記載した特定賃貸借契約締結時書面を交付（相手方の承諾を得れば電磁的方法も可）しなければならない

POINT 1 不動産登記法❶

❶
☐☐ 登記の前後は、登記記録の同一の区にした登記相互間においても、別の区にした登記相互間においても、ともに順位番号による。 管過 H25

POINT 2 不動産登記法❷（区分所有建物の登記）

❷
☐☐ 1棟の建物の表題部の敷地権の目的である土地の表示には、敷地権の種類、敷地権の割合、原因及びその日付、登記の日付が記録される。
予想問題

❸
☐☐ 表題部所有者がマンション分譲会社Aである場合、Aから区分建物の1つを売買により取得したBは、直接自己名義で所有権保存登記の申請をすることができる。予想問題

POINT 3 借地借家法（借家権）

❹
☐☐ 区分所有者Aが、自己所有のマンションの専有部分をBに賃貸した場合、AB間で、BがAの同意を得て付加した畳について、「Bは畳の買取請求権を放棄する」旨の特約を定めても、その特約は無効である。
予想問題

❺
☐☐ 区分所有者Aが貸主として、借主Bと床面積80㎡のマンションの1室について居住の用に供するための定期建物賃貸借契約を締結した場合、Bが、やむを得ない事情により、Aに対して解約の申入れをしたときは、申入れの日から1月を経過することによって、契約は終了する。
予想問題

POINT 4 住宅の品質確保の促進等に関する法律

❻
☐☐ 瑕疵担保責任の対象となる「新築住宅」とは、新たに建設された住宅で、まだ人の居住の用に供したことのないものをいうが、建設工事完了の日から起算して1年を経過したものは除かれる。 管過 H16

❼
☐☐ 新築住宅の売買契約において、当該新築住宅が売主とは別の請負会社が建築したものであるため、売主が瑕疵担保責任を負う期間を「売主が当該請負会社から引渡しを受けた時から10年間」とする旨の特約をした場合、この特約は無効である。予想問題

❽
☐☐ 宅地建物取引業者Aが中古マンションの売買の媒介をする場合、Aが当該マンションの広告をするときは、その代金の額又はその支払方法等について著しく事実に相違する表示をしてはならない。 管過 H20

❾
☐☐ 宅地建物取引業者が中古のマンションの売買の媒介をする場合、建物状況調査を実施しているかどうか、及びこれを実施している場合におけるその結果の概要を説明しなければならない。 予想問題

❿
☐☐ 宅地建物取引業者Aが自ら売主として建物を売却する場合において、Aは、当該建物が昭和56年5月31日以前に新築の工事に着手したものであるときは、自らその耐震診断を実施した上で、その結果の内容を説明しなければならない。 管過 H22

⓫
☐☐ 宅地建物取引業者Aが、中古分譲マンションを宅地建物取引業者でないBに売却した場合、「Aは、当該マンションをBに引き渡した日から1年間、種類又は品質の契約不適合に関し責任を負う」旨の特約をしたときは、その特約は有効となり、Aは、引渡日から1年経過すれば、Bに対して、責任を負わない。 予想問題

⓬
☐☐ 宅地建物取引業者Aが自ら売主として、宅地建物取引業者でない買主Bと中古マンションの売買契約を締結した場合、手付を違約手付と定めたときは、Aが履行に着手する前であっても、Bは手付を放棄して当該契約を解除することはできない。 予想問題

⓭
☐☐ 有償契約である消費者契約において、引き渡された目的物が種類又は品質に関して契約の内容に適合しない場合に、事業者が負うべき損害賠償責任の全部を免除する契約条項は、常に無効である。 予想問題

⓮
☐☐ 消費者契約がマンションの売買契約である場合において、当該マンションに種類又は品質に関する契約不適合があることにより生じた消費者の解除権を放棄させる条項は、無効である。 予想問題

POINT 9 個人情報保護法

⓯
□□ 「個人識別符号」とは、特定の個人の身体の一部の特徴を電子計算機の ために変換した符号や対象者ごとに異なるものとなるように役務の利 用、商品の購入又は書類に付される符号をいう。 予想問題

⓰
□□ 管理組合の組合員の氏名、電話番号が記載されている組合員名簿が、コ ンピュータを用いて検索できるように体系的に構成されていない場合に は、その名簿は「個人情報データベース等」ではない。 管過 H20

POINT 10 賃貸住宅管理業法

⓱
□□ 賃貸住宅管理業者は、その営業所又は事務所ごとに、賃貸住宅管理業に 従事する者の数に対し、その割合が5分の1以上となる数の業務管理 者を置かなければならない。 管過 R5

⓲
□□ 特定転貸事業者又は勧誘者は、特定賃貸借契約に基づき賃借した賃貸住 宅を第三者に転貸する事業に係る特定賃貸借契約の条件について広告を するときは、特定賃貸借契約に基づき特定転貸事業者が支払うべき家 賃、賃貸住宅の維持保全の実施方法、特定賃貸借契約の解除に関する事 項その他の国土交通省令で定める事項について、著しく事実に相違する 表示をし、又は実際のものよりも著しく優良であり、若しくは有利であ ると人を誤認させるような表示をしてはならない。 管過 R3

答 POINT 1 ❶✕：別の区にした場合、受付番号による。 POINT 2 ❷✕：「土地 の符号、所在及び地番、地目、地積、登記の日付」である。❸〇 POINT 3 ❹✕ ：当該特約は有効。❺〇 POINT 4 ❻〇 ❼✕：当該特約は品確法の規定どおり で、有効。 POINT 5 ❽〇 POINT 6 ❾〇 ❿✕：「自ら耐震診断」をする必要はな い。 POINT 7 ⓫✕：知ってから1年以内に通知をすればよい。⓬✕：この手付は解 約手付とみなされるので、解除可。 POINT 8 ⓭✕：例外もある。⓮〇 POINT 9 ⓯〇 ⓰✕：「個人情報データベース等」である。 POINT 10 ⓱✕：1人以上である。 ⓲〇

第4章

管理組合の会計等

POINT 1 管理組合の会計

● 原則として「**収支報告書の次期繰越収支差額**」＝「**貸借対照表の正味財産**」

重要度 マ A
管 C

1 管理組合会計の原則

　管理組合会計は、**公益法人会計に基づく会計処理**が行われるのが望ましく、次のように、「**企業会計と共通する一般会計原則**」と管理組合会計の目的から生じる「**特有の原則**」の２つから成り立っている。

(1) 管理組合会計の一般会計原則

①	真実性の原則	組合員に**真実の報告**を行う
②	正規の簿記の原則	発生した取引は、もれなく、規則正しく記録する ➡「**複式簿記**」が望ましい
③	明瞭性の原則	組合員・利害関係人に対し、会計事実を**わかりやすく明瞭に表示**し、誤判断を防ぐ
④	継続性の原則	会計処理の原則・手続を**毎期継続して、適用する** ➡<u>正当な理由</u>があれば**変更可**
⑤	保守主義の原則	将来のリスクに備え、**適度に慎重な会計処理**を行う
⑥	単一性の原則	総会・税務署等提出先ごとに形式が違っても内容は同じとする　➡いわゆる「<u>二重帳簿</u>」は禁止

(2) 管理組合会計特有の原則

予算準拠主義	①	財産の管理保全等、最小限の費用で最大効果を得ることを目的とし、**予算が非常に重要な役割**を果たす
	②	健全な会計であるためには、**予算と決算の差異が**<u>少ない</u>ほど良い
	③	予算と決算を対比し、その差異を分析して、予算執行の評価をし、ムダのない効率的な予算執行を行う
目的別会計	①	管理組合会計は、**目的別に応じた会計処理（目的別会計）**をする必要があり、定められた目的のみに支出する
	②	**管理費**は「**管理費勘定**」、**修繕積立金**は「**積立金勘定**」として区別して会計処理をし、過不足が生じても**相互振替は不可**
	③	<u>管理規約</u>で、**会計処理方針を明確に定めておくこと**が望ましい

2 発生主義

発生主義とは、「収入」と「費用（支出）」をどの時点で計上するかを決定する考え方であり、「**収入または費用の発生の事実をもってその計上を行う**」ことを意味する。

企業会計処理では発生主義がとられ、管理組合会計でも同様である。

3 主な管理組合会計の会計書類

(1) **収支報告書**

収支報告書とは、会計年度内の**収入と支出を予算額と決算額を対比して明確にする**ものである。

■収支報告書（管理費会計）

科目	令和5年度
管理費収入	300,000
駐車場使用料収入	50,000
収入合計	350,000
委託業務費	250,000
水道光熱費	35,000
支払保険料	20,000
支出合計	305,000
当期収支差額	45,000
前期繰越収支差額	290,000
次期繰越収支差額	335,000

当期（令和5年度）の収入と支出の差額 ➡ **当期収支差額** 45,000

前期（令和4年度）から繰り越された額 ➡ **前期繰越収支差額** 290,000

次期（令和6年度）に繰り越す額 ➡ **次期繰越収支差額** 335,000
前期繰越収支差額に当期収支差額を
加えた額になる

4

管理組合の会計等

収支報告書の「**次期繰越収支差額**」は、次の算式で算出する。

> 次期繰越収支差額　＝　[当期収支差額]　＋　[前期繰越収支差額]

⑵ **貸借対照表**
　　貸借対照表とは、会計年度末現在におけるすべての資産・負債・正味財産の状態を表示するものである。

【**貸借対照表の例**】

資産の部		負債・正味財産の部	
普通預金	350,000	未払金	100,000
未収金	50,000	前受金	65,000
前払金	100,000	正味財産	335,000
合　計	500,000	合　計	500,000

資産の部（表の左側）と負債・正味財産
の部（表の右側）の合計は一致する

　　貸借対照表の「**正味財産**」は、次の算式で算出する。

> 正味財産　＝　[資産]　－　[負債]

⑶ **収支報告書と貸借対照表の関係**
　　管理組合会計では、例えば、「**現金預金・未収金・未払金・前受金および前払金とする**」等、「**資金の範囲**（＝どこまでを「お金」として扱うのか）」を定めて会計処理をする。
　　この「**資金の範囲**」内で会計処理が行われる場合、**収支報告書**と**貸借対照表**には、次のような関係が成立する。

> 収支報告書の「次期繰越収支差額」＝貸借対照表の「正味財産」

　　取引が「**資金の範囲**」内のみの場合は、収支報告書の「次期繰越収支差額」と貸借対照表の「正味財産」は一致する。
　　しかし、「**資金の範囲**」外の取引（「積立保険料」の支払等）がある場合は、次のような関係となる。

> 収支報告書の「次期繰越収支差額」≠貸借対照表の「正味財産」

つまり、収支報告書の「次期繰越収支差額」と貸借対照表の「正味財産」は**一致しない**。

✖ 収支報告書と賃借対照表の具体例

　例えば、資金の範囲を現金預金・未収金・未払金・前受金に限定した場合、令和4年度の「正味財産（70万円）」は、収支報告書の「次期繰越収支差額」と一致する。しかし、令和5年度は、資金の範囲外の取引である「積立保険料（30万円）」が資産項目として計上されているので、「正味財産（80万円）」は、収支報告書の「次期繰越収支差額」と一致しない。

甲マンション管理組合（管理費会計）　　　　　　　　　　　　（単位：千円）

資産項目	5年度	4年度	増　減	負債項目	5年度	4年度	増　減
現金預金	1,800	1,900	−100	未払金	300	300	0
未収金	200	100	100	前受金	1,200	1,000	200
積立保険料	300	0	300	正味財産	800	700	100
計	2,300	2,000	300	計	2,300	2,000	300

POINT 2 仕 訳

1 仕訳のルール

(1) 取引を「勘定科目」と「金額」を用いて記録していくことを仕訳という。

勘定科目は、資産・負債・収入・費用（支出）の4つに大別できる。

		勘定科目の例
貸借対照表	資産	現金・普通預金・損害保険料（積立部分）・預け金・<u>未収入金</u>・<u>前払金</u>・什器備品・建物・構築物・建物附属設備
	負債	<u>未払金</u>・借入金・預り金・<u>前受金</u>
収支報告書	収入	管理費・修繕積立金・駐車場使用料・受取利息・配当・雑収入
	費用（支出）	管理委託費・特別清掃費・水道光熱費・損害保険料（掛捨て部分）・修繕費・小修繕費・固定資産除却損

(2) 取引の内容にあてはまる「勘定科目」を、その増減により借方（左）・貸方（右）のどちらに記入するのか、次のように決められている。

	借 方（左）	貸 方（右）
資 産	<u>増加</u>した場合	<u>減少</u>した場合
負 債	<u>減少</u>した場合	<u>増加</u>した場合
収 入	——	<u>発生（増加）</u>した場合
費 用	<u>発生（増加）</u>した場合	——

(3) 1つの取引について、借方・貸方の要素（勘定科目）が2つ以上あることはあるが、借方の要素のみ、貸方の要素のみということは絶対に起こり得ない。

(4) 1つの取引について、借方に記入された金額と貸方に記載された金額は、必ず同じ金額となる（貸借平均の原則）。

2 勘定科目の仕訳例

管理組合会計における**基本的な仕訳例**は、次の(1)〜(9)のとおりである。

(1) 組合員から当月分の**管理費 80 万円**、**修繕積立金 20 万円**を徴収し、管理組合の**普通預金口座**に入金した。

(単位：円)

（借　方）		（貸　方）	
普通預金（資産の増加）	1,000,000	**管理費**（収入の発生）	800,000
		修繕積立金（収入の発生）	200,000

(2) 組合員から当月分の**管理費 80 万円**を徴収し、管理組合の**普通預金口座**に**入金**したが、**修繕積立金 20 万円**は**未収**（滞納）となった。

（借　方）		（貸　方）	
普通預金（資産の増加）	800,000	**管理費**（収入の発生）	800,000
未収入金（**資産の増加**）	200,000	**修繕積立金**（収入の発生）	200,000

➡ その後、修繕積立金の**未収入金 20 万円**が回収され、管理組合の**普通預金口座**に入金された。

（借　方）		（貸　方）	
普通預金（資産の増加）	200,000	未収入金（**資産の減少**）	200,000

(3) 組合員から翌月分の**管理費 80 万円**、**修繕積立金 20 万円**を当月に徴収し、管理組合の**普通預金口座**に**入金**した。

（借　方）		（貸　方）	
普通預金（資産の増加）	1,000,000	前受金（**負債の増加**）	1,000,000

➡ その後、**翌月**に行う仕訳は、次のようになる。

（借　方）		（貸　方）	
前受金（**負債の減少**）	1,000,000	**管理費**（収入の発生）	800,000
		修繕積立金（収入の発生）	200,000

(4) 組合員から当月分の**管理費80万円、修繕積立金20万円**を徴収する期日となったが、その徴収を集金代行会社に委託しているため、管理組合の普通預金口座に、**いまだ入金されていない**。

(借　方)		(貸　方)	
預け金（資産の増加）	1,000,000	管理費（収入の発生）	800,000
		修繕積立金（収入の発生）	200,000

(5) **2月に実施完了した共用部分の修繕工事の修繕費20万円を、3月に支払**うことにした。

(借　方)		(貸　方)	
修繕費（費用の発生）	200,000	未払金（**負債の増加**）	200,000

➡ その後、3月に**修繕費を普通口座から支払った**。

(借　方)		(貸　方)	
未払金（**負債の減少**）	200,000	普通預金（資産の減少）	200,000

(6) 当月分の**管理委託費20万円**、エレベーター**保守点検費10万円**、清掃**費5万円**を、当月に**普通預金から支払った**。

(借　方)		(貸　方)	
管理委託費（費用の発生）	200,000	普通預金（資産の減少）	350,000
保守点検費（費用の発生）	100,000		
清掃費（費用の発生）	50,000		

(7) 翌月分の**管理委託費20万円**を、当月に**普通預金から支払った**。

(借　方)		(貸　方)	
前払金（**資産の増加**）	200,000	普通預金（資産の減少）	200,000

(8) 保険期間3年間の**積立型損害保険に加入し、損害保険料（積立保険料235万円、危険保険料15万円）を当期に一括して普通預金から支払った**。

(借　方)		(貸　方)	
積立保険料（資産の増加）	2,350,000	普通預金（資産の減少）	2,500,000
前払保険料（資産の増加）	100,000		
損害保険料（**費用の発生**）	50,000		

(9) 敷地内駐車場使用者から**敷金5万円**が、**普通預金口座に入金**された。

（借　方）		（貸　方）	
普通預金（資産の増加）	50,000	預り金（**負債の増加**）	50,000

3 修正仕訳

　誤った仕訳が判明した場合の**修正仕訳**は、次の手順で行う（次の（その1）（その2）の2通りがある）。

例 **3月分の管理費収入**として処理した10万円が、**4月分の管理費**であることが判明した。

　　［誤った仕訳］

（借　方）		（貸　方）	
普通預金	100,000	管理費収入	100,000

（その1）2つの仕訳で修正する場合

　① 誤った仕訳を「**逆仕訳**」して取り消す。

（借　方）		（貸　方）	
管理費収入	100,000	普通預金	100,000

　② 正しい仕訳をする。

（借　方）		（貸　方）	
普通預金	100,000	前受金	100,000

（その2）1つの仕訳で修正する場合

　上記①②を合わせて、修正仕訳とする（誤った仕訳を取り消さず、1つの仕訳で修正する）。

（借　方）		（貸　方）	
管理費収入	100,000	前受金	100,000

1 少額訴訟

訴訟の目的の金額が少額である場合、簡易・迅速に解決をするために、**少額訴訟制度**を利用することができる。

利用制限等	①	**60万円以下**の**金銭支払請求**に限り、利用可
	②	少額訴訟の手続によるかどうかは当事者の任意
	③	1人の原告が**同一簡易裁判所**における**同一年内**の少額訴訟の利用回数は、**10回以内**
訴えの提起	①	被告の住所地を管轄する簡易裁判所に訴状を提出 ⚠事前に調停を経る必要はない
	②	少額訴訟による審理・裁判を求める旨の申述は、訴えの提起**の際にしなければならず**、被告がそれに異議を申し出ないときにはじめて審理が進められる
	③	被告は、最初の口頭弁論の期日において弁論するまで(またはその期日が終了するまで)の間は、訴訟を**通常の手続(通常の訴訟)に移行させる**旨の申述ができる
反訴の禁止	被告による反訴の提起は不可	
弁論・判決	①	当事者は、最初にすべき口頭弁論期日前またはその期日に**すべての攻撃・防御(言い分や証拠)を提出**しなければならない
	②	原則として、**1回の期日**で**審理が終了**し、口頭弁論終結後直ちに判決が言い渡される
	③	**証拠調べ**は、即時に取り調べることができる証拠(在廷している証人・持参している文書)に限る
	④	判決に対しては、同じ簡易裁判所に**異議の申立て**をすることができるが、地方裁判所に控訴**することは不可**
	⑤	裁判所は、判決の言渡しの日から**3年**を超えない範囲内で、**支払猶予・分割払い・訴えの提起後の遅延損害金の支払免除**ができる

2 支払督促

支払督促とは、**金銭等**または有価証券の一定量の給付を目的とする請求について、**通常の訴訟によらずに簡易・迅速に解決を図る手段**である。

申立て	債務者の普通裁判籍の所在地の**簡易裁判所**の**裁判所書記官**に対して申し立てる　⚠債務者への審尋なしに発せられる
督促異議	① 債務者は、支払督促に対して、**督促異議の申立て**ができる ➡支払督促申立ての時に「訴えの提起があった」とみなされる
	② 仮執行の宣言前に適法な**督促異議の申立て**があったときは、支払督促は、その異議の限度で**効力を失う**
	③ 債務者が支払督促の送達を受けた日から**2週間以内**に、**異議申立て**をしないときは、債権者は、**仮執行の宣言の申立て**を行うことができる
効　力	**仮執行宣言**を付した**支払督促**に対し、督促異議の申立てがない・または督促異議の申立てを却下する決定が確定した場合、支払督促は、**確定判決と同一の効力**を有する

3 内容証明郵便

内　容	郵政官署が郵便物の文書内容・発送した日付を証明する郵便によって、管理費等の滞納者に対し、文書で催告する方法
効　力	普通郵便でも法律上の「**催告**」としての効力を有するが、**証拠価値の高い内容証明郵便にすることが望ましい**

4 その他の留意事項

相手方が行方不明の場合	管理費の滞納者が**行方不明**になっていても、通常の訴訟の場合、**公示送達**の方法により訴えを提起できる ➡**公示送達**：出頭すれば訴状等を交付する旨を裁判所の掲示場に掲示し、**2週間の経過**で**訴状が送達したものとみなす**制度
破産した場合	管理費等の滞納者は、「**破産手続開始の決定**」を受け、その後「**免責許可の決定が確定**」すれば、**破産手続開始決定前の債務**の支払を**免れる**　⚠「**決定の日**」以後に発生した管理費の支払債務は**免れない**

POINT 4 管理組合の税務

- 消費税の**基準期間**➡「前々事業年度」「特定期間」から判断する
- 原則、「**収入**」は消費税の課税対象外、「**費用**」は課税対象

重要度 マ B / 管 A

1 消費税

(1) 納税義務者と課税基準

納税義務者	事業者（法人または個人事業者）であり、**法人格の有無にかかわらず**、管理組合は、消費税法上は法人とみなされ、**消費税の納税義務者**となる
課税の基準期間	**前々**事業年度または**前年の1月1日～6月30日の期間（特定期間）**の課税対象となる収入（課税売上高）の合計が1,000**万円を超える**場合に、納税義務が発生する ⚠「備品の譲渡」等による収入も売上高に含まれる ⚠特定期間については、「1,000万円を超えるか否か」は、「課税売上高」に代えて「給与等支払額の合計額」によって判定することができる ⚠免税事業者も適格請求書発行事業者の登録をすると納税義務者となる

(2) 課税の有無の例

課 税	● **組合員以外の第三者**に対する**駐車場使用料**
	● **組合員以外の第三者**に対する**敷地・共用部分の使用料**
	● **管理委託費**（管理委託料・管理報酬）
	● **水道光熱費・電話料・振込手数料**
	● **修繕費**（小修繕の工事費等）
	● **備品の購入費・エレベーターの管理保守料**
不課税 （消費税法上 課税対象でない）	● **管理費収入・修繕積立金収入**（特別修繕費）
	● **組合員**に対する駐車場使用料
	● **組合員**に対する**専用庭使用料**
	● 管理組合が雇用している**従業員の人件費**（給与）
	● 組合費
非課税	● 管理費・修繕積立金の**預貯金**利息
	● 借入金の**支払**利息

158

非課税	●火災保険等の損害保険料

2 都道府県民税・市町村民税

(1) 条例等により免除・減免される場合を除き、**均等割**（従業員数等に応じての課税）が**課税**される。

(2) **法人税割**（法人税額に対して課税）は、管理組合が**収益事業を行う場合にのみ課税**される。

■ 均等割と法人税割の区別

○：課税　　✕：非課税

			法人税割	均等割
法人でない管理組合	収益事業	なし	✕	✕
		あり	○	○
管理組合法人	収益事業	なし	✕	○※
		あり	○	○

※：条例により免除・減免される場合がある

3 その他の税

法人税	法人格の有無にかかわらず、管理組合は法人税法上、**公益法人等と同様に扱われる** ➡非収益事業所得には非課税だが、収益事業所得には課税される
事業税・事業所税	**収益事業**を行う場合、**課税**される
所得税	預金利子（受取利息）、配当（受取配当金）に**課税**される

4 「マンション内の駐車場の使用」が収益事業に該当するか否か

区分所有者のみ使用	非収益事業
区分所有者と外部の第三者が区別・優劣なく、同条件下で使用	すべてが収益事業
区分所有者と外部の第三者が区別され、区分所有者が優先的に使用	外部の第三者の使用部分のみが収益事業

管理組合の会計等

4

POINT 1 管理組合の会計

❶ 企業会計原則の一般原則である単一性の原則は、財務諸表の形式は各種
利害関係者への報告目的によって異なることを容認しているが、1つの
正確な会計帳簿から作成されたものでなければならず、いわゆる二重帳
簿を禁止しているものである。 管過 H18

❷ 管理組合の理事会において、会計担当理事が 2021 年度決算（2021
年 4 月 1 日～ 2022 年 3 月 31 日）の管理費会計の収支報告書案につ
いて行った「1 月分の管理費の一部に未収金が発生したため、管理費収
入が当初の予算を下回っています。」という説明は、適切である。
予想問題

❸ 貸借対照表の資産の部に「現金預金 900 万円・未収金 40 万円・前払
金 60 万円」の記載があり、負債の部に「前受金 150 万円・未払金
250 万円」の記載がある場合、管理組合の正味財産額は 600 万円であ
る。 予想問題

POINT 2 仕 訳

❹ 共用部分の工事代金（修繕費）30 万円が、普通預金から支払われたも
のとして計上されていたが、実際には工事代金は 20 万円であり、支払
も 20 万円であったことが判明した。この場合に行う修正仕訳は、貸方
が普通預金 20 万円であり、借方が修繕費 20 万円である。 予想問題

POINT 3 管理費等の滞納処理

❺ 少額訴訟においては、原告である管理組合が、管理費の滞納額の一括払
いを望んでも、裁判所は判決の言渡しの日から 3 年を超えない範囲内
で、滞納額の分割払いの判決を言い渡すことができる。 管過 H13

❻ 管理費の滞納者が行方不明となった場合でも、その者に対して訴訟を提
起することができる。 予想問題

❼ 管理組合Aが、区分所有者Bに対して滞納管理費の支払を請求するため
に民事訴訟法上の「少額訴訟」を利用する場合、区分所有者Bが滞納し
ている管理費の総額が 70 万円であるときは、管理組合Aは、訴訟の目
的の価額を 60 万円として少額訴訟を利用することができる。 管過 R4

❽ 管理組合Aが、区分所有者Bに対して滞納管理費の支払を請求するため
に民事訴訟法上の「少額訴訟」を利用する場合、Bは、当該少額訴訟に
おいて反訴を提起することはできない。 管過 R4

POINT 4 **管理組合の税務**

❾
☐☐ マンション敷地内の駐車場を当該管理組合の組合員以外の第三者に使用させることによる駐車場収入は、消費税の課税対象とはならない。
予想問題

❿
☐☐ 管理組合の支出のうち管理組合が雇用している従業員の給与は、消費税の課税取引として課税対象となる。 管過 H24

⓫
☐☐ 法人税法上、管理組合がマンション敷地内で行う駐車場業は、組合員以外の第三者が利用する場合であっても非収益事業となるため、課税されない。 管過 H27

答 POINT 1 ❶⭕ ❷❌：滞納管理費も「管理費」として収支報告書に計上されるので、「収入」が予算を下回ることはない（発生主義）。❸⭕ POINT 2 ❹❌：借方が「普通預金 10 万円」、貸方が「修繕費 10 万円」。 POINT 3 ❺⭕ ❻⭕：公示送達が利用可。 ❼⭕ ❽⭕ POINT 4 ❾❌：課税対象である。 ❿❌：課税対象外である。 ⓫❌：収益事業として課税される。

第5章

....

マンション標準
管理規約

● 規約・総会決議の効力➡包括承継人・特定承継人に及ぶ
● 標準管理規約の組合➡法人ではなく「権利能力なき社団」

重要度 マ C
管 C

マンション標準管理規約（標準管理規約）は、分譲マンションの自主ルールである**管理規約の標準的なモデル**（見本）として国土交通省が作成したものである。

1 標準管理規約の種類

標準管理規約には、マンションの形態に合わせて次の3種類がある。

①	単棟型	一般分譲の住居専用の単棟型マンション
②	団地型	一般分譲の**住居専用のマンション**が数棟所在する団地で、**団地内の土地・集会所等の附属施設**が、その数棟の区分所有者（団地建物所有者）**全員の共有**となっているもの
③	複合用途型	一般分譲の**住居・店舗併用の単棟型マンション**で、低層階が店舗・上階が住居という形態（「ゲタばきマンション」）で、住居が主体のもの

※ **全般関係コメント（単棟型）**

① 標準管理規約の対象は、**一般分譲の住居専用の単棟型マンション**で、各住戸の床面積等が均質のものもバリエーションのあるものも含めている。

② 標準管理規約で示している事項については、規模・居住形態等それぞれのマンションの個別の事情を考慮して、**必要に応じて合理的に修正し活用する**ことが望ましい。

③ 標準管理規約は、理事会を中心とした管理組合の運営を想定したものであり、組合員要件を外した場合には、「**理事・監事外部専門家型**」、または「**理事長外部専門家型**」による**外部の専門家の活用を可能とする**ように、規定を整備している。

2 規約・総会の決議の遵守義務 (3条)

(1) 区分所有者は、円滑な共同生活を維持するため、**規約・総会の決議を誠実に遵守**しなければならない。

(2) 区分所有者は、<u>同居する者</u>に対して**規約・総会の決議を遵守**させなければならない。

3 規約・総会の決議の効力 (5条)

(1) **規約・総会の決議**は、区分所有者の<u>包括承継人</u>（**相続人等**）・<u>特定承継人</u>（**買主等**）に対して効力を有する。

(2) **占有者**（**賃借人等**）は、対象物件の<u>使用方法</u>について、区分所有者が規約・総会の決議に基づいて負う義務と**同一**の**義務**を負う。

4 管理組合 (6条)

区分所有者は、建物・敷地・附属施設の管理を行うための団体として、規約に定める目的を達成するため、<u>区分所有者全員</u>で**マンション管理組合**（**管理組合**）を構成する。

> **✂ 6条関係コメント**
>
> ① 区分所有者の数が２名以上の管理組合は法人になれるが、標準管理規約では管理組合を「法人」とはしていない。したがって、ここにいう管理組合は「**権利能力なき社団**」である。
>
> > ⚠ 法人でない社団で代表者の定めがあるものは、その名において訴え、また、訴えられることができる（民事訴訟法29条）。したがって、管理組合が「権利能力なき社団」に該当する場合は、法人でなくても、訴訟において原告適格が認められる。
>
> ② 管理組合は、区分所有者全員の**強制加入の団体**であって、脱退の自由がないことに伴い、任意加入の団体と異なり、区分所有者は全て**管理組合の意思決定に服する義務**を負う。

POINT 2 専有部分等の範囲・敷地及び共用部分等の共有

- 玄関扉の錠・内部塗装部分➡**専有部分**
- 敷地・附属施設の持分➡**分譲契約等で定まる**

1 専有部分の範囲 （7条）

区分所有権の対象となる専有部分は、「○○号室」等の**住戸番号**を付した住戸である。

専有部分を他から区分する**構造物と設備**の帰属は、次のとおりである。

天井・床・壁	躯体部分を除く部分を<u>専有部分</u>とする
玄関扉	錠・内部塗装部分は<u>専有部分</u>とする ⚠玄関扉の外部塗装部分は共用部分
窓枠・窓ガラス 雨戸・網戸	**専有部分に含まれない➡共用部分**である
設 備	「専有部分の専用に供される設備」のうち、「共用部分内にある部分以外のもの」は専有部分とする 例●配管・電線等の本管➡**共用部分** ●共用部分内にあるもの以外の枝管➡**専有部分**

2 共用部分の範囲 （8条）

法定共用部分と**規約共用部分**の範囲は、次のとおりである。

法定共用部分	専有部分に属さない 「建物の部分」	エントランスホール・廊下・階段・エレベーターホール・屋上・**パイプスペース・メーターボックス**（給湯器ボイラー等の設備を<u>除く</u>）・内外壁・界壁・床・天井・柱・基礎部分・バルコニー等
	専有部分に属さない 「建物の附属物」	エレベーター設備・電気設備・**給水設備・排水設備・消防・防災設備・インターネット設備・テレビ共同受信設備**・オートロック設備・避雷設備・**各種の配線配管**（給水管については、**本管から各住戸メーターを**<u>含む</u>部分、雑排水管・汚水管については、配管継手・立て管）等
	規約共用部分	**管理事務室**・管理用倉庫・清掃員控室・集会室・トランクルーム・倉庫・それらの附属物

166

3 共有関係 (9～11条)

敷地・共用部分等は、区分所有者の共有である。

共有持分の割合	①	専有部分の床面積の割合による
	②	敷地については、公正証書で定まっている場合、それに合わせる必要がある
	③	敷地・附属施設の共用持分は、規約ではなく、分譲契約等で定まる
面積の計算方法		壁心計算（界壁の中心線で囲まれた部分の面積を算出）
分割請求		敷地・共用部分等の分割請求をすることは禁止
単独処分		専有部分と敷地・共用部分等の共有持分とを分離して処分することは禁止（例 譲渡・抵当権の設定）
		倉庫または車庫が専有部分になっている場合、それのみを他の区分所有者に譲渡することは可
		⚠ 第三者（賃借人等）には譲渡不可

⚙ 10条関係コメント

価値割合を基礎として、議決権の割合を定める場合（➡POINT 11 2 ）には、分譲契約等によって定まる敷地等の共有持分についても、価値割合に連動させることが考えられる。

4 区分所有法と標準管理規約における考え方の比較

	区分所有法	標準管理規約
床面積の計算方法	内のり計算	壁心計算
専有部分と共用部分の範囲	規定なし	上塗り説*

*「上塗り説」：壁（躯体）は専有部分ではないが、壁紙（クロス・ペイント部等）は専有部分であるとする考え方

5

マンション標準管理規約

用法❶（専用使用権・駐車場の使用等）

- 区分所有者は、**バルコニー等**について専用使用権を有する
- 区分所有者が専有部分を**第三者に譲渡・貸与**すると、駐車場使用契約は失効する

重要度 マ **A** 管 **A**

1 専有部分の用途、敷地・共用部分等の用法（12条・13条）

(1) 区分所有者は、その専有部分を**専ら住宅として使用**し、他の用途に供してはならない。

(2) 区分所有者は、敷地・共用部分等をそれぞれの**通常の用法に従って使用**しなければならない。

✂ 12条関係コメント ·······

暴力団の排除のため、暴力団事務所としての使用や、暴力団員を反復して出入りさせる等の行為を禁止する旨の規定を追加することも考えられる。

⚠住宅宿泊事業（民泊）を可能とする場合には「その専有部分を住宅宿泊事業法3条1項の届出を行って営む住宅宿泊事業に使用することができる」と定め、禁止する場合には「住宅宿泊事業に使用することができない」と定める。

2 バルコニー等の専用使用権（14条）

(1) 区分所有者は、**バルコニー・玄関扉・窓枠・窓ガラス・1階に面する庭・屋上テラス**（「**バルコニー等**」）について、専用使用権（敷地・共用部分等の一部を特定の区分所有者が排他的に使用できる権利）を有する。
⚠専用使用権の対象となる敷地・共用部分等の部分を、専用使用部分という。

(2) **1階に面する庭**の専用使用権を有する者は、管理組合に専用使用料を納入しなければならない。

(3) 区分所有者から**専有部分の貸与を受けた者**は、その区分所有者が専用使用権を有しているバルコニー等を使用できる。

3 駐車場の使用（15条）

(1) 管理組合は、敷地内の駐車場を、特定の区分所有者に**駐車場使用契約**により使用させることができる。

(2) 駐車場使用者は、管理組合に**駐車場使用料**を納入する。

(3) 区分所有者が、自己の専有部分を他の区分所有者または第三者に**譲渡・貸与**すると、駐車場使用契約は**効力を失う**。

15条関係コメント

① 車両の保管責任を**管理組合が負わない旨**を、駐車場使用契約・駐車場使用細則に規定することが望ましい。

② 駐車場使用細則・駐車場使用契約等に、「**管理費・修繕積立金の滞納等の規約違反の場合**は、契約解除または次回の選定時の参加資格を**はく奪できる**」旨の規定を定めることもできる。

③ 駐車場使用者の選定は、最初に選定する場合には抽選、2回目以降の場合には抽選または申込順にする等、**公平な方法**により行う。

④ 駐車場が全戸分ない場合等は、駐車場使用料を**近傍の同種の料金と均衡を失しないよう設定する**等により、区分所有者間の公平を確保することが必要である。

⚠️「近傍の同種の駐車場料金との均衡」には、利便性の差異も加味することが必要である。

⑤ 平置きか機械式か、屋根付きの区画があるかなど駐車場区画の位置等による**利便性・機能性の差異**等の状況に応じて、**柔軟な料金設定**を行う。

5
マンション標準管理規約

4 敷地・共用部分等の第三者の使用（16条）

管理組合は、**敷地や共用部分等を次の者に使用させることができる。**

使用させる部分	使用する第三者	総会決議
管理事務室・管理用倉庫・機械室等、対象物件の管理の執行上必要な施設	管理事務を受託した、または請け負った者	不要
電気室	電気を供給する設備を維持・運用する事業者	
ガスガバナー	設備を維持・運用する事業者	
敷地・共用部分等（駐車場・専用使用部分を除く）の一部 例 広告塔、看板、携帯電話の基地局の設置	管理組合と使用契約を締結した者	必要

知識をチェック ✏ 今年狙われる!! 「予想問題」&「重要過去問」 ➡ P.178

169

用法❷（専有部分の修繕等）

- ●専有部分の修繕等➡理事会の決議で承認・不承認を決定
- ●専有部分の貸与➡借主の誓約書の提出が必要

重要度 マ管 S A

1 専有部分の修繕等（17条）

　区分所有者は、共用部分・他の専有部分に影響を与えるおそれのある専有部分の**修繕・模様替え・建物に定着する物件の取付け・取替え**（「修繕等」）を行う場合、あらかじめ**理事長に申請**し、書面または電磁的方法による承認を受けなければならない。

　⚠承認を受けずに修繕等が行われた場合は、理事会の決議を経て、理事長は、**必要な勧告・指示・警告を行うか、その差止め等原状回復に必要な措置**をとることができる。

「修繕等」の具体例	床のフローリング・ユニットバスの設置、主要構造部に直接取り付けるエアコンの設置、配管（配線）の枝管（枝線）の取付け・取替え、間取りの変更　　等
申請書の提出	承認を受ける場合、区分所有者は**設計図・仕様書・工程表**を添付した申請書を理事長に提出しなければならない ⚠「見積書」の提出は不要
理事会の決議	理事長は、理事会の決議により、**承認・不承認を決定**する ⚠承認の判断に際して、調査等により特別な費用がかかる場合は、申請者（区分所有者）に負担させる
立入り調査	理事長または指定を受けた者（マンション管理士等）は、**修繕等の箇所に立ち入り、必要な調査を行うことができる** ⚠区分所有者は、正当な理由がなければ拒否できない
区分所有者の責任	承認を受けた修繕等の工事後に、**共用部分・他の専有部分に影響**が生じた場合は、工事を発注した区分所有者の責任と負担で、必要な措置をとらなければならない

2 使用細則 (18条)

使用細則は、管理規約本文に関する具体的な手続や運用ルール等を定めており、その制定・変更・廃止には、総会の普通決議が必要である。

【使用細則で定めることができる事項】

① ペットの飼育・ピアノ等（楽器）の演奏に関する事項等の、専有部分の使用方法に関する規制

② 駐車場・倉庫等の使用方法・使用料等、置き配を認める際のルール、敷地・共用部分の使用方法や対価等に関する事項

---

3 専有部分の貸与 (19条・19条の2)

(1) 区分所有者は、専有部分を第三者に貸与する場合、次の義務を負う。

規約等の遵守	専有部分の貸与を受ける第三者に、規約・使用細則に定める事項（対象物件の使用に関する事項）を遵守させる
誓約書の提出等	① 貸与の契約に規約・使用細則に定める事項を遵守する旨の条項を定める
	② 第三者に、遵守する旨の誓約書を管理組合に提出させる

(2) 暴力団員への貸与を禁止する旨の規約を定める場合、次の義務を負う。

契約条項の制定 （専有部分を第三者に貸与する場合、①〜③を契約に定める）	① 暴力団員ではないこと・契約後において暴力団員にならないことを確約する旨
	② 暴力団員であることが判明した場合、催告不要で、区分所有者は貸与契約を解約することができる旨
	③ 区分所有者が②の解約権を行使しない場合は、管理組合は、区分所有者を代理して解約権を行使することができる旨
誓約書の提出等	区分所有者は、上記③による解約権の代理行使を管理組合に認める旨の書面を提出または電磁的方法により提供し、第三者に暴力団員ではない・契約後に暴力団員にならないことを確約する旨の誓約書を管理組合に提出させる

マンション標準管理規約　5

POINT 5 管理❶ （総則・管理費等）

コこは出る！
- **窓ガラス等の改良**を管理組合が速やかに実施できない場合
  ➡ 区分所有者は、理事長の書面による承認で実施可
- **自治会費・町内会費等**は、「管理費等」とは別のもの

重要度 マ S / 管 A

1 敷地・共用部分等の管理 （21条）

(1) 敷地・共用部分等の管理は、管理対象ごとに、次の者が行う。

管理対象		管理する者
① **敷地**（駐車場を含む）**・共用部分等**		**管理組合**
② **バルコニー等の保存行為のうち、通常の使用に伴うもの** 例 バルコニー等の清掃・窓ガラスが割れた時の入替え等		専用使用権を有する者
③ **バルコニー等の計画修繕等** 例 バルコニーの防水等の計画修繕		**管理組合**
④ **専有部分の設備**（配管・配線等）**のうち、共用部分と構造上一体となった部分の管理を、共用部分の管理と一体として行う必要があるとき**		総会の普通決議を経て、**管理組合**が行うことができる
配管の清掃等に要する費用	「共用設備の保守維持費」として **管理費を充当することが可能**	
配管の取替え等に要する費用	各区分所有者が実費に応じて **負担**	

✂ 21条関係コメント

① **バルコニー等の劣化**でも、「長期修繕計画作成ガイドライン」で管理組合が行うとされている修繕等の周期と比べ短い期間で発生したもので、他のバルコニー等と比較して劣化の程度が顕著である場合

➡ 特段の事情がない限りは、そのバルコニー等の**専用使用権を有する者**の「**通常の使用に伴う**」ものとして、その責任と負担で保存行為を行う

② **バルコニー等の破損が第三者による犯罪行為等**によることが明らかである場合の保存行為の実施

➡「**通常の使用に伴わない**」ものであり、**管理組合**がその責任と負担で行う

③ 共用部分の配管の取替えと専有部分の配管の取替えを同時に行うことにより、専有部分の配管の取替えを単独で行うよりも費用が軽減される場合には、これらについて一体的に工事を行うことも考えられる。その場合には、あらかじめ長期修繕計画において専有部分の配管の取替えについて記載し、その工事費用を修繕積立金から拠出することについて規約に規定するとともに、先行して工事を行った区分所有者への補償の有無等についても十分留意することが必要である。

(2) 区分所有者は、原則として、敷地・共用部分等の保存行為を行うことができない。しかし、例外として次の①～③の場合は可能となる。

例外（可能な場合）	① バルコニー等の保存行為のうち、通常の使用に伴う場合
	② あらかじめ理事長に申請して書面または電磁的方法による承認を受けた場合 ⚠申請・承認の手続は「専有部分等の修繕」と同様
	③ 専有部分の使用に支障が生じており、区分所有者が行う保存行為が緊急を要する場合 例台風で窓ガラスが割れた場合に、雨の吹き込みを防ぐため同仕様のものに張り替える等

(3) 理事長は、災害等の緊急時に、総会または理事会の決議によらずに、敷地・共用部分等の必要な保存行為を行うことができる。

⚠災害等の緊急時でも、「応急的な修繕工事の実施等」には、理事会の決議が必要（54条1項10号）。

2 窓ガラス等の改良 (22条)

(1) 共用部分のうち各住戸に附属する窓枠・窓ガラス・玄関扉等の開口部の改良工事で、防犯・防音・断熱等の住宅の性能を向上させるものは、管理組合がその責任と負担で、計画修繕として実施できる。

改良工事の具体例	●防犯・防音・断熱等がより優れた複層ガラスやサッシ等への交換
	●既設のサッシへの内窓・外窓の増設

(2) 区分所有者は、管理組合が(1)の改良工事を速やかに実施できない場合、

あらかじめ**理事長に申請して**書面または電磁的方法による承認を受けることで、区分所有者の責任と負担で実施できる。

⚠️この場合の申請・承認の手続は、専有部分等の修繕等（17条）と同様。

3 必要箇所への立入り（23条）

(1) **敷地・共用部分等の管理**（21条）・**窓ガラス等の改良**（22条）により管理を行う者は、必要な範囲内で、他の者が管理する専有部分・専用使用部分への立入りを請求できる。

(2) (1)により立入りを請求された者は、正当な理由がなければ拒否できない。

(3) (2)の場合で、正当な理由なく立入りを拒否した者は、その結果生じた**損害を賠償しなければならない**。

(4) (1)～(3)にかかわらず、**理事長**は、**災害・事故等が発生した場合**で、緊急に立ち入らないと共用部分等・他の専有部分に対して物理的・機能上重大な影響を与えるおそれがあるときは、**専有部分・専用使用部分に自ら立ち入り**、または**委任した者に立ち入らせる**ことができる。

(5) **立入りをした者**は、速やかに立入りをした箇所を**原状に復さなければならない**。

4 損害保険（24条）

(1) **区分所有者**は、共用部分等に関し、管理組合が火災保険等の**損害保険の契約を締結することを承認**する。　⚠️総会の決議は不要。

(2) **理事長**は、(1)の契約に基づく**保険金額の請求・受領**について、区分所有者を**代理**する。

5 管理費等（25条・26条）

(1) 区分所有者は、敷地・共用部分等の管理に要する経費として、**管理費・修繕積立金**を管理組合に納入する。

⚠️組合運営費を「組合費」として、管理費とは分離して徴収できる。

額の算出	各区分所有者の共用部分の共有持分に応じて算出する ⚠️ 管理費等の負担割合を定める際に、使用頻度等は勘案しない
承継人に対する 債権の行使	管理組合が管理費等について有する債権は、区分所有者の**包括承継人**・**特定承継人**に対しても行使することができる

(2) 議決権割合の設定方法（➡ **POINT 11 2**）について、「1戸1議決権」や

「価値割合」を採用する場合でも、**管理費等の負担額**は、共用部分の共有持分に応じて算出できる。

6 管理費の充当（27条）

管理費は、次の「通常の管理に要する経費」に充当する。

①	**管理員人件費**
②	**公租公課**
③	共用設備の保守維持費・運転費
④	備品費・通信費その他の事務費
⑤	**共用部分等に係る火災保険料**・地震保険料**その他の損害保険料**
⑥	経常的な**補修費**
⑦	清掃費・消毒費・ごみ処理費
⑧	委託業務費
⑨	専門的知識を有する者の活用に要する費用
⑩	**管理組合の運営に要する費用**
⑪	その他管理組合の業務に要する費用（修繕積立金を充当すべき経費を除く）

5

マンション標準管理規約

✂ 27条関係コメント

① **管理組合の運営に要する費用**には役員活動費も含まれ、一般の人件費等を勘案して定めるが、役員は区分所有者全員の利益のために活動することに鑑み、適正な水準に設定する。

② **管理組合**は、区分所有法3条に基づき区分所有者全員で構成される強制加入の団体であり、**居住者が任意加入する地縁団体である自治会・町内会等とは異なる性格の団体**であることから、両者の活動を混同することのないよう注意する必要がある。

③ 「**各居住者が**各自の判断**で加入する場合に支払うこととなる**自治会費・町内会費」等は、地域住民相互の親睦や福祉・助け合い等を図るために居住者が任意に負担するものであり、マンションという共有財産を維持・管理していくための**管理費等とは別のもの**である。

管理❷（修繕積立金・使用料等）

- 特別の管理の実施のために借入した場合➡修繕積立金で償還
- 使用料を管理費用に充てた残額➡修繕積立金として積み立てる

重要度 マ B / 管 A

1 修繕積立金の取り崩し（28条）

(1) 修繕積立金は、次の「特別の管理に要する経費」に充当する場合に限って取り崩すことができる。

①	一定年数の経過ごとに計画的に行う修繕
②	不測の事故等により必要となる修繕
③	敷地・共用部分等の変更
④	建物の建替え・マンション敷地売却に係る合意形成に必要となる事項の調査
⑤	その他敷地・共用部分等の管理に関し、区分所有者全体の利益のために特別に必要となる管理

(2) (1)にかかわらず、①建物の建替えに係る計画・設計等の経費として必要がある場合、②マンション敷地売却計画等の経費として必要がある場合には、その経費に充当するため、修繕積立金を取り崩すことができる。

2 借入金の償還・区分経理（28条）

管理組合は、総会の決議により借入れをすることができる。また、管理組合会計では、管理費・修繕積立金ごとに目的に応じた会計処理を行う必要があるので、「区分経理」を定めている。

借入金の償還	特別の管理に要する経費にあてるため借入れをしたときは、修繕積立金をもって償還に充てる
区分経理	修繕積立金は、管理費とは区分して経理しなければならない
	●分譲会社が分譲時において、将来の計画修繕に要する経費に充当するため「一括して購入者より修繕積立基金として徴収している場合」や「修繕時に既存の修繕積立金の額が修繕費用に不足し、一時負担金が区分所有者から徴収される場合」も、修繕積立金として積み立てられ、区分経理されるべきである
	●建替え等の調査に必要な経費の支出は、各マンションの実態に応じて管理費から支出する旨を、管理規約に規定することもできる

3 使用料（29条）

　駐車場使用料および敷地・共用部分等の使用料は、それらの管理に要する費用に充て、残額は修繕積立金として積み立てる。

💠 29条関係コメント
　機械式駐車場を有する場合は、その維持・修繕に多額の費用を要することから、**管理費・修繕積立金とは区分して経理**することもできる。

4 管理組合の収入と支出のまとめ

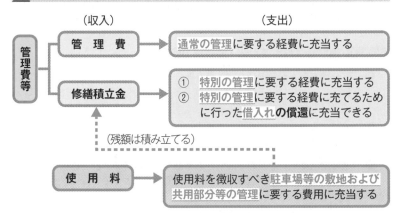

（収入）　　　　　　　　　　　　　　（支出）

管理費等
- **管理費** → 通常の管理に要する経費に充当する
- **修繕積立金** →
  ① 特別の管理に要する経費に充当する
  ② 特別の管理に要する経費に充てるために行った借入れの償還に充当できる

（残額は積み立てる）

使用料 → 使用料を徴収すべき駐車場等の敷地および共用部分等の管理に要する費用に充当する

⚠️ 管理費等以外の収入（例 預貯金の利息・積立保険の満期返戻金等）は、管理費会計から生じたものであれば管理費会計の収入となり、修繕積立金会計から生じたものであれば修繕積立金会計の収入となる。

⚠️ 雑収入（例 遅延損害金・広告塔等の賃料収入・損害保険金等）は、管理費会計の収入となる。

（右側縦書き）5 マンション標準管理規約

POINT 1 総則等

❶ 区分所有者の特定承継人は、規約及び集会の決議を遵守しなければならない。 管過 H24
☐☐

❷ 区分所有法によれば、区分所有者の数が2名以上の管理組合は法人となることができるため、標準管理規約において、管理組合を権利能力なき社団ではなく、法人としている。 予想問題
☐☐

POINT 2 専有部分等の範囲・敷地及び共用部分等の共有

❸ 給湯器ボイラー等の設備、玄関扉の錠及び内部塗装部分、住戸の雨戸又は網戸は、いずれも専有部分である。 予想問題
☐☐

❹ 敷地の共有持分の割合については、公正証書によりその共有持分の割合が定まっている場合、それに合わせる必要がある。 管過 H27
☐☐

POINT 3 用法❶（専用使用権・駐車場の使用等）

❺ 区分所有者Aがその所有する専有部分を、他の区分所有者又は第三者に貸与したときは、Aの1階に面する庭及び屋上テラスの専用使用権は、その効力を失う。 予想問題
☐☐

❻ 区分所有者が、その所有する専有部分を第三者に譲渡又は貸与したときは、その区分所有者の駐車場使用契約は効力を失う。 予想問題
☐☐

❼ 携帯電話基地局設置の申入れがあったため、敷地の一部を電信電話会社に賃貸することは、理事会の決議のみで行うことができない。 管過 H23
☐☐

POINT 4 用法❷（専有部分の修繕等）

❽ 専有部分の修繕工事に関し、必要な調査を行うため、理事長が修繕箇所への立入りを請求したが、その専有部分の区分所有者がこれを拒否する場合には、正当な理由が必要とされる。 管過 H25
☐☐

❾ 区分所有者は、貸与に係る契約の相手方に管理規約及び使用細則を遵守する旨の誓約書を、管理組合に提出させなければならない。 予想問題
☐☐

POINT 5 **管理❶（総則・管理費等）**

❿
□□
敷地及び共用部分等の管理については、管理組合がその責任と負担においてこれを行うが、駐車場の管理は、駐車場を使用する者がその責任と負担においてこれを行わなければならない。予想問題

⓫
□□
給水管本管と枝管（専有部分であるものを含む）を一体的に取り替える工事を行うには、総会の特別決議が必要である。管過 H22

⓬
□□
理事長は、災害等の緊急時においては、総会又は理事会の決議によらずに、敷地及び共用部分等の必要な保存行為及び応急的な修繕工事の実施等を行うことができる。予想問題

⓭
□□
管理組合の運営に要する費用には役員活動費も含まれ、これについては一般の人件費等を勘案する必要はない。予想問題

⓮
□□
各居住者が各自の判断で加入する場合に支払うことになる自治会費又は町内会費等は、マンションという共有財産を維持・管理していくための費用である管理費等とは別のものである。予想問題

POINT 6 **管理❷（修繕積立金・使用料等）**

⓯
□□
管理組合は、敷地及び共用部分等の変更のための経費に充てるために借入れをした場合、修繕積立金をもって、その借入金の償還に充てることができる。予想問題

⓰
□□
駐車場使用料及び共用部分等に係る使用料については、それらの管理に要する費用に充てた残額は、管理費に充当する。予想問題

⓱
□□
分譲会社が分譲時において将来の計画修繕に要する経費に充当していくため、一括して購入者より修繕積立基金として徴収している場合は、特に区分経理する必要はない。管過 H22

答 **POINT 1** **❶**○ **❷**✕：「権利能力なき社団」としている。**POINT 2** **❸**✕：「雨戸・網戸」は共用部分。**❹**○ **POINT 3** **❺**✕：専用使用権は消滅しない。**❻**○ **❼**○：総会の決議が必要。**POINT 4** **❽**○ **❾**○ **POINT 5** **❿**✕：駐車場の管理も管理組合が行う。**⓫**✕：普通決議で実施可能である。**⓬**✕：「応急的な修繕工事の実施等」には、少なくとも理事会の決議が必要。**⓭**✕：一般の人件費を勘案する。**⓮**○ **POINT 6** **⓯**○ **⓰**✕：残額は「修繕積立金」として積み立てる。**⓱**✕：区分経理が必要。

●管理組合の業務で重要なもの➡①修繕等の履歴情報の整理、②マンション及び周辺の風紀・秩序・安全の維持、③マンション及び周辺の防災・居住環境の維持・向上に関する業務

重要度 マ B 管 C

1 組合員の資格（30条）・届出義務（31条）

(1) **組合員の資格**は、区分所有者となったときに**取得**し、区分所有者でなくなったときに**喪失**する。

(2) 新たに組合員の資格を取得・喪失した者は、直ちにその旨を、**書面または電磁的方法**により管理組合に届け出なければならない。

2 管理組合の業務（32条）

管理組合は、建物・敷地・附属施設の管理のため、次の業務を行う。

①	管理組合が管理する敷地・共用部分等（組合管理部分）の保安・保全・保守・清掃・消毒・ごみ処理
②	組合管理部分の修繕
③	長期修繕計画の作成・変更に関する業務、長期修繕計画書の管理
④	建替え等に係る合意形成に必要となる事項の調査に関する業務
⑤	宅建業者から交付を受けた設計図書の管理
⑥	修繕等の履歴情報の整理・管理等
⑦	共用部分等に係る火災保険・地震保険その他の損害保険に関する業務
⑧	区分所有者が管理する専用使用部分について管理組合が行うことが適当と認められる管理行為
⑨	敷地・共用部分等の変更・運営
⑩	修繕積立金の運用
⑪	官公署・町内会等との渉外業務
⑫	マンションおよび周辺の風紀・秩序・安全の維持、防災・居住環境の維持・向上に関する業務
⑬	広報・連絡業務
⑭	管理組合の消滅時における残余財産の清算
⑮	その他建物・敷地・附属施設の管理に関する業務

①～⑮の具体例	●敷地内の樹木を伐採すること（①）
	●町内会の防災対策についての情報収集のため町内会の会合に出席すること（⑪）
	●組合員向けに広報誌を発行すること（⑬）
	⚠組合員から自治会費を徴収し、自治会に支払う、専有部分全住戸の予備錠を保管する、居住者間の紛争を解決することは、①～⑮のいずれにも該当せず、管理組合の業務ではない。

✂ 32条関係コメント

① 管理組合が管理すべき**設計図書**は、マンション管理適正化法103条に基づいて宅建業者から交付される、竣工時の「付近見取図・配置図・仕様書（仕上げ表を含む）・各階平面図・2面以上の立面図・断面図または矩計図・基礎伏図・各階床伏図・小屋伏図・構造詳細図・構造計算書」である。

② 「**管理組合が整理・管理すべき修繕等の履歴情報**」とは、「大規模修繕工事等の修繕の時期・箇所・費用・工事施工者等」「設備の保守点検」「**特定建築物等の定期調査報告**」「**建築設備等の定期検査報告**」「耐震診断結果」「石綿使用調査結果」等である。

③ **管理組合・理事長**が管理・保管する書類等は、次のものである。

管理組合が管理	●長期修繕計画書
	●設計図書等（①の設計図書）
	●修繕等の履歴情報
理事長が保管	●総会議事録
	●理事会議事録
	●会計帳簿・什器備品台帳・組合員名簿・その他の帳票類等
	●規約原本等

④ 建替え等により消滅する管理組合は、管理費や修繕積立金等の**残余財産**を清算する必要がある。なお、清算の方法については、各マンションの実態に応じて規定を整備しておくことが望ましい。

5

マンション標準管理規約

POINT 8 管理組合❷（長期修繕計画等）

● 新築時の長期修繕計画の期間 ➡ 30 年程度
● 長期修繕計画の経費 ➡ 管理費・修繕積立金のどちらからでも充当可

1 長期修繕計画（32条関係コメント）

建物を長期にわたって良好に維持・管理していくためには、**一定の年数の経過ごとに計画的に修繕を行うことが必要**であり、また、その対象となる建物の部分・修繕時期・必要となる費用等について、あらかじめ**長期修繕計画**として定め、区分所有者の間で合意しておくことは、円滑な修繕の実施のために重要である。

2 長期修繕計画の内容

最低限必要なもの	計画期間	計画期間が **30 年程度以上**で、かつ大規模修繕工事が2回含まれる期間以上とすること
	計画内容	① **計画修繕の対象となる工事**には次のものがあり、**修繕周期・工事金額**等が各部位ごとに定められていること ● 外壁補修 ● 屋上防水 ● 給・排水管の取替え ● 窓・玄関扉等の開口部の改良等 ② **全体の工事金額**が定められていること
見直し		定期的な**見直し**が必要
劣化診断		長期修繕計画の作成・変更および修繕工事の実施の前提として、管理組合は、**劣化診断（建物診断）**をあわせて行う

3 劣化診断（建物診断）と費用（32条関係コメント）

劣化診断（建物診断）に要する**経費**は、その種類により、管理費・修繕積立金のどちらから支出すべきかが分かれる。

○：できる　✕：できない

経費の種類	管理費からの支出	修繕積立金からの支出
長期修繕計画の作成・変更	**管理組合の財産状態等に応じて、どちらからでも○**	
長期修繕計画の作成・変更のための劣化診断（建物診断）		
修繕工事の前提としての劣化診断（建物診断）	**原則として✕**	修繕工事の一環としての経費であり、**原則として○**

4 業務の委託等（33条）

管理組合は、**業務の全部**または**一部**を、マンション管理業者等の**第三者**に**委託**し、または**請け負わせて執行**することができる。

⚠第三者に委託する場合は、**マンション標準管理委託契約書**による。

5 専門的知識を有する者の活用（34条）

管理組合は、マンションに関する各分野の専門的知識を有する者に対し、管理組合の運営等マンションの管理に関し、相談・助言・指導等の**援助**を求めることができる。

「専門的知識を有する者」の例	●**マンション管理士**
	●マンションの権利・利用関係や建築技術に関する専門家である**弁護士・建築士**・公認会計士・税理士等の国家資格取得者
	●区分所有管理士等の民間資格取得者
「専門的知識を有する者」の活用の具体例	●管理規約の改正原案の作成
	●管理組合における合意形成の調整に対する援助
	●建物・設備の劣化・安全性診断の実施の必要性への助言・診断項目・内容の整理等の依頼

5 マンション標準管理規約

知識をチェック ✏ **今年狙われる!! 「予想問題」&「重要過去問」 ⇒ P.196** P.196

ココは
出る！
● 「禁錮以上の刑」から5年を経過しない者➡役員になれない
● 理事長・副理事長・会計担当理事➡理事から理事会で選任

重要度 マ S
管 S

1 各役員の職務・権限等 (38条～41条)

役　員	職務・権限等
理事長 （区分所有法に 定める「管理者」）	① 管理組合を**代表**し、組合の**業務を統括**する
	② **規約・使用細則等**または総会・理事会の決議により、理事長の職務として定められた事項を遂行する
	③ 理事会の承認を得て、**職員を採用・解雇**する
	④ 通常総会（Web会議システムを含む）において、組合員に対し、前会計年度における管理組合の業務の執行に関する報告をしなければならない
	⑤ 理事長は「○ヵ月」に**1回以上**、職務の執行の状況を理事会に報告しなければならない
	⑥ 理事会の承認を受けて、他の理事に、その**職務の一部を委任**できる
	⑦ 管理組合と理事長との**利益が相反する事項**については、理事長は**代表権を有しない**➡「監事」または「理事長以外の理事」が管理組合を代表する
副理事長	① 理事長の補佐
	② 理事長に事故（病気等）があるとき、職務を代理する（総会を招集する等）
	③ **理事長が欠けたとき**（死亡・辞任等）、その職務を行う
会計担当理事	管理費等の収納・保管・運用・支出等の**会計業務**を行う
理　事	① **理事会を構成**し、**理事会の定めに従い、管理組合の業務を担当**する
	② **管理組合に著しい損害を及ぼすおそれのある事実があることを発見したときは、直ちに、監事に報告**しなければならない
監　事	① 管理組合の**業務の執行・財産状況を監査**し、その結果を総会に報告しなければならない

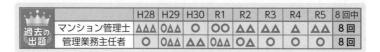

		H28	H29	H30	R1	R2	R3	R4	R5	8回中
過去の出題	マンション管理士	▲▲▲	○▲▲	○	○○	▲▲	▲▲	▲	▲▲	8回
	管理業務主任者	○	○▲▲	▲▲	○▲▲	○▲	○	○	○	8回

監　事	②	いつでも**理事・管理組合の職員**に対して<u>業務の報告</u>を求め、または**業務・財産の状況を調査**できる
	③	①につき、不正があると認めるときは、<u>臨時総会を招集</u>できる
	④	**理事会に出席**し、<u>必要がある</u>と認めるときは、**意見を述べなければならない**
	⑤	**理事が不正の行為**をし、もしくはするおそれがあると認めるとき、または法令・規約・使用細則等・総会の決議、もしくは理事会の決議に違反した・著しく不当な事実があると認めるときは、遅滞なく、その旨を<u>理事会</u>に報告しなければならない
	⑥	⑤の場合、必要があると認めるときは、**理事長**に対し、<u>理事会の招集</u>を請求できる
	⑦	⑥の請求があった日から**5日以内**に、その請求があった日から**2週間以内**の日を会日とする<u>理事会の招集の通知</u>が発せられない場合、その請求をした監事は、<u>理事会を招集</u>できる

5

マンション標準管理規約

2 役員の選任・任期等（35条・36条・36条の2）

欠　格		次の者は、役員となることができない
	①	精神の機能の障害により役員の職務を適正に執行するに当たって必要な認知、判断および意志疎通を適切に行うことができない者・<u>破産者で復権を得ない者</u>
	②	<u>禁錮</u>**以上の刑**に処せられ、その**執行を終わり**、または執行を受けることがなくなった日から**5年を経過しない者**
	③	**暴力団員等**（暴力団員または暴力団員でなくなった日から**5年を経過しない者**）
選　任	①	理事・監事は、原則、<u>組合員</u>のうちから総会決議（普通決議）で**選任・解任**する（マンションに現に居住していなくてもよい） ⚠役員の資格要件に、「マンションに現に居住する組合員」とする等、居住要件を加えることも可能 ⚠外部専門家を役員に選任する場合、選任方法は細則で定める
	②	**理事長・副理事長・会計担当理事**は、理事のうちから<u>理事会</u>決議で**選任・解任**する

任　期	①	再任も可 ⚠️役員は半数改選とすることもでき、この場合には、役員の任期は2年とする。
	②	**補欠の役員の任期**は、前任者の残任期間となる
	③	任期満了・辞任によって退任する役員（理事・監事）は、後任が就任するまで引き続きその職務を行う（職務続行義務） ⚠️解任された役員には、職務続行義務はない
	④	**役員が転出**（専有部分の売却・贈与等）により組合員でなくなった場合、**その地位を失う** ⚠️この場合も、職務続行義務はない
	⑤	**役員が任期途中で欠けた場合**に備え、「あらかじめ補欠を定めておくことができる」旨を規約に規定することができる
	⑥	組合員である役員が転出・死亡等により任期途中で欠けた場合には、組合員から補欠の役員を理事会の決議で選任することができる旨を規約に規定することも可
員　数	①	おおむね10～15戸につき1名選出する
	②	員数の範囲は、**最低3名程度、最高20名程度**とし、「○～○名」という枠で定めることもできる
報　酬	\multicolumn{2}{l}{**役員**（理事・監事）は、別に定めるところにより、その活動の必要経費の支払と報酬を受けることができる ⚠️役員活動費の額および支払方法については総会の決議が必要}

3 利益相反取引の防止（37条の2）

　役員は、①役員が自己または第三者のために管理組合と取引をしようとするとき、または②管理組合が、役員以外の者との間において管理組合とその役員との利益が相反する取引（直接取引または間接取引）をしようとするときは、理事会で、その取引につき重要な事実を開示し、**承認を受けなければならない**。

「取引」の具体例	直接取引	●ある役員が管理組合を代表し、その役員の所有する土地について売買契約を締結する場合
		●ある役員が管理組合を代表し、マンションの補修工事について、その役員が経営する会社（第三者）との間で請負契約を締結する場合
	間接取引	管理組合が、ある役員の所有する専有部分の補修工事の代金債務について、連帯保証人となる場合

4 「役員」に関する関係コメント

┄┄┄┄┄┄┄┄ ✂ **第35条関係コメント（役員）** ┄┄┄┄┄┄┄┄

管理組合は、建物・敷地等の管理を行うために区分所有者全員で構成される団体であることを踏まえ、**役員の資格要件**を、当該マンションへの居住の有無に関わりなく「区分所有者である」という点に着目して「**組合員**」としているが、必要に応じて、**マンション管理に係る専門的知識を有する外部の専門家の選任も可能とするように、当該要件を外す**ことも考えられる。この場合は、「**外部専門家を役員として選任できるとする場合**」のように、選任方法を細則で定める旨の規定を置くことが考えられる。この場合の専門家としては、**マンション管理士**のほか**弁護士・建築士**などで、一定の専門的知見を有する者が想定され、当該マンションの管理上の課題等に応じて適切な専門家を選任することが重要である。

┄┄┄┄┄┄┄ ✂ **第36条の2関係コメント（役員の欠格）** ┄┄┄┄┄┄┄

外部の専門家からの役員の選任について、細則で選任方法を定めるとする場合、細則で、次のような**役員の欠格条項**を定める。

① **個人の専門家の場合**
  マンション管理に関する各分野の専門的知識を有する者から役員を選任しようとする場合は、**マンション管理士の登録の取消し**、または当該分野に係る資格についてこれと同様の処分を受けた者

② **①に該当する者に加えて法人から専門家の派遣を受ける場合**
  次のいずれかに該当する法人から派遣される役職員は、外部専門家として役員となることができない。

   ● 銀行取引停止処分を受けている法人
   ● 管理業者の登録の取消しを受けた法人

┄┄┄┄┄┄┄┄ ✂ **第41条関係コメント（監事）** ┄┄┄┄┄┄┄┄

「監事は、理事会に出席し、必要があると認めるときは意見を述べなければならない」とは、従来「できる規定」（任意）として定められていたが、**監事による監査機能の強化**のため、**理事会への出席義務を課す**とともに、「**必要があるときは意見を述べなければならない**」としたものである。ただし、理事会は、招集手続を経た上で理事の半数以上の出席の要件を満たせば開くことが可能であり、監事が出席しなかったこと自体は、理事会における決議等の有効性には影響しない。

POINT 10 　管理組合❹（総会の招集等）

● 届出のない組合員への通知の宛て先は「所有する専有部分」
● 総会の招集通知期間➡理事会の承認で「5日間以内」に短縮可

1　総会（42条）

　総会は、総組合員で組織され、**通常総会・臨時総会**の2種類がある。なお「**総会**」は、区分所有法上の「**集会**」である。

招　集	①	理事長は、**通常総会を毎年1回**、新会計年度開始以後**2ヵ月以内**に招集しなければならない
	②	理事長は必要と認める場合、理事会の決議を経て、いつでも**臨時総会を招集**することができる
議　長	①	総会の議長は、理事長が務める
	②	**総会において議長を選任する旨の規約の定めも可**

2　招集手続（43条）・組合員の総会招集（44条）

通知期間	原　則	少なくとも会議を開く日の**2週間前**（会議の目的が建替え決議等であるときは**2ヵ月前**）までに、会議の日時・場所（WEB会議で開催する場合は、Web会議システムへのアクセス方法等の開催方法）・目的を示して、**組合員に通知を発する**
	例　外	**緊急を要する場合**（会議の目的が建替え決議等のときを除く）には、理事長は理事会の承認を得て、**5日間を下回らない範囲（5日間以内）**において「原則」の**期間を短縮可**
通知の宛て先	①	組合員が**届出をした宛て先**
	②	**届出のない組合員**に対しては、所有する専有部分の所在場所
掲示による通知		次の者への招集通知は、**建物内の所定の場所に掲示する**ことで招集通知に代替することも可
	①	建物内に居住する組合員
	②	通知を受けるべき場所の**届出をしない組合員**

通知事項	会議の目的が次の事項の場合、会議の日時・場所・目的とあわせて議案の要領（**要旨**）も通知しなければならない ● **規約の制定・変更・廃止** ● **敷地・共用部分等の重大変更** ● **建物の大規模滅失の復旧** ● **建物の建替え等** ⚠ 議題が、「管理組合の法人化・解散」「義務違反者に対する措置」の場合、議案の要領の通知は不要
組合員の総会招集権	① 組合員総数の **1/5 以上**および**議決権総数の 1/5 以上**にあたる組合員の同意を得て、会議の目的を示して総会の招集を請求した場合、理事長は、**2週間以内**にその請求があった日から**4週間以内**（会議の目的が建替え決議等のときは、**2ヵ月と2週間以内**）の日を会日とする**臨時総会の招集の通知を発しなければならない** ② ①の場合に理事長が通知を発しないときは、招集請求をした組合員が、臨時総会を招集できる ③ **議長は、総会に出席した組合員の議決権の**過半数で、組合員の中から選任する

3 区分所有法と標準管理規約の「総会（集会）」の比較

	区分所有法	標準管理規約
通常総会の招集	管理者・理事が、**少なくとも毎年1回**集会を招集する	理事長が、通常総会を、**毎年1回、新会計年度開始以後2ヵ月以内**に招集する
臨時総会	管理者・理事は、必要がある場合は、**いつでも臨時集会を招集できる**	理事長は、必要がある場合には、理事会の決議を経て、いつでも臨時総会を招集できる
総会の招集通知（建替え決議以外）	会日より少なくとも**1週間前**に発する（規約で**伸縮可**）	少なくとも会議を開く日の2週間前に発する（緊急時には、理事長は、**理事会の承認**を得て、5日間を下回らない範囲内で通知期間を短縮可）

管理組合❺（総会の議決権等）

1 出席資格（45条）

(1) 理事会が必要と認めた者は、総会に出席することができる。

(2) 区分所有者の承諾を得て専有部分を使用する占有者は、会議の目的に利害関係を有する場合、総会に出席して意見を述べることができる。

⚠ 議題が「管理費の値上げ」である場合でも、占有者に対しては間接的に影響しているにすぎないため、利害関係があるとはいえない。

(3) (2)の場合、総会に出席して意見を述べようとする者は、あらかじめ理事長にその旨を通知しなければならない。

(4) 組合員は、総会の議題に利害関係がある場合でも議決権行使が可能

✂ 45条関係コメント

「理事会が必要と認める者」の例としては、**マンション管理業者・管理員・マンション管理士**等がある。

2 議決権（46条）

議決権は、共用部分の共有持分の割合、あるいはそれを基礎としつつ賛否を算定しやすい数字に直した割合によることが適当である。

議決権の行使	①	住戸1戸が数人の共有に属する場合、その議決権の行使の際は、共有者をあわせて「一（1人）の組合員」とみなす 例 2名の共有名義で住戸数が3戸（区分所有者6名はそれぞれ異なる） ➡組合員数は「3」
	②	①の場合、議決権の行使者を1名選任し、その者の氏名を、総会開会までに理事長に届け出なければならない
	③	組合員は、書面（電磁的方法を含む）・代理人によって議決権を行使できる
	④	組合員・代理人は、理事長に代理権を証する書面を提出または電磁的方法により提供しなければならない
	⑤	電磁的方法が利用可能な場合、組合員は、書面による議決権の行使に代えて電磁的方法によって議決権を行使できる

	組合員が**代理人により議決権を行使する**場合、その代理人は、次のいずれかの者でなければならない
代理人の資格	① その組合員の**配偶者**（婚姻していないが事実上婚姻関係にある者を**含む**）・**一親等の親族** ⚠これらの者は、組合員と同居している必要はない
	② その組合員の住戸に**同居する親族**
	③ 他の組合員
議決権の割合の注意点 ⚠	●各住戸の面積があまり異ならない場合、「**住戸1戸につき各1個の議決権（1住戸1議決権）**」とすることも可
	●「**住戸の数**」を基準とする議決権と「**専有面積**」を基準とする議決権を**併用することも可**
	●**住戸の価値に大きな差がある**場合、単に共用部分の共有持分の割合によるのではなく、専有部分の階数（眺望・日照等）・方角（日照等）等を考慮した**価値の違いに基づく**「**価値割合**」を基礎とすることも**可**

5

マンション標準管理規約

✂ 46条関係コメント

① **【書面による議決権の行使と代理人による議決権の行使の差異】**

書面による議決権の行使	総会に出席せず、開催前に議案についての賛否を記載した書面（議決権行使書）を総会の招集者に提出すること
代理人による議決権の行使	**代理権を証する書面（委任状）**によって、組合員本人から授権を受けた代理人が出席して議決権を行使すること

② 組合員の意思を総会に直接反映させる観点からは、**議決権行使書によって組合員本人が自ら**賛否の意思表示をすることが望ましく、総会の招集の通知において議案の内容があらかじめ、なるべく明確に示されることが重要である。

③ <u>白紙委任状</u>**の様式等**には、誰を代理人とするか主体的に決定することが必要である旨、および適当な代理人がいない場合には代理人欄を空欄とせず、議決権行使書によって自ら賛否の意思表示をすることが必要である旨、等を記載しておくことが望ましい。

知識をチェック ✎ **今年狙われる!!** 「予想問題」&「重要過去問」 ➡ **P.197**   191

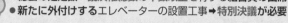

1 総会の会議・議事（47条）

総会（WEB会議含む）には、<u>議決権総数の半数以上</u>を有する組合員が出席しなければならず（定足数）、その議事は次のように決する。

総会の議事 （普通決議）	①	**出席組合員の議決権の過半数で決する（普通決議）** ⚠議長を含む出席組合員（書面（電磁的方法）または代理人による議決権行使者を含む）の議決権の過半数で決議し、過半数の賛成を得られなかった議事は否決となる
	②	**あらかじめ通知した事項についてのみ、決議可**
特別決議	組合員総数の 3/4以上 および 議決権総数の 3/4以上	① **規約の制定・変更・廃止** ⚠使用細則等の制定・変更・廃止は普通決議で可能
		② **敷地・共用部分の変更**（その形状または効用の著しい変更を伴わないもの、要耐震改修認定建築物の耐震改修工事を**除く**）
		⚠上記①②については、一部の組合員の権利や専有部分等の使用に特別の影響を及ぼすべきときは、その者の承諾が必要であり、その者は、<u>正当な理由</u>がなければ拒否不可
		③ **使用禁止請求・競売請求・引渡請求の訴えの提起**
		④ **建物の価格の1/2超の部分が滅失した場合の、滅失した共用部分の復旧（大規模滅失の復旧）**
		⑤ その他総会において、特別決議が必要とされた事項
	組合員総数の 4/5以上 および 議決権総数の 4/5以上	① **建替え決議**
		② **マンション敷地売却決議**（敷地利用権の持分価格の4/5以上の賛成も必要）
		⚠①②についての賛否は、売渡請求の相手方になるか否かに関係することから、賛成者・反対者が明確にわかるよう決議することが必要

47条関係コメント（普通決議・特別決議が必要な工事の例）

バリアフリー化の工事	建物の基本的構造部分を取り壊す等の加工を伴わずに、階段にスロープを併設し手すりを追加する工事	普通決議
	階段室部分の改造・建物の外壁に外付けして、エレベーターを新たに設置する工事	特別**決議**
耐震改修工事	●柱やはりに炭素繊維シート・鉄板を巻き付けて補修する工事 ●構造躯体に壁や筋かい等の耐震部材を設置する工事で、基本構造部分への加工が小さい工事	普通決議
防犯工事	●オートロック設備を設置する際に配線を空き管路内に通す・建物の外周に敷設する等、共用部分の加工の程度が小さい工事 ●防犯カメラ・防犯灯の設置工事	普通決議
IT化工事	●光ファイバーケーブルの敷設工事を実施する場合、その工事が既存のパイプスペースを利用する等、共用部分の形状に変更を加えることなく実施できる工事 ●新たに光ファイバーケーブルを通すために、外壁・耐力壁等に工事を加えその形状を変更するような場合でも、建物の躯体部分に相当程度の加工を要するものではなく、外観を見苦しくない状態に復元する工事	普通決議
計画修繕工事	●鉄部塗装工事　●給水管の更生・更新工事 ●屋上等防水工事　●外壁補修工事 ●照明設備・共聴設備・消防用設備・**エレベーター設備の更新工事**	普通決議
その他	**集会室・駐車場・駐輪場の増改築工事等で、大規模な工事・著しい加工を伴う工事**	特別**決議**
	●窓枠・窓ガラス・玄関扉等の一斉交換工事 ●既に不要となったダストボックス・高置水槽等の撤去工事	普通決議

5

マンション標準管理規約

知識をチェック　✎　今年狙われる!!「予想問題」&「重要過去問」⇒ P.197

193

●**規約の制定等**は**特別決議**だが、**使用細則の制定等**は**普通決議**で可
●**議事録**➡**議長**と**議長の指名する2名の出席組合員**が署名

重要度 マ A
重要度 管 A

1 総会の議決事項 （48条）

次の事項は、**総会の決議**を経なければならない。

①	規約及び使用細則等の制定、変更または廃止
②	役員の選任および解任ならびに役員活動費の額および支払方法
③	収支決算および事業報告
④	収支予算および事業計画
⑤	長期修繕計画の作成または変更
⑥	管理費等および使用料の額ならびに賦課徴収方法
⑦	修繕積立金の保管および運用方法
⑧	管理計画の認定の申請、管理計画の認定の更新の申請、管理計画の変更の認定の申請
⑨	共用部分と一体として管理すべき専有部分の管理の実施
⑩	特別の管理の実施ならびにそれに充てるための資金の借入れおよび修繕積立金の取崩し
⑪	義務違反者に対する措置の訴えの提起ならびにこれらの訴えを提起すべき者の選任
⑫	建物の一部が滅失した場合の滅失した共用部分の復旧
⑬	除却の必要性に係る認定の申請
⑭	建替えおよびマンション敷地売却
⑮	建替え等に係る計画または設計等の経費のための修繕積立金の取崩し
⑯	組合管理部分に関する管理委託契約の締結
⑰	その他管理組合の業務に関する重要事項

2 議事録の作成・保管等（49条）

　議長は、総会の議事について**議事録**を作成しなければならない。なお、議事録には、次のような定めがある。

記載・署名	議事録には、**議事の経過の要領・その結果**を記載し、**議長および議長の指名する2名**（計3名）の総会に出席した組合員が**署名**する
保管・閲覧・保管場所の掲示	① 理事長は、議事録を保管し、組合員・占有者等の利害関係人の**書面または電磁的方法による請求**があったときは、議事録を**閲覧**させる
	② 理事長は、所定の掲示場所に、**議事録の保管場所を掲示**する

49条関係コメント

　「利害関係人」とは、敷地・専有部分に対する**担保権者・差押え債権者・賃借人・組合員からの媒介の依頼を受けた宅建業者等**、法律上の利害関係がある者をいい、単に事実上の利益・不利益を受ける者や親族等は対象外である。

3 総会の招集者・議長のまとめ

総会の種類	招集者	要件	議長
通常総会	理事長	毎年1回、**新会計年度開始後2ヵ月以内**	理事長
臨時総会		理事会の決議を経て、いつでも可	出席組合員の議決権の過半数で、組合員の中から選任する
		各 1/5 以上の組合員の同意により総会の招集請求があった場合には、理事長は、2週間以内に請求があった日から4週間以内の日を会日とする臨時総会を招集	
	組合員	各 1/5 以上の組合員の同意により総会の招集請求があった場合にもかかわらず、理事長が招集しない場合	
	監事	**業務執行・財産状況に不正があるとき**	理事長

POINT 7　管理組合❶（管理組合の組合員・業務）

❶
☐☐ 町内会の防災対策についての情報収集のため町内会の会合に出席することは、管理組合の業務である。 管過 H21

❷
☐☐ 管理組合が管理すべき修繕等の履歴情報には、「特定建築物等の定期調査報告」は含まれていない。 予想問題

POINT 8　管理組合❷（長期修繕計画等）

❸
☐☐ 長期修繕計画の計画期間は、30年以上、又は大規模修繕工事が2回含まれる期間以上とする。 マ過 R4

❹
☐☐ 長期修繕計画の作成又は変更に要する経費の充当には、常に修繕積立金を取り崩して支払わなければならない。 予想問題

POINT 9　管理組合❸（役員）

❺
☐☐ 禁錮以上の刑に処せられた日から5年を経過しない者や暴力団員でなくなった日から5年を経過しない者は、役員となることができない。 予想問題

❻
☐☐ 監事は、理事の不正行為等を理事会に報告する場合に、必要があると認めるときは、理事長に対し、理事会の招集を請求することができるが、請求があった日から5日以内に、その請求があった日から2週間以内の日を理事会の日とする理事会の招集の通知が発せられない場合は、理事会を招集することができる。 予想問題

POINT 10　管理組合❹（総会の招集等）

❼
☐☐ 理事長は、通常総会を、毎年1回新会計年度が開始された後3ヵ月以内に招集しなければならない。 マ過 H18

❽
☐☐ 総会を招集するには、少なくとも会議を開く日の2週間前までに、会議の日時、場所及び目的を示して、組合員に通知を到達させなければならない。 予想問題

❾
☐☐ 理事長は、緊急を要する場合には、理事会の承認を得て、5日を下回らない範囲において、総会の招集の通知を発することができる。 マ過 H18

⑩ 2住戸を有する区分所有者が、同一議案について1住戸の議決権は反対
☐☐ し、他の1住戸の議決権は賛成する議決権行使書を提出したので、それ
らの議決権行使を認めたことは、適切である。 管過 R4

⑪ 代理人による議決権の行使とは、代理権を証する書面によって、組合員
☐☐ 本人から授権を受けた者が総会に出席して議決権を行使することである。 予想問題

⑫ 総会は、組合員総数の過半数及び議決権総数の過半数を有する組合員が
☐☐ 出席しなければ成立しない。 予想問題

⑬ 「エレベーター設備の更新工事」「給水管の更生・更新工事」「不要とな
☐☐ った高置水槽の撤去工事」「建物の基本的構造部分を取り壊す等の加工
を伴わずに階段にスロープを併設し、手すりを追加する工事」は、普通
決議で実施可能である。 予想問題

⑭ 議事録には、議事の経過の要領及びその結果を記載し、議長及び議長の
☐☐ 指名する3名の総会に出席した組合員が署名しなければならない。 予想問題

⑮ マンションの占有者は、総会の決議事項について利害関係を有する場合
☐☐ でも、総会議事録の閲覧請求をすることはできない。 管過 H17

答 **POINT 7** ❶○ ❷✕：含まれている。 **POINT 8** ❸✕：30年以上、「かつ」大規模修繕工事が2回含まれる期間以上である。 ❹✕：財産状態等に応じて管理費・修繕積立金のどちらからでも支出可。 **POINT 9** ❺○ ❻○ **POINT 10** ❼✕：「2ヵ月以内」に招集が必要。 ❽✕：発すればよく、到達までは不要。 ❾○ **POINT 11** ⑩✕：同一議案について、賛成・反対の両方の議決権を行使することはできない。 ⑪○ **POINT 12** ⑫✕：「議決権総数の半数以上」を有する組合員の出席で成立。 ⑬○ **POINT 13** ⑭✕：議長及び「議長の指名する2名」の組合員。 ⑮✕：占有者は「利害関係人」として閲覧請求可。

理事会

● 理事会の定足数 → 理事の半数以上の出席が必要
● 理事会の決議 → 出席理事の過半数で決する

重要度 マ S
管 A

1 理事会の職務等 (51条)・招集 (52条)

理事会は理事をもって構成し、監事は含まれない。理事会の議長は理事長が務め、理事会の職務・招集は次のとおりである。

職 務	①	規約・使用細則等・総会の決議により理事会の権限として定められた管理組合の**業務執行の決定**
	②	理事の職務の執行の**監督**
	③	**理事長・副理事長・会計担当理事の選任・解任**
議 長		**理事会の議長は、**理事長**が務める**
招 集 (「○」内は任意)	①	理事会は、理事長**が招集する**
	②	理事が「○分の1以上」の**理事の同意を得て理事会の招集を請求した場合**、理事長は、**速やかに理事会を招集しなければならない**
	③	②の請求があった日から「○日以内」に、請求日から「○日以内」の日を**理事会の日とする招集通知が発せられない場合** ➡ 請求をした理事が、**理事会を招集できる**
	④	理事会の招集手続には総会の規定が準用されるが、**理事会で別段の定めをすることができる** ⚠ 理事会の2週間前までに会議の日時・場所・目的を示して招集通知を発しなければならないが、緊急を要する場合、理事および監事の全員の同意を得て、5日間を下回らない範囲で短縮できる

✂ 総会と理事会の招集の比較

		総 会	理事会
招集通知の発送	原則	2週間前	
	例外	5日前（緊急時）	5日前（緊急時） 理事会で別段の定めも可
組合員・理事の招集請求要件		組合員総数の1/5以上で議決権総数の1/5以上	「○分の1以上」の理事の同意

2 会議・議事・議事録 (53条)

　理事会の会議(WEB会議含む)は、理事の半数以上が出席(定足数)しなければ開くことができない。その議事・議事録・議決事項は、次のとおりである。

理事会の議事	①	出席理事の過半数で決する
	②	「専有部分の修繕等」「敷地・共用部分等の管理」「窓ガラスの改良」については、理事の過半数の承諾があれば、書面・電磁的方法による決議ができる
	③	決議について特別の利害関係を有する理事は、議決に参加できない
議事録	①	総会議事録の作成・署名(出席理事2名)・保管・閲覧の規定が準用される
	②	「保管場所の掲示」は準用されていない ➡保管場所の掲示は不要

✛ 53条関係コメント

① 「理事に事故があり、理事会に出席できない場合は、その配偶者または一親等の親族(理事が、組合員である法人の職務命令により理事となった者である場合は、法人が推挙する者)に限り、代理出席を認める」旨を定める規約の規定は有効であると解されるが、あくまで、やむを得ない場合の代理出席を認めるものであることに留意が必要である。この場合においても、あらかじめ、総会において、それぞれの理事ごとに、理事の職務を代理するにふさわしい資質・能力を有するか否かを審議の上、その職務を代理する者を定めておくことが望ましい。

② 外部専門家など当人の個人的資質や能力等に着目して選任されている理事については、代理出席を認めることは適当でない。

③ 理事がやむを得ず欠席する場合には、代理出席によるのではなく、事前に「議決権行使書」「意見を記載した書面」を出せるようにすることが考えられる。これを認める場合には、理事会に出席できない理事が、あらかじめ通知された事項について、書面をもって表決することを認める旨を規約の明文の規定で定めることが必要である。

④ 理事会に出席できない理事に、理事会議事の質問機会の確保、書面等による意見の提出や議決権行使を認める等の配慮を要する。

5

マンション標準管理規約

3 議決事項 (54条)

理事会では、規約に別に定められている場合のほか、**次の事項**について**決議**をする。

①	収支決算案・事業報告案・収支予算案・事業計画案
②	規約・使用細則等の制定・変更・廃止に関する案
③	長期修繕計画の作成・変更に関する案
④	その他の総会提出議案
⑤	「**専有部分の修繕等**」「敷地・共用部分等の保存行為」「窓ガラスの改良」における理事長の承認・不承認
⑥	収支予算案につき、総会の承認を得るまでの間に一定の経費の支出が必要となった場合の、その支出についての承認・不承認
⑦	**未納の管理費等・使用料の請求に関する訴訟その他法的措置の追行**
⑧	**違反行為者等に対する理事長の勧告・指示等**
⑨	総会から付託された事項
⑩	**災害等により総会の開催が困難**な場合の、応急的な修繕工事の実施 ➡ この決議に基づく応急的な修繕工事の実施に充てるための**資金の借入れ・修繕積立金の取崩しの可否**についても、**理事会で決議できる**
⑪	理事長・副理事長・会計担当理事の選任・解任

4 専門委員会の設置 (55条)

(1) 理事会は、その責任と権限の範囲内において専門委員会を設置し、特定の課題を調査・検討させることができる。

(2) 専門委員会は、調査・検討した結果を理事会に具申する。

55条関係コメント

① 専門委員会の検討対象事項が理事会の責任と権限を越える場合・理事会活動に認められている経費以上の費用が専門委員会の検討に必要となる場合・運営細則の制定が必要な場合等は、専門委員会の設置に総会の決議が必要となる。

② 専門委員会は、検討対象に関心が強い組合員を中心に構成されるものであり、必要に応じ、検討対象に関する**専門的知識を有する者**（組合員以外も含む）の参加を求めることもできる。

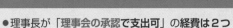

ココは
出る！
● 理事長が「理事会の承認で支出可」の経費は2つ
● 理事会の決議で、未納の管理費等に対する**法的措置の追行可**

重要度　マ ⑤
　　　　管 Ⓐ

1 収支予算の作成・変更（58条）・会計報告（59条）

　管理組合の会計の**収支予算案・収支決算案**には、次の手続が必要である。また、一定の場合には、**理事会の承認**で支出を行うことができる。

収支予算案	作成	**理事長⇒通常総会に提出⇒承認を得る**
	変更	**理事長⇒臨時総会に提出⇒承認を得る**
収支決算案の報告		**理事長⇒監事の会計監査⇒通常総会に報告⇒承認を得る**
理事会の承認による支出		**理事長**は、会計年度の開始後、通常総会の承認前に次の経費が必要となった場合、理事会の承認を得て、**その支出を行うことができる**
		① 通常の管理に要する経費のうち、**経常的**であり、かつ、総会の承認を得る前に支出することがやむを得ないもの
		② **総会の承認を得て実施している長期の施工期間を要する工事に係る経費**で、総会の承認を得る前に支出することがやむを得ないもの
		⚠①②の支出は、通常総会で収支予算案の承認を得たときは、その収支予算案による支出とみなされる
理事長が行える支出		**理事長**は、**次の経費の支出を行うことができる**
		① **災害等の緊急時**に**総会・理事会の決議**によらずに、敷地・共用部分等の必要な**保存行為**を行った場合（21条）
		② **災害等により総会の開催が困難**である場合に、**応急的な修繕工事**を理事会の決議で実施した場合（54条）

2 管理費等の徴収 (60条)

管理組合は、管理費等・使用料について、組合員の預金口座から**口座振替**により管理組合の預金口座に受け入れ、当月分は、「別途定める徴収日」までに一括して徴収する。

徴収日までに納付しない場合（「○」内は任意）	①	管理組合は、**年利「○%」の**遅延損害金と、**違約金としての**弁護士費用、**督促・徴収の諸費用**を加算して請求できる
	②	管理組合は、納付すべき金額を納付しない組合員に対し、**督促を行う等、必要な措置**を講ずる
	③	理事長は、**未納の管理費等・使用料の請求**に関して、理事会の決議により、管理組合を代表して**訴訟その他法的措置**を追行することができる
	④	①に基づき請求した**遅延損害金・弁護士費用・督促・徴収の諸費用**に相当する収納金は、管理費に充当する
返還請求・分割請求		組合員は、納付した管理費等・使用料の**返還請求・分割請求**をすることができない

🔧 60条関係コメント

滞納管理費等の遅延損害金の利率は、次の理由により、利息制限法や消費者契約法等における**遅延損害金利率**よりも高く**設定する**ことも可能である。

- 管理費等は、マンションの日々の維持管理のために必要不可欠なものであり、その滞納はマンションの資産価値や居住環境に影響し得ること。
- 管理組合による滞納管理費等の回収は、専門的な知識・ノウハウを有する金融機関等の事業者による債権回収とは異なり、回収コストが膨大となり得ること。

3 管理費等の過不足 (61条)

管理費の余剰	翌年度における管理費に充当
管理費等の不足	管理組合は組合員に対し、各区分所有者の共用部分の共有持分に応じて算出した管理費等の負担割合により、その都度必要な金額の負担を求めることができる
	⚠ あくまで「持分に応じて」であり、例えば、「一律5万円徴収する」は不可

4 借入れ (63条)

　管理組合は、特別の管理に要する経費に充てるため、必要な範囲内で借入れをすることができる。

　⚠その都度、総会の決議を経ることが必要である。

5 帳票類等の作成・保管 (64条)

　理事長は、帳票類を次のように作成・保管・閲覧させる義務を負う。

(1) 作成・保管義務	① 会計帳簿・什器備品台帳・組合員名簿・その他の帳票類の作成・保管
	② 長期修繕計画書・設計図書・修繕等の履歴情報の保管
(2) 閲覧義務	① (1)①②の帳票類について、組合員・利害関係人の理由を付した書面による請求があったときは、閲覧させる
	② 閲覧につき、日時・場所等を指定できる ⚠直ちに閲覧させる必要はない
	③ 理事長は、管理組合の財務・管理に関する情報について、組合員・利害関係人の理由を付した書面による請求に基づき、「請求をした者が求める情報を記入した書面」を交付することができる ⚠交付の相手方に、その費用を負担させることができる

6 消滅時の財産の清算 (65条)

　管理組合が消滅する場合、残余財産については、共用部分の共有持分割合に応じて各区分所有者に帰属する。

✂ 65条関係コメント
　共有持分割合と修繕積立金等の負担割合が大きく異なる場合は「負担割合に応じた清算とする」等、マンションの実態に応じて衡平な清算の規定を定めることが望ましい。

知識をチェック　✏ 今年狙われる!! 「予想問題」&「重要過去問」 ⇒ P.211　203

5

マンション標準管理規約

コは出る！
●理事会の決議で、区分所有者等に対し勧告・指示・警告可
●規約原本等➡「書面による請求」により閲覧可

重要度　マ A
　　　　管 B

1 理事長の勧告・指示等（67条）

理事長は、理事会の決議により、次の措置をとることができる。

対象者	対象となる行為	要件	理事長の措置
区分所有者・その同居人、占有者・その同居人（区分所有者等）	① 法令・規約・使用細則に違反	理事会の決議	是正等のために必要な勧告・指示・警告
	② 共同生活の秩序を乱す行為		
	規約・使用細則に違反		① 管理組合を代表して行為の差止め・原状回復請求等に関する訴訟等の法的措置の追行
上記「区分所有者等」＋区分所有者等以外の第三者	敷地・共用部分等における不法行為		② 損害賠償金等の請求・受領に関し原告・被告となる等の法的措置の追行

(1) 区分所有者は、同居人・その専有部分の貸与を受けた者およびその同居人が法令・規約・使用細則に違反した・共同生活の秩序を乱す行為を行った場合、その是正等のため必要な措置を講じなければならない。

(2) 訴えを提起する場合、理事長は請求の相手方に対し、違約金としての弁護士費用・差止め等の諸費用を請求できる。

⚠ 諸費用の徴収後は、管理費に充当する。

(3) 理事長は、区分所有者のため原告または被告となったときは、遅滞なく、区分所有者にその旨を通知しなければならない。

2 規約原本等 (72条)

(1) 区分所有者全員が署名した規約を1通作成し、規約原本とする。

⚠ 区分所有者全員が署名した規約がない場合、「分譲時の規約案」「分譲時の区分所有者全員の規約案に対する同意を証する書面」または「初めて規約を設定した際の総会議事録」が、規約原本の機能を果たす。

(2) 理事長は、規約原本の内容が、後に行われた総会決議により変更されている場合、1通の書面に、①現に有効な規約の内容と、②その内容が規約原本・規約変更を決議した総会議事録の内容と相違ないことを記載し、署名した上で、この書面を保管する。

(3) 理事長は、(1)の「規約原本」、(2)の「書面」に加えて「現に有効な使用細則等」は、区分所有者・利害関係人の書面による請求があったときは、閲覧させなければならない。

⚠ 閲覧につき、相当の日時・場所等を指定できる。

(4) 理事長は、所定の掲示場所に、(3)の「規約原本・書面・使用細則等」の保管場所を掲示しなければならない。

3 規約・議事録等の保管等のまとめ

〇：必要　✕：不要

	総会議事録	理事会議事録	書面決議等	帳票類	規約原本等
保　管	〇	〇	〇	〇	〇
閲　覧	〇	〇	〇	〇*	〇
保管場所の掲示	〇	✕	〇	✕	〇

⚠ *：「帳票類」の閲覧には「理由を付した書面」が必要

●団地総会の議決権➡土地の共有持分の割合による
●棟総会➡棟の区分所有者・議決権総数の各1/5以上の同意で招集

重要度 マ A 管 B

1 団地型の適用対象・管理（全般関係コメント）

(1) 標準管理規約（団地型）の適用対象は、一般分譲の住居専用のマンションが数棟所在する団地型マンションで、団地内の「**土地および集会所等の附属施設**」がその数棟の**区分所有者（団地建物所有者）全員の共有**になっているものである。

(2) 団地の形態として、ａ．土地が団地建物所有者の共有のもの、ｂ．附属施設のみが団地建物所有者の共有のもの、の２つがあるが、団地型の対象は、ａ．の形態で、かつ、次の①～③３つすべての要件を満たしている団地である。

①	団地内にある数棟の建物の**全部**が、区分所有建物であること
②	団地内の建物の敷地が、**団地建物所有者の**共有であること
③	団地管理組合において、団地内にある**区分所有建物全部の管理・使用に関する**規約が定められていること

(3) 団地型では、団地内の土地・附属施設・団地共用部分のほか、それぞれの棟についても、団地全体で**一元的に**管理する。

(4) 区分所有法で棟ごとに適用される事項（義務違反者に対する措置・復旧・建替え等）は、棟ごとの**棟総会**で**決議**する。

2 共有持分（10条）

土地・共用部分等の**共有持分割合**は、次のとおりである。

土地・団地共用部分・附属施設	**各棟の延べ面積の全棟の延べ面積に占める割合を算出し、各棟の中での各住戸の**専有部分の床面積**の割合**による
棟の共用部分	各棟の区分所有者の専有部分の床面積**の割合**による

3 団地総会・棟総会 (44条・48条・68条・71条)

団地の場合でも、棟ごとの棟総会で決議すべき固有の事項があるため、団地総会と棟総会について次のように定められている。

<table>
<tr>
<td rowspan="3">団地総会</td>
<td>①</td>
<td>団地建物所有者全員で組織する</td>
</tr>
<tr>
<td>②</td>
<td>理事長は、通常総会を毎年1回、新会計年度開始以後2ヵ月以内に招集しなければならない</td>
</tr>
<tr>
<td>③</td>
<td>議決権は「土地の共有持分の割合、あるいはそれを基礎としつつ賛否を算定しやすい数字に直した割合によるのが適当」である</td>
</tr>
<tr>
<td rowspan="3">棟総会</td>
<td>①</td>
<td>各棟の区分所有者全員で組織する</td>
</tr>
<tr>
<td>②</td>
<td>棟の区分所有者の 1/5 以上および議決権総数の 1/5 以上の区分所有者の同意を得て招集する
⚠ 棟総会は「毎年必ず開催する」とはされていない</td>
</tr>
<tr>
<td>③</td>
<td>議決権は「棟の共用部分の共有持分の割合、あるいはそれを基礎としつつ賛否を算定しやすい数字に直した割合によるのが適当」である</td>
</tr>
</table>

4 団地建物所有者の費用の負担等 (25条・50条)

団地建物所有者は、次のように**費用**を負担する。

⚠ 団地修繕積立金・各棟の修繕積立金の取崩しには団地総会の決議が必要だが、各棟の決議は不要である。

費　用	負担割合等	
管理費 (一括して徴収)	棟の管理費用	**各棟の各区分所有者の共用部分の共有持分**に応じて算出
	それ以外の管理費用	団地建物所有者の土地の共有持分に応じて算出
団地修繕積立金	団地建物所有者の土地の共有持分に応じて算出	
各棟修繕積立金	**各棟の共用部分の共有持分**に応じて算出	

駐車場使用料は、駐車場の管理費用充てるほか、各棟修繕積立金として積み立てる。

5 団地総会の決議事項（50条）

①	規約（団地関係に準用されていない規定を除く）および使用細則等の制定、変更または廃止
②	役員の選任および解任ならびに役員活動費の額および支払方法
③	収支決算および事業報告
④	収支予算および事業計画
⑤	長期修繕計画の作成または変更
⑥	管理費等および使用料の額ならびに賦課徴収方法
⑦	団地修繕積立金および各棟修繕積立金の保管および運用方法
⑧	管理計画の認定・更新・変更の認定の申請
⑨	共用部分と一体として管理すべき専有部分の管理の実施
⑩	特別の管理の実施(復旧・建替え・マンション敷地売却を除く)・それに充てるための資金の借入れ・団地修繕積立金または各棟修繕積立金の取崩し
⑪	建替え等および敷地分割に係る計画または設計等の経費のための団地修繕積立金または各棟修繕積立金の取崩し
⑫	建替えの承認
⑬	一括建替え
⑭	除却の必要性に係る認定の申請
⑮	敷地分割
⑯	組合管理部分に関する管理委託契約の締結
⑰	その他管理組合の業務に関する重要事項

6 棟総会の決議事項（72条）

①	区分所有法で団地関係に準用されていない規定に定める事項に係る規約の制定、変更または廃止
②	義務違反者に対する措置の訴えの提起・訴えを提起すべき者の選任
③	建物の一部が滅失した場合の滅失した棟の共用部分の復旧
④	建替え・マンション敷地売却（建替え等）
⑤	一括建替え承認決議に付すこと
⑥	建替え等に係る合意形成に必要となる事項の調査の実施およびその経費に充当する場合の各棟修繕積立金の取崩し

知識をチェック 今年狙われる!! 「予想問題」＆「重要過去問」 ➡ P.212

ココは出る！
- **管理組合**には「住宅部会」と「店舗部会」が置かれる
- **住宅一部管理費**➡住戸部分の一部共用部分の共有持分に応じて算出

重要度 マ B / 管 C

1 複合用途型の適用対象・管理（全般関係コメント）

(1) 標準管理規約（複合用途型）の適用対象は、一般分譲の**住居・店舗併用の単棟型マンション**である。

(2) 複合用途型マンションの形態としては、①**大規模な再開発等による形態**、②**低層階に店舗・上階に住居という形態で住居が主体**、の２つがあるが、標準管理規約（複合用途型）の適用対象は、そのうちの**多数を占めている**②である。

(3) 複合用途型では、区分所有者全員の共有物である敷地・全体共用部分・附属施設のほか、一部共用部分も、全体で**一元的に管理**する。

2 共有持分（10条）

敷地・全体共用部分・附属施設・一部共用部分の**共有持分の割合**は、次のとおりである。

敷地・全体共用部分・附属施設	**専有部分の床面積の割合**による ➡一部共用部分で床面積を有するものがあるときは、その一部共用部分の床面積をこれを共用する各区分所有者の専有部分の床面積の割合により配分し、各区分所有者の専有部分の床面積に算入する
住宅一部共用部分 店舗一部共用部分	一部共用部分を共用する各区分所有者の**専有部分の床面積の割合**による

3 住宅部会・店舗部会（60条）

管理組合には、住宅部分・店舗部分の一部共用部分の管理等について協議するための組織である**住宅部会・店舗部会**が置かれ、それぞれの区分所有者で構成する。

⚠住宅部会および店舗部会は、管理組合としての意思決定機関ではなく、「単なる住戸部分・店舗部分の**管理等について協議をする組織**」として位置付けられている。そのため、規約の設定等や総会の決議に際し、住宅部会・店舗部会の承認決議は不要である。

4 各区分所有者の費用の負担等 (25条・26条)

(1) 全区分所有者は、敷地・全体共用部分・附属施設の管理に要する経費に充当するため、次の費用を負担する。

費　用	負担割合
全体管理費	住戸部分で必要な費用と店舗部分で必要な費用とを**あらかじめ按分**し、住戸部分の区分所有者・店舗部分の区分所有者ごとに、**各区分所有者の全体共用部分の共有持分に応じて算出**する
全体修繕積立金	

(2) 区分所有者は、(1)の費用に加え、**一部共用部分の管理に要する経費に充当するため、次の費用も負担する。

費　用	負担者	負担割合
住宅一部管理費	住戸部分の**各区分所有者**	住戸部分の各区分所有者の一部共用部分の共有持分に応じて算出する
住宅一部修繕積立金		
店舗一部管理費	店舗部分の**各区分所有者**	店舗部分の各区分所有者の一部共用部分の共有持分に応じて算出する
店舗一部修繕積立金		

⚠ 収支決算を行った結果、全体管理費・住宅一部管理費・店舗一部管理費に余剰が生じた場合、翌年度におけるそれぞれの費用に充当する。

(3) **駐車場使用料その他の敷地および共用部分等に係る使用料は、それらの管理に要する費用に充てるほか、全体修繕積立金として積み立てる。

POINT 14 理事会

❶ 理事会の決議について特別の利害関係を有する理事は、議決に加わることができない。 予想問題
□□

❷ 「専有部分の修繕等」「敷地・共用部分等の保存行為」「窓ガラスの改良」における理事長の承認又は不承認について、書面又は電磁的方法による決議によるには、理事全員の承諾が必要である。 予想問題
□□

❸ 理事が止むを得ず理事会を欠席する場合には、規約の明文の規定がなくても、あらかじめ通知された事項について書面で賛否を記載し意思表示することが認められる。 マ過 R4
□□

POINT 15 会 計

❹ 理事長は、会計年度の開始後、通常総会の承認を得るまでの間に、総会の承認を得て実施している長期の施工期間を要する工事に係る経費であって、通常総会の承認を得る前に支出することがやむを得ないと認められる経費の支出が必要となった場合には、理事会の承認を得てその支出を行うことができる。 予想問題
□□

❺ 会計担当理事は、未納の管理費等及び使用料の請求に関して、理事会の決議により、管理組合を代表して、訴訟その他法的措置を追行することができる。 予想問題
□□

POINT 16 雑 則

❻ 区分所有者が規約に違反したときは、理事長は、理事会の決議を経て、行為の差止め、排除又は原状回復のための必要な措置の請求に関し、管理組合を代表して、訴訟その他法的措置を追行することができる。 予想問題
□□

❼ 規約原本は、理事長が保管し、区分所有者又は利害関係人の書面による請求があったときは、規約原本の閲覧をさせなければならないが、この場合において、理事長は、閲覧につき、相当の日時、場所等を指定することはできない。 予想問題
□□

❽ 専有部分のある建物であるＡ棟、Ｂ棟、Ｃ棟及びＤ棟からなる団地におい
□□ て、Ｃ棟の屋上の補修を、一定年数の経過ごとに計画的に行う修繕に
より行う場合には、団地総会の決議が必要である。 `マ過 R3`

❾ 甲マンション団地管理組合の理事会における費用の負担等についての理
□□ 事長の「棟の管理に相当する管理費の額及び各棟修繕積立金の額につい
ては、それぞれの棟の各区分所有者の棟の共用部分の共有持分に応じて
算出します。また、棟の管理に相当するもの以外の管理費の額及び団地
修繕積立金の額については、各団地建物所有者の土地の共有持分に応じ
て算出します」という発言は、適切である。 `マ過 H24`

POINT 18　**標準管理規約（複合用途型）**

❿ 店舗部分の区分所有者で組織される店舗部会も、住宅部分の区分所有者
□□ で組織される住宅部会も、いずれも区分所有法に定める集会である。
`予想問題`

⓫ 全体管理費及び全体修繕積立金は、住戸部分のために必要となる費用と
□□ 店舗部分のために必要となる費用をあらかじめ按分したうえで、住戸部
分の区分所有者又は店舗部分の区分所有者ごとに、各区分所有者の全体
共用部分の共有持分に応じて算出する。 `予想問題`

⓬ 複合用途型マンションの管理組合では、敷地上にある店舗用駐車場の使
□□ 用料は、駐車場の管理に要する費用に充てるほか、店舗一部修繕積立金
として積み立てられる。 `マ過 H27`

答 **POINT 14** ❶○ ❷✕：「過半数の承諾」でよい。❸✕：書面で賛否を記載し意
思表示するには、規約の明文の規定が必要である。**POINT 15** ❹○ ❺✕：「会計担
当理事」ではなく「理事長」。**POINT 16** ❻○ ❼✕：指定できる。**POINT 17** ❽
○ ❾○ **POINT 18** ❿✕：店舗部会・住宅部会ともに「集会」とは異なる。⓫
○ ⓬✕：駐車場の管理費用に充てるほか、「全体修繕積立金」として積み立てる。

第6章

標準管理委託契約書

マンション標準管理委託契約書❶

● 「警備業務」「防火管理者が行う業務」は、管理事務に**含まれない**

● 「事務管理業務」の一部であれば、第三者への**再委託は可**

重要度　マ管　B S

1 全般関係コメント

① 標準管理委託契約書は、マンション管理適正化法73条に定める「**契約の成立時の書面**」を交付する際の**指針**として作成されたものである。

⚠️「標準管理委託契約書」そのものの使用は**義務付けられていない**。

② **住居専用の単棟型マンション**の標準的な契約内容を定めており、実際に契約書を作成する場合は、個々の状況等に応じて**追加・修正・削除を行いつつ活用されるべき**である。

③ 管理事務には、「マンション管理計画認定制度・民間団体が行う評価制度に係る業務」「**警備業法に定める警備業務**」「消防法に定める防火管理者が行う業務」は**含まれない**。

⚠️これらは別個の契約とすることが望ましい。

⚠️「浄化槽法に定める水質検査」は、管理事務の建物・設備管理業務に含まれている。

2 管理対象部分（2条）

敷　地	
専有部分に属さない 建物の部分 （規約共用部分を除く）	エントランスホール・廊下・階段・**エレベーターホール**・屋上・屋根・機械室・**パイプスペース**・内外壁・床・天井・柱・バルコニー・**風除室**　等
専有部分に属さない 建物の附属物	エレベーター設備、給水設備、排水設備、**テレビ共同受信設備**、消防・防災設備、各種の配線・配管・**オートロック設備**・宅配ボックス　等
規約共用部分	**管理事務室**・管理用倉庫・**集会室**・トランクルーム・倉庫　等
附属施設	**フェンス**・駐車場・**自転車置場**・専用庭・プレイロット　等

✂ 2条関係コメント

① **管理対象部分**とは、管理組合が管理すべき部分のうち、**管理業者が受託して管理する部分**をいい、組合員が管理すべき部分（専有部分等）を**含まない**。

② **専用使用部分**（バルコニー・トランクルーム・専用庭等）は、管理組合が管理すべきの範囲内で、管理業者が管理事務を行う。

③ 「リゾートマンション」「複合用途型マンション」「団地型マンション」の場合、「管理対象部分」の定めを**適宜追加・修正**する必要がある。

3 管理事務の内容 （3条）

✂ 3条関係コメント

① 実際の契約書作成の際には、個々の状況や必要性に応じて委託する業務（共用部分の設備等の監視・出動業務、**インターネット・CATV等の運営業務**、除雪・排雪業務、**植栽管理業務、管理組合が行うコミュニティー活動の企画立案・実施支援業務**等）を**適宜追加・修正・削除**する。

② 専有部分の設備で共用部分と構造上一体となった配管等を共用部分と一体で管理組合が管理を行うとされている場合で、管理組合から依頼があるときに契約に含めることも可能である。

③ 専有部分内を対象とする業務・高齢者等を対象とする業務は、**便益を受ける者**が費用を負担する。

④ 労働条件等の見直しを行う場合は、働き方改革関連法の趣旨等を説明し、理解を促すことが望ましい。

4 管理事務の再委託の可否 （4条）

O：できる　　**X**：できない

	全部再委託	一部再委託
①事務管理業務	X	O
②管理員業務、③清掃業務、④建物・設備管理業務	O	

⚠️管理業者は、再委託した管理事務の適正な処理について、管理組合に対し、責任を負う。

知識をチェック　✏ 今年狙われる!! 「予想問題」&「重要過去問」 ➡ P.233

215

標準管理委託契約書

6

ココは出る！
- **滞納者**に対する督促方法➡**電話・自宅訪問・督促状**
- 「保管口座」と「収納・保管口座」の**印鑑**➡常に組合が保管

重要度 マ C／管 B

1 出納業務 （別表第1）

管理業者が行う基幹事務のうちの**出納業務**は、次のとおりである。

管理組合➡**組**　　管理業者➡**業**

	保証契約を締結して**組**の収納口座と**組**の保管口座を設ける場合	**業**の収納口座と**組**の保管口座を設ける場合	保証契約を締結する必要がないときに**組**の収納口座と**組**の保管口座を設ける場合	**組**の収納・保管口座を設ける場合
管理費等の収納	管理規約・総会決議・**組合員名簿**・**組合員異動届**・専用使用契約書に基づき、組合員別の1ヵ月当たりの管理費等の負担額の一覧表（「**組合員別管理費等負担額一覧表**」を**組**に提出 ⚠毎月提出する必要はない			
	経費の支払を行った後、残額を翌月末日までに「**組**の保管口座」に移し換える			
	業は保証契約を締結し、次の①〜③を記載する ① **保証する第三者の名称** ② **保証契約の名称** ③ **保証契約の内容** （額および範囲・期間・更新・解除・免責・保証額の支払に関する事項）			
滞納者に対する督促	① **業**は、**毎月**、組合員の**滞納状況**を**組**に報告			
	② **業**は、最初の支払期限から起算して「○ヵ月」の間、**電話・自宅訪問・督促状**により督促			
	③ ②の督促をしても組合員が支払わないときは、**業**は**督促を終了**する			

通帳等の保管等	印鑑等の保管者は、別紙4のとおり			
	掛け捨て保険に限り、業は組の損害保険証券を保管することができる			
	管理費等のうち**余裕資金**について、業は**組の指示**に基づいて、定期預金・金銭信託等に振り替える			
経費の支払	組の承認の下に組の収納口座から、組の承認を得て組の保管口座から支払う	組の承認の下に業の収納口座から、組の承認を得て組の保管口座から支払う	組の承認を得て組の収納口座、または組の保管口座から支払う	組の承認を得て組の収納・保管口座から支払う
帳簿等の管理	① 業は組の**会計に係る帳簿等**を整備・保管する			
	② 組の**通常総会終了後、遅滞なく**、業は帳簿等を組に引き渡す			
現金収納業務	① 現金収納は行わない			
	② 現金収納を行う場合には、次のとおりとする ●管理業者が現金で受領する使用料等の種類を定め、それ以外は、現金で受領することはできないこととする ●管理業者が現金を受領したときは、領収書を支払者に発行し、使用料等を毎月末で締め、速やかに管理組合の収納口座に入金する ●管理業者は、使用料等の収納状況に関して帳簿を備え、記載する			

6

標準管理委託契約書

別紙4

1 通帳等の保管者

番号	口座の種類	金融機関名	支店名	預貯金の種類	名義	通帳等の保管				
						通帳の保管者	印鑑の保管者	印鑑以外の預貯金引出用パスワード等		
								電子取引を利用する場合のパスワード（預貯金引出用）		甲又は乙の収納口座における電子取引を利用する場合のパスワード（預貯金引出用）以外に乙が保管する預貯金引出用のキャッシュカード等の有無
								パスワードの名称	保管者	
1										
2										
3										
4										
5										

2 乙が保管する通帳等の管理責任者（乙名義の収納口座を含む。）

通帳、印鑑、パスワード等の別	部署名	役職名

2 別表第1関係コメント

① 管理業者が管理費等の収納業務を集金代行会社に再委託する場合は、**再委託先の名称・再委託先の所在地**を管理委託契約書に記載しなければならない。

② 保証契約の内容のうち「解除・免責・保証額の支払**に関する事項**」については、保証契約書等の添付により確認できれば**記載省略可**。

③ 滞納者に対する督促は、管理業者は**組合員異動届等**により管理組合から**提供を受けた情報の範囲内**で行う。

知識をチェック 今年狙われる!! 「予想問題」&「重要過去問」 ➡ P.233

1 管理組合の会計の収入・支出の調定 （別表第1）

収支予算案	素案の作成・提出	会計年度開始の「○ヵ月前まで」に
収支決算案 （収支報告書・ 貸借対照表）	素案の作成・提出	会計年度終了後「○ヵ月以内」に
収支状況	書面の交付	毎月末日までに、前月の会計の収支状況に関する**書面**を管理組合に交付 ➡ あらかじめ管理組合が承諾すれば、書面に代えて**電磁的方法**による提供も可
	報告	管理組合から**請求があったとき**に行う

2 マンションの維持・修繕に関する企画・実施の調整 （別表第1）

① 修繕積立金の額が著しく低額である場合もしくは設定額に対して実際の積立額が不足している場合または、管理事務を実施する上で把握した劣化等の状況に基づき、修繕工事の内容・実施予定時期・工事の概算費用等・修繕積立金の見直しが必要な場合は、書面をもって管理組合に助言する

⚠️「長期修繕計画案の作成・長期修繕計画の見直し」は、長期修繕計画標準様式・長期修繕計画作成ガイドライン等を参考にすることが望ましい

② 長期修繕計画案の作成業務ならびに建物・設備の劣化状況等を把握するための調査・診断の実施および、その結果に基づき行う長期修繕計画の見直し業務を実施する場合は、管理委託契約とは別個の契約とする

⚠️次の業務も別個の契約とすることが望ましい

● 修繕工事の前提としての建物等劣化診断業務（耐震診断を含む）

● 大規模修繕工事実施設計・工事管理業務

● 建物・設備の性能向上に資する改良工事の企画・実施の調整
（耐震改修工事・防犯化工事・バリアフリー化工事・IT化工事等）

● マンション建替え支援業務

③ 維持または修繕（大規模修繕を除く修繕・保守点検等）を外注により他の業者に行わせる場合の見積書の受理・受注業者との取次ぎ・実施の確認を行う

⚠ 「実施の確認」とは、管理員が外注業務の完了の立会いにより確認できる内容のもののほか、管理員業務に含まれていない場合または管理員が配置されていない場合には、管理業者の使用人等が完了の立会いを行うことにより確認できる内容のものをいう

3 基幹事務以外の事務管理業務（別表第1）

理事会支援業務	組合員等の名簿の整備	組合員等異動届に基づき、組合員・賃借人等の氏名・連絡先（緊急連絡先を含む）を記載した名簿の整備
	理事会の開催・運営支援	① 開催日程等の調整
		② 役員に対する招集通知・連絡
		③ 議事に係る助言・資料の作成
		④ 議事録案の作成
		⑤ WEB会議システムの機器の調達等の補助
	契約事務の処理	① 共用部分に係る損害保険契約の締結
		② 駐車場等の使用契約・専門的知識を有する者との契約に係る事務
総会支援業務	① 開催日程等の調整　② 事業計画案の素案の作成 ③ 総会会場の手配、招集通知・議案書の配布 ④ 組合員等の出欠の集計等 ⑤ 議事に係る助言　⑥ 議事録案の作成 ⑦ WEB会議システムの機器の調達等の補助	
その他	各種点検・検査等に基づく助言等	管理対象部分に係る各種の点検・検査等の結果を報告すると共に、改善等の必要がある事項については、具体的な方策を助言する。報告と助言は書面で行う
	各種検査等の報告・届出の補助	消防計画の届出、消防用設備等の点検報告、特定建築物定期調査・建築設備等定期検査の報告等に係る補助

その他	図書等の保管	①	マンションに係る設計図書・管理規約の原本・総会議事録・総会議案書等を<u>管理組合</u>の事務所で保管する
		②	解約等により委託契約が終了した場合、①の図書等や**組合員等の名簿**、出納業務のために預かっている**通帳等**を、<u>遅滞なく</u>**管理組合に引き渡す**

✂ 別表第1関係コメント

　大規模修繕・規約改正等、**理事会が設置する**<u>各種専門委員会</u>の運営支援業務を実施する場合は、その**業務内容・費用負担**について、別途、管理組合と管理業者が**協議して定める。**

6

標準管理委託契約書

● **管理組合**は、**管理事務室等を管理業者に無償で使用させる**
● **管理組合**は、管理業者が管理事務を実施するのに伴い必要となる**諸費用を負担する**

重要度 マ **C** 管 **A**

1 管理事務に要する費用の負担・支払方法 (6条)

(1) 管理組合は、委託業務費のうち、**定額委託業務費**（その負担方法が定額でかつ精算を要しない費用）を、毎月、次のように支払う。

定額委託業務費の額 （内訳を明示する） ⚠重要事項説明等の際に、見積書等であらかじめ定額委託業務費の内訳を明示の上当事者間で合意しているときは、内訳の記載は不要	【定額委託業務費の額】 ●合計月額　「○○円」 ●消費税・地方消費税抜き価格 　「○○円」 ●消費税額・地方消費税額　「○○円」
支払期日・支払方法	毎月「○日」までに「○ヵ月分」を、**管理業者が指定する口座**に振り込む方法により支払う
期間が1ヵ月未満の場合	当該月の暦日数によって日割計算を行う（1円未満は四捨五入）

(2) **定額委託業務費以外の費用**は、各業務終了後、精算の上、**管理業者が指定する口座**に振り込む方法により支払う（内訳を明示）。

(3) 管理組合は、管理業者が管理事務を実施するのに伴い必要となる水道光熱費・通信費・消耗品費等の諸費用を負担する。

> ✂ 6条関係コメント
>
> ① **定額委託業務費の内訳**は、重要事項説明等の際に見積書等であらかじめ**定額委託業務費の内訳を明示**している場合で、当事者間で合意しているときは、**管理委託契約に記載しない**ことができる。
>
> ② **3年ごとに実施する特定建築物定期調査**のように、契約期間をまたいで実施する管理事務の取扱いは、「本契約と別個の契約とする方法」「定額委託業務費以外の業務費とする方法」「定額委託業務費に含める方法」が考えられ、「**定額委託業務費に含める方法**」とする場合には、実施時期・費用を明示するとともに、この管理事務を実施しない場合の精算方法をあらかじめ明らかにする。

2 管理事務室等の使用 (7条)

(1) 管理組合は、**管理事務室等**（管理事務室・管理用倉庫・清掃員控室・器具・備品等）を管理業者に無償で**使用**させる。

(2) **管理事務室等の使用に必要な諸費用**（水道光熱費・通信費・備品等）の負担区分は、その内容を協議の上**規定**する。

⚠ 「管理業者が負担する」とはされていない。

3 管理事務の指示 (8条)

　契約に基づく管理組合の管理業者に対する管理事務に関する指示については、法令の定めに基づく場合を除き、管理者等または役員が管理業者の使用人等に対して行う。

4 緊急時の業務 (9条)

(1) 管理業者は、次の事由により**緊急に行う必要がある業務**で、管理組合の承認を受ける時間的余裕がないものは、承認を受けずに実施できる。

災　害	**地震**・台風・突風・集中豪雨・落雷・雪・噴火・ひょう・あられ　等
事　故	**火災**・漏水・破裂・爆発、物の飛来・落下・衝突、犯罪、孤立死（孤独死）　等

(2) 緊急時の業務の実施後、管理業者は速やかに、書面をもって、**行った業務内容・支出した費用**を管理組合に通知しなければならない。

(3) 管理組合は、管理業者が(1)の**業務上やむを得ず支出した費用**を、速やかに管理業者に支払わなければならない。

5 管理事務に要する費用のまとめ

管理事務の実施に伴い必要な諸費用	管理組合が負担
管理事務室等の使用	管理組合が無償で使用させる
管理事務室等の使用に必要な諸費用	管理組合または管理業者の負担区分を協議の上規定する
緊急時の業務に要した費用	管理組合が速やかに支払う

6

標準管理委託契約書

知識をチェック　✏ 今年狙われる!!「予想問題」&「重要過去問」➡ P.233　223

●管理業者は、組合員・占有者の有害行為に対して**中止要求可**

●**管理組合・管理業者**は相互に、一定の場合に相手方に**通知**が必要

重要度	マ	B
	管	A

1 管理事務の報告等（10 条）

(1) 管理業者は、事業年度終了後「○ヵ月以内」に、**管理事務の処理状況**および管理組合の会計の収支の結果を記載した書面を交付して、<u>管理業務主任者</u>をして、**報告**をさせなければならない。

> ⚠「管理組合の会計の収支の結果を記載した書面」は、「収支決算案の素案」を提出することで代えることができる。

(2) 管理業者は、<u>毎月末日</u>までに、**前月**における管理組合の会計の収支状況に関する書面を交付しなければならない。

(3) 管理業者は、管理組合から<u>請求があるとき</u>は、管理事務の処理状況・会計の収支の状況について**報告**を行わなければならない。

> ⚠報告は、当事者間の合意により、あらかじめ期日を定めて行うことができる。

(4) (1)～(3)の場合、管理組合は、管理事務の処理状況および会計の収支の状況に係る<u>関係書類</u>の提示を求めることができる。

2 滞納者に対する督促（11 条）

(1) 管理業者は、**電話・**<u>自宅訪問</u>**・督促状**で支払いの督促を行っても組合員が**滞納している管理費等**（管理費・修繕積立金・使用料その他の金銭）を支払わないときは、**その責めを免れ**、その後の請求は管理組合が行う。

(2) (1)の場合、管理組合が<u>管理業者</u>の**協力**を必要とするときは、その協力方法について協議する。

> **✚ 11 条関係コメント**
>
> 　債権回収はあくまで**管理組合が行うもの**であることに留意し、(2)の「管理業者の協力」について事前に協議が整っている場合は、その**協力内容**（**管理組合名義による配達証明付内容証明郵便による督促**等）・費用の負担等に関し、具体的に規定する。

3 有害行為の中止要求（12条）

管理業者は、組合員・占有者に対して次の①～⑥の行為の中止を求めることができる。

①	法令・管理規約・使用細則・総会決議等に違反する行為
②	建物の保存に有害な行為
③	所轄官庁の指示事項等に違反する行為・所轄官庁の改善命令を受けるとみられる違法・著しく不当な行為
④	管理事務の適正な遂行に著しく有害な行為（カスタマーハラスメント含む）
⑤	組合員の共同の利益に反する行為
⑥	①～⑤の他、共同生活の秩序を乱す行為

(1) 管理業者が組合員等に行為の中止を求めた場合は、速やかに、その旨を管理組合に報告する。

(2) 管理業者が組合員等に行為の中止を求めても、なお組合員等がその行為を中止しないときは、書面をもって管理組合にその内容を報告する。

(3) この報告を行った場合、管理業者はさらなる中止要求の責務を免れ、その後の中止等の要求は管理組合が行う。

4 通知義務（13条）

(1) 管理組合・管理業者は相互に、マンションの滅失・き損・瑕疵等の事実を知ったときは、相手方に通知しなければならない。

(2) 次の①～⑦の場合は、相手方に速やかに書面で通知しなければならない。

①	管理組合の役員・組合員が変更したとき
②	管理組合の組合員が専有部分を第三者に貸与したとき
③	管理業者が商号・住所を変更したとき
④	管理業者が合併・会社分割したとき
⑤	管理業者が適正化法により処分を受けたとき
⑥	管理業者が銀行取引を停止されたとき、破産・会社更生・民事再生の申立て・私的整理の開始があったとき
⑦	管理業者が「合併・破産」以外の事由により解散したとき

知識をチェック　今年狙われる!!「予想問題」&「重要過去問」⇒ P.234

6

標準管理委託契約書

1 専有部分等への立入り（14条）

(1) 管理業者は、**管理事務を行うため必要があるとき**は、組合員の**専有部分**または専用使用部分への立入りを請求できる。

(2) 組合員が正当な理由なく立入りを拒否したときは、その旨を**管理組合**に**通知**しなければならない。

(3) 管理業者は、災害・事故等で緊急に行う必要があって立ち入った場合、管理組合および立ち入った専有部分等の組合員に対し、**事後速やかに報告**しなければならない。

必要があるとき （通常時）	組合員の承諾あり	立入り可
	組合員が拒否	管理組合への通知
緊急時	承諾の有無を問わず	**立入り可** ⚠事後速やかに報告する

2 管理規約等の提供（15条）

(1) 管理業者は、管理組合の組合員から、その組合員が所有する専有部分の売却等の依頼を受けた宅建業者が、その媒介等の業務のために、**理由を付した書面の提出**または**電磁的方法**による提出により**管理規約・会計帳簿・什器備品台帳・長期修繕計画書・設計図書等の提供**または次の **3** の事項に掲げる事項の**開示**を求めてきたときは、管理組合に代わって、その宅建業者に対し、管理規約等の写しを提供、次の **3** の事項について、書面または電磁的方法により**開示**する。

(2) **管理組合の組合員**が、その組合員が所有する専有部分の売却等を目的とする情報収集のためにこれらの提供等を求めてきたときも**同様**である。

(3) 管理業者は、(1)の**業務に要する費用**を管理規約等の提供等を行う相手方から**受領**することができる。

3 宅建業者等の求めに応じて開示する主な事項

　管理業者は、**宅建業者・組合員**に対して、次の事項を**書面または電磁的方法**により**開示**できる。

共用部分関係	**(1) 基本事項**	
	① 共用部分に関する規約等の定め ●共用部分の範囲 ●共用部分の持分	
	② 専用使用に関する規約等の定め	
	(2) 駐車場	
	① 駐車場区画数	
	② 駐車場使用資格	
	③ 駐車場使用料　等	
	(3) 自転車置場・バイク置場・ミニバイク置場	
	① 区画数（自転車置場・バイク置場・ミニバイク置場毎）	
	② 使用料の有無とその使用料等	
	(4) 共用部分の点検・検査・調査	
	① 共用部分の点検・検査・調査の実施の有無	
	② 共用部分の点検・検査・調査の実施者	
	③ 共用部分の点検・検査・調査の実施結果に基づく是正の有無	
売主たる組合員が負担する管理費等関係 （①～⑧の項目毎に金額を記載（滞納がある場合は滞納額も併せて記載））	① 管理費	
	② 修繕積立金	
	③ 修繕一時金	
	④ 駐車場使用料等	
	⑤ 組合費	
	⑥ 戸別水道使用料・冷暖房料・給湯料	
	⑦ 遅延損害金の有無とその額	
	⑧ 管理費等の支払方法　等	
管理計画認定	管理計画認定の有無、認定取得日	
建替え等関係	① 建替え推進決議の有無 （有（　年　月決議）、無、検討中の別）	
	② 要除却認定の有無（有（　年　月認定）、無、申請中（　年　月申請）、検討中の別）	

建替え等関係	③ 建替え決議、マンション敷地売却決議の有無 （有（ 年 月決議）、無、検討中の別）
管理組合収支関係	(1) **収支および予算の状況** 　① 管理費会計収入総額 　② 管理費会計支出総額 　③ 管理費会計資産総額 　④ 管理費会計負債総額 　⑤ **修繕積立金会計繰越額**　等
	(2) **管理費等の滞納・借入の状況** 　① 管理費滞納額 　② 修繕積立金滞納額 　③ 借入金残高
	(3) **管理費等の変更予定等** 　（「**予定変更有**」「**予定変更無**」「**検討中**」の別を記載） 　① **管理費** 　② **修繕積立金** 　③ **修繕一時金** 　④ **駐車場使用料**　等 　⑤ **戸別水道使用料・冷暖房料・給湯料**　等
	(4) **修繕積立金に関する規約等の定め**
	(5) **特定の組合員に対する管理費等の減免措置の有無**
専有部分使用 規制関係	① 専有部分用途の「住宅専用（住宅宿泊事業は可）」・ 「住宅専用（住宅宿泊事業は不可）」・「住宅以外も可」 の別
	② 専有部分使用規制関係
	③ 専有部分使用規制の制定・変更予定の有無
大規模修繕計画 関係	① **長期修繕計画の有無**
	② **共用部分等の修繕実施状況** ⚠「専有部分の修繕実施状況」は、開示対象ではない
	③ **大規模修繕工事実施予定の有無**
アスベスト 使用調査の内容	① **調査結果の記録の有無**
	② **調査内容**
	③ **調査結果**　等
耐震診断の内容	① **耐震診断の有無**
	② **耐震診断の内容**

管理形態	① **マンション管理業者名**		
	② 業登録番号		
	③ **主たる事務所の所在地**		
	④ 委託（受託）形態（全部、一部の別）		
備考	**敷地・共用部分の重大事故・事件があれば、その内容等**		

✂ 15条関係コメント

① 宅建業者が、媒介等の業務のために、管理業者に**管理規約等の提供・開示**を求めてきた場合に、これらの事務を管理業者が行うときは、管理規約等において宅建業者等への**提供・開示**に関する根拠が明確に規定されるとともに、これと整合的に管理委託契約書において管理業者による**提供・開示**に関して規定されることが必要である。

② 管理業者が提供・開示できる範囲は、原則として**管理委託契約書に定める範囲**となる。**管理委託契約書に定める範囲外の事項**については、組合員または管理組合に確認するよう求めるべきである。管理業者が受託した管理事務の実施を通じて知ることができない**過去の修繕等の実施状況に関する事項等**については、管理業者は**管理組合から情報提供を受けた範囲**でこれらの事項を開示することとなる。

なお、管理委託契約書に定める範囲内の事項であっても、「**共用部分における重大事故・事件**」のように該当事項の個別性が高いと想定されるものについては、該当事項ごとに**管理組合に開示の可否を確認し、承認を得た上で開示する**こととすることも考えられる。

4 使用者責任（16条）

管理業者は、使用人等が管理事務の遂行に関し、管理組合または組合員に損害を及ぼしたときは、使用者責任を負う。

5 秘密保持義務（17条）

(1) 管理業者およびその使用人等は、正当な理由なく、管理事務に関して知り得た秘密を漏らし、または**管理事務以外の目的に使用してはならない**。

1 個人情報の取扱い等 (18条)

管理業者は、個人情報に関して以下の義務を負う。

個人情報の取扱い	契約の目的の範囲において取り扱い、正当な理由なく、第三者に提供、開示または漏えいしてはならない
安全管理措置	個人情報への不当なアクセス等の危険に対し、合理的な安全管理措置を講じなければならない
目的外使用等の禁止	個人情報を管理事務の遂行以外の目的で、使用、加工、複写等してはならない
漏えい等の報告	① 個人情報の漏えい等の事故が発生したとき、管理業者は、管理組合に対し、速やかにその状況を報告する ② 漏えい等の原因の調査を行い、その結果について、書面をもって管理組合に報告し、再発防止策を講じる
再委託の禁止	個人情報の取扱いを再委託してはならない ⚠書面をもって管理組合の事前の承諾を得たときはこの限りではない
個人情報の返却等	① 管理委託契約が終了したときは、管理組合と協議を行い、個人情報を返却または廃棄する ② 上記①の結果について、書面をもって管理組合に報告する

2 免責事項 (19条)

管理業者は、管理組合・組合員が、管理業者の責めによらない災害・事故等による損害や次の①～③の損害を受けたときは、その損害を賠償する責任を負わない。

①	管理業者が、善管注意義務をもって管理事務を行ったにもかかわらず生じた管理対象部分の異常・故障による損害
②	管理業者が書面をもって注意喚起したにもかかわらず、管理組合が承認しなかった事項に起因する損害
③	管理業者の責めに帰すことができない事由による損害

3 契約の解除 (20条)

(1) 管理組合・管理業者は、相手方が義務の履行を怠り、相当の期間を定めてその履行を催告しても相手方が履行をしない場合は、契約の解除ができ、損害賠償を請求することもできる。

(2) 管理組合・管理業者は、次の場合、直ちに契約を解除できる。

①	管理業者が銀行取引を停止されたとき、破産・会社更生・民事再生の手続開始の申立て・私的整理の開始があったとき
②	管理業者が合併・破産以外の事由により解散したとき
③	マンション管理業の登録の取消処分を受けたとき
④	反社会的勢力に該当しない旨の確約に反する事実が判明したとき

4 解約申入れ (21条)

管理組合・管理業者は、少なくとも3ヵ月前に書面で解約の申入れを行うことにより、相互に契約を終了させることができる。

⚠ 相手方が義務の履行を怠っていない（債務不履行がない）場合でも、解約の申入れは可能である。

5 契約の更新等 (23条)

(1) 管理組合・管理業者は、契約を更新しようとする場合、契約の有効期間満了日の3ヵ月前までに、相手方に対し、書面で申し出る。

(2) 更新の申出があったが、有効期間満了日までに更新の協議が調う見込みがないとき、現契約と同一条件で、期間を定めて暫定契約を締結できる。

⚠ 暫定契約を締結する際にも、適正化法上の「同一の条件で契約を更新しようとする場合」の重要事項説明等の手続は必要である。

6

標準管理委託契約書

231

6 ITの活用 （25条）

(1) 管理組合または管理業者は、あらかじめ、相手方に対し、その用いる電磁的方法の種類および内容を示した上で、その承諾を得た場合は、標準管理委託契約に規定する書面およびその事務処理上必要となる書面を電磁的方法により提供することができる。

(2) 管理業者は、管理組合の承諾を得た場合は、管理事務報告その他の報告をWEB会議システム等により行うことができる。

7 反社会的勢力の排除 （27条）

管理業者は、管理組合に対し、**次の事項を確約**する。

①	暴力団・暴力団関係企業・総会屋等または**その構成員（反社会的勢力）ではないこと**
②	役員（取締役等）が反社会的勢力ではないこと
③	反社会的勢力に自己の名義を利用させ、契約するものではないこと
④	自ら、または第三者を利用して、**次の行為をしないこと** ●脅迫的な言動・暴力を用いる行為 ●偽計・威力を用いて業務を妨害し、または信用を棄損する行為

POINT 1 マンション標準管理委託契約書❶

❶
□□
マンション管理計画認定制度及び民間団体が行う評価制度等に係る業務並びに警備業法に定める警備業務及び消防法に定める防火管理者が行う業務は、管理事務に含まれる。 予想問題

❷
□□
管理業者は、事務管理業務、管理員業務、清掃業務、建物・設備管理業務の管理事務の全部を第三者に再委託することができる。 管過 H25

POINT 2 マンション標準管理委託契約書❷

❸
□□
管理業者は、管理組合の管理規約等の定め、若しくは総会決議、組合員名簿若しくは組合員異動届、又は専用使用契約書に基づき、毎月、組合員別管理費等負担額一覧表を管理組合に提出しなければならない。 管過 H27

❹
□□
管理業者が、現金収納を行う場合には、管理業者が現金で受領する使用料等の種類を定め、それ以外は、現金で受領することはできないとする必要がある。

POINT 3 マンション標準管理委託契約書❸

❺
□□
管理業者は、管理対象部分に係る各種の点検、検査等の結果を管理組合に報告するとともに、改善等の必要がある事項については、具体的な方策を当該管理組合に助言する。 管過 R4

❻
□□
管理業者は、管理組合に代わって、管理組合が行うべき共用部分に係る損害保険契約、マンション内の駐車場等の使用契約、マンション管理士等の専門的知識を有する者との契約等に係る事務を行うものとする。 予想問題

POINT 4 マンション標準管理委託契約書❹

❼
□□
管理業者が管理事務を実施するのに伴い必要となる水道光熱費、通信費、消耗品費等の諸費用は、管理業者が負担する。 予想問題

❽
□□
管理事務室等の使用に係る水道光熱費、通信費、備品、消耗品費等諸費用の負担については、管理組合及び管理業者が協議して負担区分を規定する。 予想問題

6

「予想問題」&「重要過去問」⑫

マンション標準管理委託契約書❺

❾ 管理業者が、毎月末日までに、管理組合に対し、前月における管理組合
☐☐ の会計の収支状況に関する書面を交付し、管理業務主任者以外の者によ
って報告を行わせていることは、適切である。 管過 H25

❿ 管理業者は、専有部分の占有者が建物の保存に有害な行為を行った場
☐☐ 合、当該占有者ではなく、当該専有部分の区分所有者に対して、その中
止を求めなければならない。 予想問題

マンション標準管理委託契約書❻

⓫ 管理業者は、管理事務を行うため必要があるときは、組合員の専有部分
☐☐ 又は専用使用部分へ立ち入ることができる。 予想問題

⓬ 宅地建物取引業者から、その行う業務の用に供する目的でマンションに
☐☐ 関する情報の提供を要求された場合、管理業者は、マンション（専有部
分を含む。）の修繕の実施状況については、書面をもって開示すること
ができる。 予想問題

マンション標準管理委託契約書❼

⓭ 管理組合及び管理業者は、その相手方が、契約に定められた義務の履行
☐☐ を怠った場合は、相当の期間を定めてその履行を催告し、相手方が当該
期間内に、その義務を履行しないときは、契約を解除することができ
る。 管過 H20

⓮ 管理組合又は管理業者は、管理委託契約を更新しようとする場合、その
☐☐ 有効期間が満了する日の3ヵ月前までに、その相手方に対し、書面をも
って、その旨を申し出なければならない。 予想問題

答 **POINT 1** ❶✕：含まれない。❷✕：事務管理業務の再委託は、一部のみしか
できない。 **POINT 2** ❸✕：毎月提出する必要はない。❹○ **POINT 3** ❺○ ❻○
POINT 4 ❼✕：「管理組合」が負担する。❽○ **POINT 5** ❾○ ❿✕：直接「占
有者」に対して中止を求めることができる。 **POINT 6** ⓫✕：立入りを「請求」できる
のみ。⓬✕：「専有部分を除く」。 **POINT 7** ⓭○ ⓮○

第7章

. . . .

建築関連法令

POINT 1 都市計画法❶

●**市街化区域**➡既に市街地を形成している区域・10年以内に
市街化を図るべき区域

重要度 マ A
管 C

1 都市計画区域・準都市計画区域の指定

都市計画とは、具体的な街作りの計画であり、**都市計画区域**と**準都市計画区域**で行われる。それぞれの**指定権者**は、次のとおりである。

都市計画区域	原則	都道府県
	例外	2以上の都府県にわたる場合➡**国土交通大臣**
準都市計画区域	**都道府県**	

2 区域区分（市街化区域と市街化調整区域）

都市計画区域には、無秩序な市街化を防止し、計画的な市街化を図るため、都市計画で**必要があるとき**は、**区域区分**を定めることが<u>できる</u>。

⚠「定めなければならない」のではない。

市街化区域	① **既に市街地を形成している区域**
	② **おおむね 10 年以内に優先的・計画的に市街化を図るべき区域**
市街化調整区域	**市街化を**抑制**すべき区域**
非線引都市計画区域	**区域区分**が定められていない都市計画区域

3 地域地区（用途地域）

(1) 用途地域

用途地域は、土地を建物の「用途」で**住居系・商業系・工業系**に分けている。

区域区分と**用途地域**は、次のような関係にある。

市街化区域	**少なくとも**（＝必ず）**用途地域を定める**
市街化調整区域	**原則として用途地域を**<u>定めない</u>
非線引都市計画区域	用途地域を定めることができる

	用途地域	目 的
住居系	第一種低層住居専用地域	低層住宅の良好な住居の環境の保護
	第二種低層住居専用地域	主として低層住宅の良好な住居の環境の保護
	田園住居地域	**農業の利便**の増進を図りつつ、これと調和した低層住居の良好な住居の環境の保護
	第一種中高層住居専用地域	**中高層住宅**の良好な住居の環境の保護
	第二種中高層住居専用地域	主として**中高層住宅**の良好な住居の環境の保護
	第一種住居地域	住居の環境を保護
	第二種住居地域	主として住居の環境を保護
	準住居地域	道路の沿道としての地域の特性にふさわしい業務の利便の増進を図りつつ、これと調和した住居の環境の保護
商業系	近隣商業地域	近隣の住宅地の住民に対する日用品の供給を行うことを主たる内容とする商業その他の業務の利便の増進
	商業地域	主として商業その他の業務の利便の増進
工業系	準工業地域	主として環境の悪化をもたらすおそれのない工業の利便の増進
	工業地域	主として工業の利便の増進
	工業専用地域	工業の利便の増進

(2) **用途地域において都市計画で定める内容**

用途地域には、その種類に応じて、次の事項を都市計画に定める。

容積率	**すべての用途地域**において、必ず定める
建蔽率	**商業地域以外の用途地域**において、必ず定める
高 さ	建築物の高さの限度（**10** mまたは **12** m）を、**第一種・第二種低層住居専用地域**・田園住居地域において、必ず定める ⚠ 中高層住居専用地域では、定めない
外 壁	必要に応じて、外壁の後退距離（**1.5** mまたは **1** m）を、**第一種・第二種低層住居専用地域**・田園住居地域において**定める** ⚠ 中高層住居専用地域では、定めない

知識をチェック ✏ 今年狙われる!! 「予想問題」&「重要過去問」 ➡ P.246

7

建築関連法令

●特別用途地区・高度地区・高度利用地区は、用途地域内に定める
●中高層住居専用地域➡高層住居誘導地区を定めることは不可

重要度	マ A
	管 C

1 地域地区（補助的地域地区）

用途地域を補完する役割の「**補助的な地域地区**」には、主に次のものがある。

特別用途地区	**用途地域**内の一定の地区における当該地区の特性にふさわしい土地利用の増進・環境の保護等の特別の目的の実現を図るため、**用途地域の指定を補完**して定める地区
特定用途制限地域	**用途地域**が定められていない土地の区域（市街化調整区域を除く）内に、その良好な環境の形成・保持のため当該地域の特性に応じて合理的な土地利用が行われるよう、**制限すべき特定の建築物等の用途の概要**を定める地域
特例容積率適用地区	① 建築物の**高さ**の最高限度を定める地区 ② 第一種・第二種中高層住居専用地域、第一種・第二種・準住居地域、近隣商業・商業地域、準工業・工業地域内の適正な配置・規模の公共施設を備えた土地の区域で、建築物の容積率の限度からみて**未利用**となっている建築物の容積の活用を促進して土地の高度利用を図るため定める地区
高度地区	① 建築物の**高さ**の最高限度または最低限度を定める地区 ② 市街地の環境を維持し、土地利用の増進を図るため定める地区（⚠用途地域内でのみ）
高度利用地区	① 建築物の**容積率の最高限度・最低限度**、建築物の**建蔽率の最高限度**、建築物の**建築面積の最低限度**、（必要な場合は）壁面の位置の制限を定める地区（⚠用途地域内でのみ） ② 市街地における土地の合理的かつ健全な高度利用と都市機能の更新を図るため定める地区
特定街区	① その街区内の建築物の**容積率・建築物の高さの最高限度**、**壁面の位置の制限**を定める街区 ② 市街地の整備改善を図るため、街区の整備・造成が行われる地区
防火地域・準防火地域	市街地における**火災の危険**を**防除**するために定める地域

高層住居誘導地区	①	第一種・第二種・準住居地域、近隣商業地域、準工業地域で、建築物の容積率が 40/10 または 50/10 と定められたもののうちで、建築物の**容積率の最高限度、建蔽率の最高限度、敷地面積の最低限度**を定める地区
	②	住居と住居以外の用途とを適正に配分し、<u>利便性の高い高層住宅</u>の**建設を誘導**するため定める地区

2 準都市計画区域と地域地区の関係

準都市計画区域に定めることができる地域地区は、次のとおりである。

①**用途地域** ②<u>特別用途</u>**地区** ③**特定用途制限地域** ④<u>高度</u>**地区**
⑤**景観地区** ⑥**風致地区** ⑦**緑地保全地域** ⑧**伝統的建造物群保存地区**
⚠ 高度利用地区、防火・準防火地域を定めることはできない。

3 地区計画

地区計画とは、建築物の建築形態・公共施設の配置等から、その**区域の特性にふさわしい良好な環境の街区を整備**等するための計画である。

定めることができる区域	用途地域が定められている土地の区域内	**すべての土地の区域**内で定めることができる
	用途地域が定められていない土地の区域内	**一定の要件を満たす区域**内で定めることができる
定める内容	①	地区計画等の種類・名称・位置・区域・区域の面積
	②	地区計画の目標
	③	区域の整備・開発・保全に関する方針（努力義務）
	④	地区施設（道路・公園等）
	⑤	地区整備計画（建物等の整備・土地利用に関する計画）
区域内の規制	地区整備計画が定められた区域内で、**土地の形質の変更・建築物の建築等**を行う者は、その行為に**着手する日の** <u>30</u> **日前までに**、一定事項を**市町村長に届け出**なければならない	

7
建築関連法令

コは 出る！
- 間仕切壁・最下階の床・屋外階段は、**主要構造部ではない**
- **不燃材料**の不燃性能の持続時間は、**20分間**

重要度	マ	C
	管	B

1 用語の定義

建築物	**土地に定着する工作物**のうち、①**屋根**、②**柱**または**壁**を有する**もの　等** ⚠「建築設備」は、すべて「建築物」に含まれる
特殊建築物	学校・病院・劇場・集会場・**共同住宅**等の用途に供する建築物 ⚠各条文の目的により、適用される特殊建築物の範囲は異なる
建築設備	**建築物**に設ける電気・ガス・給水・排水・換気・暖房・冷房・消火・汚物処理の設備、昇降機（エレベーター等）、避雷針等
建　築	建築物の**新築**・**増築**・**改築**・**移転**
大規模の修繕	建築物の**主要構造部**の**1種以上**について行う**過半の修繕** ⚠同じ材料・形状・寸法で行われる 例 柱30本のうち16本以上を取り替える工事等
大規模の模様替え	建築物の**主要構造部**の**1種以上**について行う**過半の模様替え** ⚠材料・形状・寸法等が既存と異なるものへの変更 例 日本瓦葺屋根を亜鉛鉄板葺屋根に変更する工事等
居　室	居住・執務・集会に類する目的のために**継続的に使用する**室
主要構造部	**壁・柱・床・梁・屋根・階段**（建築物の構造上重要でない**間仕切壁**・間柱・付け柱・揚げ床・**最下階の床**・**屋外階段**等を除く） ⚠「構造耐力上主要な部分」とは**異なる**
構造耐力上主要な部分	基礎・基礎ぐい・**壁**・**柱**・小屋組・土台・**斜材**（筋かい、方づえ、火打材等）・床版・屋根版・**横架材**（梁・けた等）で、建築物の自重・積載荷重・積雪荷重・風圧・土圧・水圧・地震等の震動・衝撃を支えるもの
地　階	床が地盤面下にある階で、**床面から地盤面までの高さ**がその階の天井の高さの1/3以上のもの
耐水材料	**れんが**・**石**・**人造石**・**コンクリート**・アスファルト等これらに類する耐水性の建築材料

地盤面

天井　　高さ

床面　　高さの1/3以上

耐火構造	**耐火性能**（通常の火災が終了する間、建築物の**倒壊・延焼を防止**するために当該建築物の部分に必要な性能）を有する構造
準耐火構造	**準耐火性能**（通常の火災による**延焼**を抑制するために当該建築物の部分に必要な性能）を有する構造
防火構造	**防火性能**（建築物の周囲において発生する通常の火災による**延焼を抑制**するために**外壁・軒裏**に必要な性能）を有する構造
不燃材料	不燃性能（①通常の火災時における火熱により**燃焼しない**、②防火上有害な**変形・溶融・亀裂**等の損傷を生じない、③避難上有害な**煙・ガス**を発生しないために必要な性能）の**持続時間が 20 分**間のもので、国土交通大臣の定めまたは認定を受けた建築材料
準不燃材料	不燃性能が **10 分間**持続する建築材料
難燃材料	不燃性能が **5分間**持続する建築材料 ⚠難燃材料は準不燃材料を含み、準不燃材料は不燃材料を含む
耐火建築物	主要構造部が、**耐火構造等**であり、延焼のおそれのある**外壁の開口部**に一定の**遮炎**性能（通常の火災時における**火炎を有効に遮るために防火設備に必要な性能**）をもつ**防火設備**（鉄製プレスドア・網入りガラス等）を設けたもの
準耐火建築物	主要構造部が、**準耐火構造等**であり、延焼のおそれのある**外壁の開口部**に一定の遮炎性能をもつ**防火設備**を設けたもの
設計図書	建築物、その敷地または一定の工作物に関する**工事用の図書**（**現寸図**その他これに類するものを**除く**）および仕様書
敷 地	1または**用途上不可分**の関係の**2以上の建築物**のある一団の土地
延焼のおそれのある部分	①隣地境界線、②道路中心線、③同一敷地内の2以上の建築物相互の**外壁間の中心線**から、1階は **3 m以下**、2階以上では **5 m以下**の距離にある建築物の部分 ⚠以下の部分は除かれる ① 防火上有効な公園、広場、川等、耐火構造の壁等に面する部分 ② 建築物の外壁面と隣地境界線との角度に応じて、通常の火災時における火熱により燃焼するおそれのない部分

7

建築関連法令

POINT 4　建築基準法❷（面積・高さ等・建築確認）

コは出る！
- **床面積**➡壁その他の区画の**中心線**で囲まれた部分の水平投影面積
- **200㎡超のマンションの用途変更**には、**建築確認**が必要

重要度	マ B
	管 A

1　建築物の面積・高さ等

<table>
<tr>
<td rowspan="1">敷地面積</td>
<td colspan="2">
敷地の水平投影面積のこと
⚠ 特定行政庁が指定する幅員
　4m未満の道路の中心線
　から水平距離で<u>2m</u>後退した
　線までの部分は、算入しない

【敷地面積に算入されない部分】
敷地面積に算入されない部分
道路　敷地
2m 2m
道路の中心線
道路と敷地の境界線
</td>
</tr>
<tr>
<td>建築面積</td>
<td colspan="2">
建築物の外壁または柱の中心線で囲まれた部分の水平投影面積のこと
⚠ 外壁等から1m以上突き出た軒・ひさし・バルコニー等が
ある場合、その先端から<u>1</u>mを引いた残りの部分は算入する
</td>
</tr>
<tr>
<td>床面積</td>
<td colspan="2">壁その他の区画の中心線で囲まれた部分の水平投影面積（<u>壁心計算</u>）</td>
</tr>
<tr>
<td>延べ面積</td>
<td colspan="2">建築物の各階の床面積の合計</td>
</tr>
<tr>
<td rowspan="4">建築物の高さ</td>
<td>原則</td>
<td>建築物の高さの算定は、地盤面からの高さによる</td>
</tr>
<tr>
<td rowspan="3">例外</td>
<td>
① 棟飾り・防火壁の屋上突出部等の屋上突出物は、
建築物の高さに算入しない
</td>
</tr>
<tr>
<td>
② 建築物の屋上に設ける階段室・昇降機塔等で、その
水平投影面積の合計が建築物の建築面積の <u>1/8</u> 以内
で高さが <u>12</u> m以下の部分は、建築物の高さに算入
しない
【建築物の高さ】
階段室 3m
5㎡
21m 18m
➡ この建築物の高さは「18m」
80㎡
</td>
</tr>
<tr>
<td>
⚠ 避雷設備の設置基準である「高さ20m超」の判断の際には、
階段室等の面積・高さに関係なく、階段室等の高さを
建築物の高さに算入<u>する</u>
</td>
</tr>
</table>

建築物の階数	①	**昇降機塔・装飾塔・物見塔等**の屋上部分または**地階の倉庫・機械室等**の建築物の部分で、水平投影面積の合計が建築面積の **1/8 以下**のものは、建築物の**階数に算入しない**
	②	建築物の階数の算定において ●建築物の一部が**吹抜け**となっている場合 ●建築物の敷地が斜面・段地である場合等、**建築物の部分によって階数を異にする**場合 ➡これらの階数のうち**最大なもの**を、**当該建築物の階数**とする

2 建築確認

(1) 建築主は、原則として建築等の**工事着手前**に、その計画が建築基準関係規定に適合することについて、**建築主事または指定確認検査機関の確認**を受け、**確認済証の交付**を受けなければならない。

○：建築確認が必要

建築物の種類・規模	新 築	増築・改築・移転	大規模の修繕・模様替え	用途変更
床面積の合計が **200㎡超**の**特殊建築物**（マンション等）	○	○*1	○	○*2

*1：「増築・改築・移転」で規模が 10㎡以内のもの

原 則	建築確認が**不要**
例 外	「**防火・準防火地域**」**内**➡**10㎡以内**でも建築確認が**必要**

*2：用途の変更で「200㎡超の特殊建築物」となる場合には、建築確認が必要となる。

例 ●マンションの1階(75㎡)を **75㎡の保育所**(特殊建築物)に変更
　➡**不要**

　　●マンションの一部(250㎡)を **250㎡のカフェー**(特殊建築物)に変更
　　➡**必要**

⚠ 事務所は特殊建築物に該当しない。

(2) 建築確認をする場合、原則として建築主事等は、工事施工地・その所在地を管轄する**消防長**または**消防署長**の同意を得なければならない。

知識をチェック 今年狙われる!! 「予想問題」&「重要過去問」 ➡ P.246

7

建築関連法令

POINT 5 建築基準法❸ （定期調査・定期検査）

● 一級建築士・二級建築士は、調査・検査のすべてを行える

重要度	マ	A
	管	B

1 維持保全

(1) 建築物の**所有者・管理者・<u>占有者</u>**は、建築物の敷地・構造・建築設備を**常時適法な状態に維持**するように努めなければならない（努力義務）。

(2) 特定建築物（200㎡超の共同住宅等）の**所有者・管理者**は、必要に応じ、建物の維持・保全に関する**準則または計画を作成**しなければならず、<u>国土交通大臣</u>はその作成に関し、**必要な指針を定める**ことができる。

2 定期調査・定期検査

特定建築物・防火設備・建築設備・昇降機等の所有者・管理者は、次のように定期に、専門技術者に**調査・検査**をさせ、その結果を**特定行政庁に報告**しなければならない。

	特定建築物の定期調査	防火設備の定期検査	建築設備の定期検査	昇降機等の定期検査
対象等	① 特殊建築物で安全上、防火上または衛生上特に重要であるものとして政令で定めるもの ② ①以外の**特定建築物で特定行政庁が指定する**もの ●建築物の敷地・構造・建築設備の調査 ●目視・打診、設計図書の確認等が中心	**防火戸・防火シャッター**等 （各階の主要な常閉防火設備の閉鎖・作動を確認）	① **換気設備** ② **排煙設備** ③ **非常用照明設備** ④ **給排水設備**等 （換気設備や排煙設備の風量測定、非常用の照明装置の照度測定を実施する）	昇降機設備（**エレベーター**等） （ロープ式・油圧式等それぞれに検査結果表の様式が定められている）
報告者	**所有者**（所有者と管理者が異なる場合は<u>管理者</u>）			

	特定建築物の定期調査	防火設備の定期検査	建築設備の定期検査	昇降機等の定期検査
実施者	一級建築士・二級建築士			
	建築物調査員	防火設備検査員	建築設備検査員	昇降機等検査員
報告時期	おおむね6ヵ月～3年までの間隔で特定行政庁が定める時期	おおむね6ヵ月～1年までの間隔で特定行政庁が定める時期		
報告先	特定行政庁			
項目等	具体的な調査・検査の項目、項目ごとの検査の方法、結果の判定基準は、告示で定められている			

3 違反建築物等に対する措置

(1) **特定行政庁**は、違反建築物等の建築主等に対し、「工事の施工の停止」を命じ、または相当の猶予期限を設けて、「建築物の除却・移転・改築・増築・修繕・模様替・使用禁止・使用制限その他違反の是正に必要な措置をとること」を命ずることができる。

(2) (1)の場合で、是正措置を命じられた者が**措置を履行しない場合**は、行政代執行法の定めに従い、特定行政庁自身がその措置を履行することができ、その費用を**義務者から徴収**できる。

(3) (1)の場合、特定行政庁は、あらかじめ、通知書を交付し、**意見書・自己に有利な証拠を提出する機会**を与えなければならない。通知書の交付を受けた者は、その日から**3日以内**に、意見書の提出に代えて**公開による意見聴取**を行うことを請求できる。

(4) 特定行政庁は、**公開による意見聴取**を行う場合、「命じようとする措置・期日・場所」を、期日の**2日前までに通知・公告**しなければならない。

(5) 特定行政庁は、**緊急の必要がある場合**は、(3)(4)によらず、**仮に、「使用禁止・使用制限」の命令**ができる。この命令を受けた者は、その日から**3日以内**に、公開による意見聴取を行うことを請求できる。

⚠意見聴取は、請求があった日から5日以内に行う必要がある。

(6) 特定行政庁は、**違反が明らかな建築・修繕・模様替の工事中の建築物**に対して、**緊急の必要**があって(3)(4)の手続によることができない場合に限り、建築主等に対して「**工事の施工の停止**」を命ずることができる。

POINT 1　都市計画法❶

❶ 都市計画区域については、無秩序な市街化を防止し、計画的な市街化を
□□ 図るため、都市計画に必ず市街化区域と市街化調整区域との区分を定め
なければならない。予想問題

❷ 市街化区域については、少なくとも用途地域を定めるものとされ、市街
□□ 化調整区域については、原則として用途地域を定めないものとされてい
る。マ過 H22

POINT 2　都市計画法❷

❸ 高度地区は、市街地の環境を維持し、土地利用の増進を図るため定める
□□ 地区であり、用途地域の内外を問わず定めることができる。予想問題

❹ 高層住居誘導地区は、住居と住居以外の用途とを適正に配分し、利便性
□□ の高い高層住宅の建設を誘導するため、建築物の容積率の最高限度、建
築物の建ぺい率の最高限度及び建築物の敷地面積の最低限度を定める地
区である。予想問題

POINT 3　建築基準法❶（用語の定義）

❺ 居室とは、居住、執務、作業、集会、娯楽その他これらに類する目的の
□□ ために継続的に使用する室をいう。管過 H13

❻ 延焼のおそれのある部分とは、原則として隣地境界線、道路中心線又は
□□ 同一敷地内の2以上の建築物相互の外壁間の中心線から、1階にあって
は5m以下、2階以上にあっては7m以下の距離にある建築物の部分を
いう。予想問題

❼ 耐火性能とは、通常の火災が終了するまでの間当該火災による建築物の
□□ 倒壊及び延焼を防止するために当該建築物の部分に必要とされる性能を
いう。管過 H19

POINT 4　建築基準法❷（面積・高さ等・建築確認）

❽ 階段室、昇降機塔、装飾塔、物見塔、屋窓その他これらに類する建築物
□□ の屋上部分の水平投影面積の合計が、当該建築物の建築面積の1/8以
内の場合、その部分の高さは建築物の高さに算入されないことがある。
予想問題

⑨ 建築物の階数の算定において、建築物の一部が吹抜きとなっており、建
□□ 築物の部分によって階数が異なっていたため、これらの階数のうち最小
なものを当該建築物の階数とした。 管過 H16

⑩ 各階の床面積がそれぞれ250㎡の5階建ての共同住宅の1階部分の用
□□ 途をカフェーに変更しようとするときは、建築主事又は指定確認検査機
関による確認を受けなければならない。 マ過 H22

POINT 5 **建築基準法❸（定期調査・定期検査）**

⑪ 所有者と管理者が異なる場合においては、建築基準法第12条に基づく
□□ 定期調査、定期検査の結果を特定行政庁に報告する義務があるのは所有
者である。 管過 H18

⑫ 建築基準法第12条第2項の特定行政庁が指定する昇降機の定期検査の
□□ 報告の時期は、原則として、おおむね6月から1年までの間隔をおいて
特定行政庁が定めるものとされている。 予想問題

7

「予想問題」&「重要過去問」 ⑬

答 POINT 1 **❶✕**：必要があれば定めることが「できる」。「定めなければならない」
のではない。**❷○** POINT 2 **❸✕**：用途地域「内」においてのみ定めることができ
る。**❹○** POINT 3 **❺○ ❻✕**：1階では「3m」以下、2階以上では「5m」以
下。**❼○** POINT 4 **❽○ ❾✕**：「最大なもの」を階数とする。**❿○** POINT 5 **⑪**
✕：「管理者」である。**⑫○**

建築基準法❹ （単体規定-1）

● 共同住宅の居室➡床面積の1/20以上の換気のための**開口部**が必要

● マンションの**界壁**➡準耐火構造の**小屋裏・天井裏**に達するもの

重要度 マ B

管 B

【単体規定】建築物が単体として備えていなければならない技術的な最低基準を定めた規定で、全国一律に、**個別の建築物単位で適用**される。

1 固定荷重・積載荷重

固定荷重	建築物に作用する固定荷重のうち、屋根、床、壁等の建築物の部分については、部分別に定められた数値により計算することができる
積載荷重	建築物に作用する積載荷重は、人、家具、調度物品等、移動が比較的簡単にできるものの重量をいい、住宅の居室、事務室、自動車車庫等、室の種類別に定められた数値により計算することができる

2 居室・界壁に関する規定

採光・換気	①	**共同住宅の居住のための居室**には、床面積に対して <u>1/7</u> 以上の**採光のための窓等の開口部**を設けなければならない
		⚠ 照明設備の設置等有効な採光方法の確保措置が講じられている場合は、1/7 ～ 1/10 までの範囲で国土交通大臣が別に定める割合となる
		● 開口部の面積は、**有効採光面積**（居室の各開口部の面積に、**採光補正係数を乗じた面積の合計**）である
		● 算定に際し、ふすま・障子等随時開放できるもので仕切られた2室は**1室とみなして計算**できる
	②	**共同住宅の居室**には、床面積に対して <u>1/20</u> 以上の**換気のための窓等の開口部**を設けなければならない
		⚠ 政令で定める技術的基準に従って**換気設備を設けた場合**は、除外される
天井の高さ		居室の天井の高さは、<u>2.1</u> m以上でなければならない ➡室の床面から測り、1室で天井の高さの異なる部分がある場合は、その**平均**による

地階の居室	地階に設ける居室には、次の①～③のいずれかが必要である	
	① からぼり（ドライエリア）等の空地に面する開口部	
	② 一定の換気設備　　③ 居室内の湿度を調節する設備	

共同住宅等の各戸の界壁	① 準耐火構造とし、**小屋裏または天井裏に達する**等、その構造を、一定の遮音性能を有するものとしなければならない	
	② 以下の要件を満たす場合、界壁についての規制が緩和される。	
	要件	**緩和される内容**
	① 床面積200㎡以内ごとに防火区画 ② スプリンクラーを住戸内に設置 ③ 界壁と天井は遮音性能を確保	① 界壁に防火性能が不要となる ② 界壁を小屋裏・天井裏まで到達させなくてもよい
	防火性能を強化した天井と遮音性能を確保した天井を設ける	界壁を小屋裏・天井裏まで到達させなくてよい

7

建築関連法令

3 排煙設備

建築基準法では、以下の建築物等に排煙設備の設置義務がある。
⚠ 消防法では、共同住宅に排煙設備の設置義務はない。

設置義務のある建築物等	① 共同住宅で延べ面積が 500㎡を超えるもの ② 階数が3以上で、延べ面積が 500㎡を超えるもの ③ 排煙上有効な開口部面積の合計が、床面積の 1/50 以下である居室（排煙無窓の居室） ④ 延べ面積が 1,000㎡を超える建築物の床面積が 200㎡を超える居室		
	対象となる箇所	区画面積	免除の条件
設置が免除される部分	共同住宅	100㎡以内	準耐火構造の床・壁・防火設備で区画
	共同住宅の住戸	200㎡以内	準耐火構造の床・壁・防火設備で区画
	階段 昇降機の昇降路 （ロビー含む）		防煙垂れ壁で区画

知識をチェック　　✎ 今年狙われる!! 「予想問題」＆「重要過去問」 ⇒ P.263

建築基準法❺（単体規定-2）

1 避雷設備・非常用昇降機

避雷設備	高さ <u>20</u> m超の建築物には、有効に**避雷設備**を設置しなければならない ⚠周囲の状況によって安全上支障がない場合、**設置不要**
非常用昇降機	高さ <u>31</u> m超の建築物には、次のような構造の**非常用昇降機**を設けなければならない。 ① **乗降ロビーの床面積**➡1基について <u>10</u>㎡以上 ② **かごの定格速度**➡ <u>60</u> m /min 以上 ③ **かごを呼び戻す装置**を設け、装置の作動は、避難階またはその直上階・直下階の乗降ロビー・中央管理室で行うこと

非常用昇降機 — 例外（設置不要）

①	高さ <u>31</u> m超の部分を階段室・昇降機等の建築設備の機械室・装飾塔・物見塔・屋窓等の用途に供する建築物
②	高さ <u>31</u> m超の部分の各階の床面積の合計が <u>500</u>㎡以下の建築物
③	高さ <u>31</u> m超の部分の階数が <u>4</u> 以下の、主要構造部を耐火構造とした建築物で、**床面積の合計 <u>100</u>㎡以内ごとに耐火構造の床・壁・特定防火設備で防火区画されたもの**

2 石綿その他の物質の飛散・発散に対する衛生上の措置等

石綿等の規制	① 建築材料に**石綿（アスベスト）**等著しく衛生上有害なものとして政令で定める物質の**添加禁止** ② **石綿等をあらかじめ添加した建築材料の使用禁止** ●吹付け石綿をあらかじめ添加した建築材料は使用禁止 ●吹付けロックウールで、その含有する石綿の重量が建築材料の重量の <u>0.1</u>%超のものは使用禁止

クロルピリホスの規制	①	建築材料に**クロルピリホス**（シロアリ駆除剤等に含まれる化学物質）を**添加することは禁止**
	②	**クロルピリホス**をあらかじめ添加した**建築材料は使用禁止**
	例外	**5年以上使用された建材**で、国土交通大臣が認めたものは使用可

ホルムアルデヒドの規制	居室内の**ホルムアルデヒド**（接着剤・塗料に含まれる化学物質）の濃度を一定の基準値以下にするため、次のような対策が必要である		
	①	**内装仕上材としての使用制限**（「 」内は JIS での等級）	
		第一種発散建築建材 （0.12mg/㎡h 超）	使用禁止
		第二種発散建築建材……「F ☆☆」 （0.02mg/㎡h 超 0.12mg/㎡h 以下）	**使用面積が制限される**
		第三種発散建築建材……「F ☆☆☆」 （0.005mg/㎡h 超 0.02mg/㎡h 以下）	
		規制対象外……「F ☆☆☆☆」 （0.005mg/㎡h 以下）	面積制限なく使用可
		⚠ 「第一種＞第二種＞第三種」の順に発散量が多い	
	②	**換気設備設置の義務付け** すべての居室に**換気回数 0.5 回 /h 以上**の機械換気設備の設置が必要	
	③	**天井裏等の制限** 天井裏等から居室にホルムアルデヒドが流入することを抑制するため、次の規制がある ●天井裏等は、下地材をホルムアルデヒドの**発散の少ない建材**とする ●気密層または通気止めを設けて、**天井裏等と居室とを区画する** ●**機械換気設備**を設置し、天井裏も換気できる構造とする	

7
建築関連法令

コは 出る!
● 屋内階段は**避難階**まで、屋外階段は**地上**まで、それぞれ**直通**としなければならない
● **非常用の照明装置**➡**共同住宅の住戸**には設置不要

重要度 マ A
管 A

1 階段

(1) 階段の幅・寸法

階段の所在	階段・踊り場の幅[*1]	けあげの寸法	踏面の寸法[*2]
① 直上階の居室の床面積の合計が 200㎡超の地上階	120cm 以上	20cm 以下	24cm 以上
② 居室の床面積の合計が 100㎡超の地階または地下工作物内のもの			
③ ①②以外	75cm 以上	22cm 以下	21cm 以上

[*1]：「階段・踊り場の幅」は、高さが 50cm 以下で幅が 10cm 以下の手すりを設けた場合、「手すりがないもの」として算定する

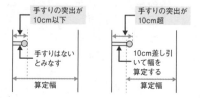

[*2]：回り階段の「踏面の寸法」は、狭い方の端から 30cm の位置で測定する

(2) 手すり・側壁・傾斜路の勾配

高さ1m超の階段	**手すり**を設置しなければならない
高さ1m超の階段・踊り場の両側（手すりが設けられた側を除く）	**側壁等**を設置しなければならない
階段に代わる傾斜路の勾配	1/8 を超えてはならない

2 避難施設に関する規定

(1) 廊下の幅

廊下の幅	両側に居室のある廊下（両廊下）	1.6 m以上
	片側に居室のある廊下（片廊下）	1.2 m以上

(2) 直通階段までの歩行距離

避難階以外の階の居室の各部分から避難階または地上に通じる直通階段までに至る歩行距離（住戸内の歩行距離含む）は以下の数値以下としなければならない。

	準耐火構造または不燃材料		その他
	内装不燃化する	内装不燃化しない	
共同住宅	60 m以下（50 m以下）	50 m以下（40 m以下）	30 m以下

※（　）内は15階以上の居室の場合

(3) 2以上の直通階段の設置義務

以下の共同住宅の階には、2以上の直通階段の設置が必要となる。

5階以下で居室のある階	100㎡超（準耐火構造・不燃材料では200㎡超）
6階以上の階	原則として、居室のある階すべて

(4) 非常用の照明装置・敷地内の通路

非常用の照明装置 ⚠共同住宅の住戸には設置不要	①	直接照明とし、床面において1ルクス（LEDランプは2ルクス）以上の照度を確保する
	②	予備電源（常用電源が断たれた場合に自動的に切り替えて接続され、復旧した場合には、自動的に切り替えて復帰する）を設ける
	③	水平面の照度測定は、十分に補正された低照度測定用照度計を用いた物理的方法によって行わなければならない
敷地内の通路		敷地内には、屋外に設ける避難階段および屋外への出口から道路・公園等の空地に通じる、幅員が1.5 m（階数が3以下で延べ面積が200㎡未満の建築物の敷地内は90cm）以上の通路を設ける

7

建築関連法令

建築基準法❼（集団規定）

- エレベーターの昇降路の部分の床面積は、**延べ面積に算入不要**
- 防火地域で「3階建以上」または「延べ面積が100㎡超」
  ➡ **耐火建築物**

【集団規定】原則として、**都市計画区域・準都市計画区域内で敷地単位で適用**され、都市や市街地における建築をコントロールして、良好な環境の促進を図っている。

1 建築基準法上の道路

原　則	幅員**4**m以上の道路
例　外	集団規定適用の際に、現に建築物が立ち並んでいる幅員**4**m未満の道で、**特定行政庁が指定**したものは、**道路とみなされる**（「**2項道路**」という） ➡ **2項道路**は、その中心線からの水平距離で**2**m後退した線が、道路と敷地の**境界線**とみなされる
接道義務	建築物の敷地は、原則として、**建築基準法上の道路に2m以上接していなければならない**

2 低層住居専用地域・田園住居地域内の制限

　第一種・第二種低層住居専用地域・田園住居地域に限り、次のような制限がある。

　⚠第一種・第二種中高層住居専用地域には適用がない。

絶対高さ制限	建築物の高さは、**10**mまたは**12**mのうち、都市計画で定めた高さを超えてはならない
外壁の後退距離	建築物の外壁から隣地境界線までの距離を、都市計画で**1.5**mまたは**1**mと定めることができる

3 建蔽率

　建築物の建築面積（同一敷地内に2以上の建築物がある場合は、その建築面積の合計）の敷地面積に対する割合（建蔽率）は、都市計画で指定される。

【計算式】 建 蔽 率 ＝ $\dfrac{建築面積}{敷地面積}$ × 100%

4 容積率

建築物の、延べ面積の敷地面積に対する割合（容積率）は、都市計画で指定される。

【計算式】 容 積 率 ＝ $\dfrac{延べ面積}{敷地面積}$ × 100%

[💡 容積率の注意点]

(1) **前面道路の幅員**が 12 m未満である建築物の容積率は、前面道路の幅員の「**メートル数値**」に、建築物の所在する地域の区分に従って**次の数値を掛けた割合以下**に制限される。

地 域	道路の幅員に掛ける数値
住居系の用途地域	4/10
その他の用途地域・用途地域のない区域	6/10

(2) 建築物の敷地が、建築物の**容積率に関する制限を受ける2以上の地域にわたる場合**、建築物の容積率は、**各地域の容積率の限度**に、敷地のその地域にある各部分の面積の敷地面積に対する割合を掛けて得たものの合計以下でなければならない。

(3) 容積率の算定に、次の部分の床面積は延べ面積に算入されない。

地階の床面積	建築物の**地階でその天井が地盤面から高さ 1 m以下にある**ものの**住宅・老人ホームの用途に供する部分**の床面積（**住宅部分の床面積の 1/3 が限度**）

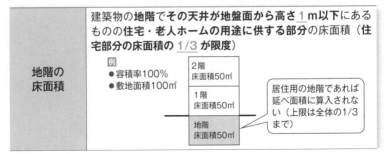

7

建築関連法令

共用部分の床面積	エレベーターの昇降路の部分、共同住宅の共用の廊下・階段の用に供する部分の床面積、エントランスホール（いずれも限度なし）
車庫等の床面積	自動車車庫・駐輪場等の施設の用途に供する部分の床面積（延べ面積の 1/5 が限度）
防災設備等の床面積	専ら防災のために設ける次のものの床面積 ● 備蓄用倉庫（延べ面積の 1/50 が限度） ● 蓄電池設置部分（延べ面積の 1/50 が限度） ● 自家発電設備設置部分（延べ面積の 1/100 が限度） ● 貯水槽設置部分（延べ面積の 1/100 が限度） ● 宅配ボックス設置部分（延べ面積の 1/100 が限度）

(4) 敷地の周辺に広い公園・広場等の空地を有する建築物で、**特定行政庁が安全上・防火上支障がないと認めて許可した場合**は、その許可の範囲内で、**容積率が緩和**される。

5 日影規制

対象地域		制限を受ける建築物
第一種低層住居専用地域	条例で指定する区域	① **軒高7m超**または**3階以上**（地階を除く）
第二種低層住居専用地域		
田園住居地域		
第一種中高層住居専用地域		② **高さ10m超**
第二種中高層住居専用地域		
第一種住居地域		
第二種住居地域		
準住居地域		
近隣商業地域		
準工業地域		

⚠ 適用対象区域外にある建築物でも、高さが10mを超え、冬至日において対象区域内の土地に日影を生じさせるものには、日影規制が適用される

6 防火地域・準防火地域

(1) 防火地域で耐火建築物等とすべき建築物

		延べ面積	
		100㎡以下	100㎡超
階数 (地階含む)	3階以上	耐火建築物等または 準耐火建築物等	耐火建築物等
	2階		
	1階		

(2) 準防火地域で耐火建築物等とすべき建築物

		延べ面積		
		500㎡以下	500㎡超 1,500㎡以下	1,500㎡超
階数 (地階除く)	4階以上	耐火建築物等または準耐火建築物等		耐火建築物等
	3階			
	2階	防火構造の 建築物等		
	1階			

※本表中の建築物には、いずれも同等以上の延焼防止性能が確保された建築物を含む

(3) その他の規定

防火・準防火地域 共通の規定	外壁が耐火構造のものは、その外壁を隣地境界線に接して設けることができる
防火地域特有の規定	看板、広告塔の工作物で、①屋上に設けるもの、または②高さ3mを超えるものは、主要な部分を不燃材料でつくり、またはおおわなければならない
建築物が 防火地域等の 内外にわたる場合	① 建築物全部に、厳しい方の規定が適用される
	② 防火壁で建築物が有効に区画されている場合、防火壁の外の部分は、その区域の制限に従う 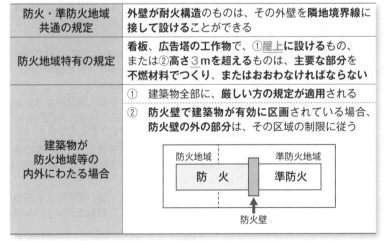

知識をチェック　今年狙われる!!「予想問題」&「重要過去問」 ➡ P.263

7 建築関連法令

バリアフリー法

1　高齢者、障害者等の移動等の円滑化の促進に関する法律 (バリアフリー法)

　バリアフリー法は、公共交通施設やマンション等内での高齢者・障害者等の移動等を円滑にするため、**建築主等が講ずべき措置**を規定している。

用語の定義	特定建築物	**共同住宅（マンション）**・学校・病院・劇場・観覧場・集会場・展示場・百貨店・ホテル・事務所・老人ホームその他多数の者が利用する一定の建築物等（附属する**建築物特定施設を含む**）
	特別特定建築物	不特定かつ多数の者や、主として高齢者・障害者等が利用する特定建築物で、移動等円滑化が特に必要な一定のもの ⚠共同住宅は含まれていない
	建築物特定施設	出入口・廊下・階段・エレベーター・便所・敷地内の通路・駐車場その他の建築物やその敷地に設けられる施設で一定のもの
建築物移動等円滑化基準の適合義務	①	床面積の合計が **2,000㎡以上**の**特別特定建築物の建築**をする場合、建築物移動等円滑化基準に**適合させなければならない**
	②	特定建築物（**マンション等**）の建築をする場合、建築物移動等円滑化基準に適合させるため必要な措置を**講ずるよう努めなければならない**（＝努力義務）
特定建築物の建築等・維持保全の計画の認定	①	建築主等は、特定建築物の建築・修繕・模様替えをしようとするときは、特定建築物の建築等・維持保全の計画を作成し、**所管行政庁の認定を申請**することができる
	②	**認定を受けた建築物（認定特定建築物）**は、容積率の算定の基礎となる延べ面積に**一定の面積を算入しない特例**が適用される
	③	**認定を受けた建築主（認定建築主）**は、認定特定建築物やその敷地、利用に関する広告等に、**認定を受けている旨の表示**ができる

✖ 「建築物移動等円滑化基準」の主な内容

廊下等	①	表面を粗面、または滑りにくい材料で仕上げる
	②	幅を **120cm 以上**とする
階 段		主たる階段は、**回り階段**でないこと（**回り階段**以外の階段を設ける空間を確保することが困難であるときを除く）
階段に代わる傾斜路	①	勾配が **12 分の 1** を超え、または高さが **16cm**を超える傾斜がある部分には、手すりを設けること ⚠ 手すりの高さについての規定は存在しない
	②	表面は、粗面とし、または滑りにくい材料で仕上げること
	③	バリアフリー経路を構成する傾斜路の勾配は、**12 分の 1**を超えないこと。ただし、高さが **16cm**以下のものにあっては、**8分の1**を超えないこと
駐車場	①	**駐車場を設ける場合には、そのうち1以上に、車いす使用者が円滑に利用することができる駐車施設を1 以上**設けなければならない
	②	**車いす使用者用駐車施設の幅は、車いすを回転させることができるように 350cm 以上**とする
	③	**車いす使用者用の駐車施設から建物の出入口までの通路は、段を設けず、幅を 120cm 以上**とする
エレベーター	①	**かご・昇降路の出入口の幅は、80cm 以上**とする
	②	**かごの奥行は、135cm 以上**とする
	③	乗降ロビーは高低差をなくし**幅・奥行を 150cm 以上**とする

7
建築関連法令

知識をチェック ✏ **今年狙われる!!** 「予想問題」&「重要過去問」 ➡ P.263 259

POINT 11 耐震改修法・自動車保管場所確保法・警備業法

- 要耐震改修認定建築物は、集会の普通決議で耐震改修を行える
- 機械警備業務を開始➡都道府県公安委員会に届出書を要提出

重要度	マ管	A B

1 耐震改修法

耐震改修法は、建築物の地震に対する安全性の確保のため、**建築物の耐震改修を促進する**ことを目的とする。

(1) 耐震改修法のポイント

指導・助言等	**所管行政庁**は、特定既存耐震不適格建築物の所有者に対し、特定建築物の耐震診断・耐震改修について**必要な指導・助言を**することができる
耐震改修の努力義務	① 一定の**特定既存耐震不適格建築物の所有者**は、耐震診断を行い、**耐震改修を行うよう努めなければならない** ⚠ 特定既存耐震不適格建築物には階数3以上で、床面積が1,000㎡以上の賃貸共同住宅は含まれるが、分譲マンションは含まれない ② **①以外の既存不適格建築物の所有者**は、耐震診断を行い、**耐震改修を行うよう努めなければならない**
耐震改修計画の認定	耐震改修をしようとする者は、建築物の**耐震改修計画**について**所管行政庁に認定の申請をすることができる**
認定の特例	① 次の建築基準法の規定が**不適用**となる ●**耐火建築物または準耐火建築物**とすべき特殊建築物の規定 ●**防火地域・準防火地域内の建築物**の規定
	② **耐震改修計画の認定**をもって建築確認済証の交付があったとみなされる（＝耐震改修工事には、建築確認が不要となる）
	③ 大規模修繕工事後もなお建築基準法等の規定に不適合の場合でも、引き続き**既存不適格建築物**とみなされる
	④ 耐震性向上のための**増築**によって、**容積率・建蔽率の制限に適合しなくなる**場合でも、特定行政庁が耐震計画を認定したときは、この制限が**不適用**となる

区分所有建築物の特例	①	耐震診断が行われた**区分所有建築物の管理者等**は、所管行政庁に対し、**耐震改修を行う旨の認定を申請**することができる
	②	**認定を受けた区分所有建築物**（**要耐震改修認定建築物**）は、**区分所有者の集会の**普通決議（**区分所有者および議決権の**各過半数）**により耐震改修を行うことができる**

(2) **建築物の安全性に対する認定**

所管行政庁から「**地震に対する安全性が確保されている**」旨の認定を受けた建築物は、その旨を利用者の視認しやすい場所や広告に**任意で表示**できる。

▲この制度は、区分所有建築物を含むすべての建築物が対象である。

2 自動車保管場所確保法

自動車保管場所確保法は、**道路使用の適正化・道路における危険防止**、および**道路交通の円滑化を図る**ことを目的とする。

保管場所の確保	①	自動車の保有者は、**道路上の場所以外の場所で、**自動車の保管場所を確保しなければならない
		➡**保管場所**は、自動車の使用の本拠の位置との間の距離が、**2km を超えてはならない**
	②	軽自動車を新規に運行の用に供するときは、自動車の保有者は、保管場所の位置を管轄する警察署長に、一定事項を届け出なければならない
駐車に関する禁止行為	①	道路上の同一の場所に引き続き **12 時間以上駐車してはならない**
	②	夜間（日没時から日出までの時間）に道路上の同一の場所に引き続き**8時間以上駐車してはならない**

7

建築関連法令

警備業法は、警備業について必要な規制を定め、**警備業務の実施の適正**化を図っている。

警備業者	**警備業者とは、警備業務を営業として行うもので、**都道府県公安委員会の認定を受けた者をいう
	① 警備業者は、**18 歳未満の者**を業務に従事させてはならない
	② 警備業者および警備員は、警備業務を行うに際し、内閣府令で定める公務員の法令に基づいて定められた制服と、色・型式・標章により、明確に識別できる服装を用いなければならない
	③ 破産者で復権を得ない者は、警備業を営んではならない
警備業者の業務	① **書面の交付** ●警備業者は、警備業務契約を締結するときは、契約前に、**契約の概要を記載した書面を依頼者に交付**または電磁的方法により提供しなければならない ●警備業者は、契約を締結したときは、遅滞なく、**警備業務の内容を明らかにする書面を依頼者に交付**または電磁的方法により提供しなければならない
	② **苦情の解決** ●警備業者は、常に、その行う警備業務について、依頼者等からの苦情の適切な解決に努めなければならない
機械警備業務	**機械警備業務とは、警備業務用機械装置**（警備業務対象施設に設置する機器で感知した盗難等の事故の発生に関する情報を、その警備業務対象施設「以外」の施設に設置する機器に送信・受信するための一定の装置）を使用して行うものをいう
	① 機械警備業務を営む警備業者は、機械警備業務に係る受信機器を設置する基地局の所在する都道府県の区域ごとに、その区域を管轄する都道府県公安委員会に対して、一定の事項を記載した届出書を提出しなければならない
	② 機械警備業者は、**基地局ごとに**機械警備業務管理者を、**機械警備業務管理者資格者証の交付を受けている者から選任**しなければならない

POINT 6 建築基準法❹ (単体規定 -1)

❶
□□
住宅の居住のための居室には、原則として、採光のための窓その他の開口部を設け、その採光に有効な部分の面積は、その居室の床面積に対して、1/5 以上としなければならない。 予想問題

❷
□□
共同住宅の居室の天井の高さは、居室の床面から測り、一室で天井の高さが異なる部分がある場合、その平均の高さが 2.1 m以上でなければならない。 マ過 R4

POINT 7 建築基準法❺ (単体規定 -2)

❸
□□
高さ 31 mを超える部分の床面積の合計が 600㎡のマンションの場合、非常用エレベーターを設ける必要はない。 予想問題

❹
□□
第一種ホルムアルデヒド発散建築材料は、第三種ホルムアルデヒド発散建築材料より、ホルムアルデヒドの毎時の発散量は少ない。 管過 H16

POINT 8 建築基準法❻ (単体規定 -3)

❺
□□
共同住宅の住戸内は、直接照明とし、床面において 2 ルクス以上の照度を確保できる非常用の照明装置を設置しなければならない。 予想問題

❻
□□
主要構造部が耐火構造である共同住宅の 6 階の居室の床面積の合計が 200㎡を超える場合は、 2 以上の直通階段を設けなければならない。 管過 H20

POINT 9 建築基準法❼ (集団規定)

❼
□□
容積率を算定する上では、エレベーターの昇降路の部分、共同住宅の共用の廊下及び階段部分は、その共同住宅の延べ面積の 1/3 を限度として、その共同住宅の延べ面積に算入しない。 予想問題

❽
□□
防火地域においては、 3 階建て、延べ面積 300㎡の共同住宅は、耐火建築物等としなければならない。 予想問題

POINT 10 バリアフリー法

❾
□□
「バリアフリー法」によれば、学校や共同住宅等の特定建築物の建築をしようとするときは、当該特定建築物を建築物移動等円滑化基準に適合させるための措置を講ずる努力義務が課せられている。 予想問題

⑩ 車いす使用者の利用する平面駐車場において、1台当たりの駐車スペースの幅を、3.5mとしたことは適切である。 マ過R元

□□

---

⑪ 「耐震改修法」において、所管行政庁の認定を受けた区分所有建築物の耐震改修が、共用部分の形状又は効用の著しい変更を伴う場合でも、区分所有者及び議決権の各過半数の集会の決議により行うことができる。
□□ 予想問題

⑫ 「耐震改修法」において、建築確認を要する建築物の耐震改修の計画が、所管行政庁の認定を受けた場合は、当該建築物については確認済証の交付があったものとみなされる。 管過H23
□□

⑬ 「自動車保管法」によれば、自動車の保有者が確保しなければならない当該自動車の保管場所は、自動車の使用の本拠の位置との間の距離が、1kmを超えないものでなければならない。 管過H21
□□

⑭ 「警備業法」によれば、機械警備業務を行おうとするときは、当該機械警備業務に係る基地局又は警備業務対象施設の所在する都道府県の区域ごとに、都道府県知事に届出書を提出しなければならない。 予想問題
□□

⑮ 「警備業法」において、警備業者は、警備業務を行う契約を締結したときは、遅滞なく、当該契約の内容を明らかにする書面を当該警備業務の依頼者に交付しなければならない。 マ過H19
□□

答 **POINT 6** **❶✕**：「1/7」以上。**❷○** **POINT 7** **❸✕**：「500㎡以下」の場合が不要。**❹✕**：第一種は第三種より発散量が多い。**POINT 8** **❺✕**：共同住宅の住戸内は、非常用の照明装置の設置は不要。**❻○** **POINT 9** **❼✕**：面積の制限はない。**❽○** **POINT 10** **❾○** **⑩○** **POINT 11** **⑪○** **⑫○** **⑬✕**：「2km」を超えないものである。**⑭✕**：届出先は「都道府県公安委員会」である。**⑮○**

第8章
．．．．．．．．．．．．．

設備・構造

POINT 1 エレベーター

ココは出る！

- 最大定員の算定➡重力加速度は 9.8 m /s²、1人当たり 65kg
- 人身事故等が発生➡昇降機事故報告書により、速やかに特定行政庁に報告

重要度 マ B / 管 B

1 エレベーターの種類（駆動方式）

エレベーターの駆動方式には、次のようなものがある。

ロープ式	●ワイヤーロープとつな車との**摩擦力**（トラクション）で、かごとおもりを「**つるべ式**」にして駆動する
	●エレベーターとしては**一般的**
	●**機械室を最上階に設置**することが多い
ロープ式機械室レス	**小型化した巻上機・制御盤をエレベーターシャフト（昇降路）内の上部**または**下部に設置し、機械室が不要**
リニアモーター式	●**リニアモーター**が駆動源
	●モーターを昇降路内のおもり側に配置➡**機械室が不要**
油圧式	機械室に設置されている油圧パワーユニットで、油圧ジャッキに連結しているかごを昇降させる

❖ ロープ式エレベーター

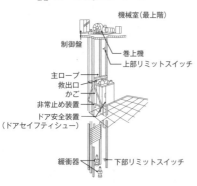

機械室（最上階）
制御盤
巻上機
上部リミットスイッチ
主ロープ
救出口
かご
非常止め装置
ドア安全装置
（ドアセイフティシュー）
緩衝器
下部リミットスイッチ

❖ 油圧式エレベーター

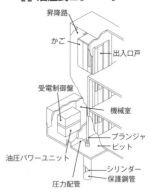

昇降路
かご
出入口戸
受電制御盤
機械室
プランジャ
ピット
油圧パワーユニット
シリンダー
保護鋼管
圧力配管

2 エレベーターに関する諸規定

かごの積載荷重	●**実況**に応じて定める
	●かごの床面積が大きくなるほど、**単位面積当たりの積載荷重が大きい値になるようにする**
	●「**昇降行程20m以下**で、かつ、かごの床面積が1.3㎡以下の共同住宅のエレベーター」には、告示により、積載荷重の下限値が定められている
最大定員等	重力加速度を **9.8** m /s^2、1人当たりの体重を**65kg** として計算する
出入口の床先とかご先の水平距離	**4**cm以下
昇降路内	原則として**突出物を設けてはならない** ➡ レールブラケット等、昇降路内に設けることがやむを得ないものは可能 ⚠ 光ファイバーケーブル等を昇降路内に設けることができる場合もある

8
設備・構造

3 エレベーターの安全装置

エレベーターの**安全装置**には、次のものがある。

⚠ ①と②は建築基準法により設置義務がある。

①	戸開走行保護装置	駆動装置や制御器に故障が生じてかご・昇降路の**すべての出入口の戸が閉じる前にかごが昇降するような場合**に、**自動的に**かごを制止する安全装置
②	地震時管制運転装置	地震等により生じた加速度を検知して、自動的にかごを昇降路の**最寄りの階**（避難階ではない）の出入口の戸の位置に停止させ、**かご・昇降路の出入口の戸を開く**安全装置
③	火災時管制運転装置	防災センター等の監視盤に設けた火災管制スイッチ・自動火災報知器からの信号により、火災時にエレベーターを一斉に避難階へ呼び戻し、**運転を休止**させる安全装置

4 保守契約の種類

エレベーターの保守契約には、フルメンテナンス（FM）契約とPOG契約の2種類がある。

FM契約	POG契約
① 定期点検・調整・修理・部品の取替えを状況に合わせて行う契約	① 定期点検・管理仕様範囲内の消耗部品の交換・潤滑油等の補給付き契約
② POG契約と比べて**割高**	② FM契約と比べて**割安**
③ 乗場扉・三方枠の塗装、床材の修理、意匠変更による改造・**本体交換等は契約外で、別途の費用計上が必要**	③ 建築基準法に規定されている**定期検査に要する費用は含まれる**が、それ以外の部品交換・修理は除外され、**別途の費用の計上が必要**

✖ FM契約とPOG契約の相違

○：料金に含まれる　✖：含まれない

	FM契約	POG契約
点検・整備・給油	○	○
定期点検（法定点検）	○	○
消耗品の交換	○	○
部品交換・修理	○	✖ （別料金）
本体交換	✖	

5 昇降機の適切な維持管理に関する指針

国土交通省は、昇降機の安全性を維持するため「**昇降機の適切な維持管理指針**」を策定し、公表している。

(1) 用語の定義

所有者	昇降機の所有者
管理者	**昇降機の保守点検を含む**建築物の管理を行う者
保守点検業者	所有者・管理者の委託により保守点検を業として行う者
製造業者	昇降機の製造を業として行う者

(2) 関係者（所有者・保守点検業者・製造業者）の役割

①	所有者	昇降機を常時適法な状態に維持するよう努める
②	保守点検業者	所有者に対して、**保守・点検の結果を文書により報告する**
③	製造業者	**製造した昇降機の部品等**を、その販売終了時から起算して耐用年数を勘案して適切な期間供給する

(3) 所有者の責任（所有者が行うべき業務）

①	定期的な保守・点検	●使用頻度等に応じて、**定期的に**、**保守・点検**を保守点検業者に行わせる
		●**保守点検業者**に保守・点検に関する作業報告書を提出させる
②	不具合の発生時の対応	昇降機に発生した不具合を確知した場合は、速やかに使用中止等の必要な措置を講じる、または**保守点検業者**に対して**措置を講じさせる**
③	事故・災害の発生時の対応	●所有者は、人身事故が発生した場合は、**応急手当等必要な措置**を速やかに講じ、消防・警察に連絡する
		●所有者は、**人身事故**が死亡・重傷、または機器の異常等が原因である可能性がある場合は、「**昇降機事故報告書**」により**速やかに**特定行政庁に報告する
④	定期検査等	定期検査報告済証の掲示など、安全性に関する必要な情報提供に努める
⑤	文書等の保存等	●過去の作業報告書等・定期検査報告書等の写し等を3年以上保存する
		●自らまたは保守点検業者に依頼して、**エレベーターの機械室・昇降路の出入口の戸等のかぎ等**を、場所を定めて**厳重に保管**し、使用に支障がないよう適切に**管理**する

8

設備構造

1 防火管理者

防火管理者とは、防火対象物の区分に応じた一定の資格を有する者で、防火管理上必要な業務を適切に遂行できる管理的・監督的地位にある者をいう。

防火管理者の選任（①②のどちらか）	①	**甲種防火管理者** ●甲種防火管理講習の課程を修了した者 ●大学等で防災に関する学科・課程を修了した者で、1年以上防火管理の実務経験を有する者 ●市町村の消防職員で、管理的・監督的な職に1年以上あった者
	②	**乙種防火管理者** ●乙種防火管理講習の課程を修了した者 ●甲種防火管理者
届 出		管理権原者は、**防火管理者を選任・解任**したときは、**遅滞なく**、所轄消防長または消防署長に届け出なければならない
業 務	①	消防計画の作成 ➡防火管理者は消防長または消防署長に届け出ることが必要
	②	消防計画に基づく**消火・通報・避難訓練の実施**
	③	**消防設備等**の点検・整備
	④	火気の使用・取扱いの監督、避難・防火活動上必要な構造・設備の維持管理
	⑤	その他防火管理上必要な業務

2 防火対象物の種類と防火管理者の選任

種 類	収容人員	延べ面積	必要な防火管理者
非特定防火対象物（マンション等）	50人以上	500㎡以上	甲種
		500㎡未満	乙種
	50人未満	選任不要	

		300㎡以上	甲種
特定防火対象物	30人以上	300㎡未満	乙種
	30人未満	選任不要	

3 統括防火管理者

　マンションを含む**高層建築物**（高さ 31 m超の建築物）で、その**管理について権原が分かれているもの**のうち、消防長・消防署長が指定するものの管理権原者は、**統括防火管理者**を協議して定め、建物全体について防火管理上必要な業務を行わせなければならない。

届　出	管理権原者は、**統括防火管理者を選任・解任したとき**は、**遅滞なく、所轄消防長**または**消防署長に届け出**なければならない
業　務	① **建物全体についての消防計画の作成** ➡統括防火管理者は、消防長または消防署長への届出が必要 ② 消防計画に基づく**建物全体の消火・通報・避難の訓練の実施** ③ 廊下・階段・避難口等避難上必要な施設の管理

4 防火管理者の業務の外部委託

　防火管理者は、次のような一定の要件の下で、管理業者の従業員等、外部の者から選任することができる。

外部委託できる場合	**管理的・監督的な地位にあるいずれの者も遠隔地に勤務している**等の事情により、防火管理上必要な業務を適切に遂行することが困難な防火対象物として消防長・消防署長が認めたとき
受託者の要件	① 管理権原者から、防火管理上必要な業務を適切に遂行するために必要な**権限が付与**されていること ② 管理権原者から、**火管理上必要な業務の内容**を明らかにした文書の交付を受け、その内容について十分な知識を有していること ③ 管理権原者から、**防火対象物の位置・構造・設備の状況等、防火管理上必要な事項**について**説明**を受けており、それらの事項について十分な知識を有していること

8

設備・構造

消防用設備等❶

1 消防用設備等

消防用設備等の分類と主な設備は、次のとおりである。

(1) 消防の用に供する設備	消火設備	① **消火器・簡易消火器具**　② 屋内消火栓設備 ③ スプリンクラー設備　④ **泡消火設備** ⑤ 水噴霧消火設備・不活性ガス消火設備・ハロゲン化物消火設備・粉末消火設備 ⑥ **屋外消火栓設備**　⑦ 動力消防ポンプ設備
	警報設備	① 自動火災報知設備　② ガス漏れ火災警報設備 ③ 漏電火災警報器 ④ 消防機関に通報する火災報知設備 ⑤ 非常警報器具・非常警報設備
	避難設備	① **避難器具**（すべり台・避難はしご・救助袋・緩降機等） ② **誘導灯・誘導標識** ⚠ 誘導灯の光源として、ＬＥＤランプも認められている
(2) 消防用水		**防火水槽・貯水池**等
(3) 消火活動上必要な施設		① **排煙設備**　② 連結散水設備　③ 連結送水管 ④ **非常コンセント設備**　⑤ 無線通信補助設備

2 住宅用防災機器

住宅の用途に供される防火対象物の関係者は、住宅用防災機器（住宅用防災警報器・住宅用防災報知設備）を基準にしたがい設置し、維持しなければならない。

取付場所	就寝の用に供する居室（寝室）や寝室の存する階の階段（避難階を除く）等
取付位置	① 壁またははりから 60㎝以上離れた天井の屋内に面する部分
	② 天井から下方 15㎝以上 50㎝以内の位置にある壁の屋内に面する部分
	③ 換気口などの空気吹出し口から 1.5 m以上離れた位置

設置の免除	①	スプリンクラー設備が設置されている場合
	②	自動火災報知設備が設置されている場合
	③	共同住宅の特例基準に定める共同住宅用自動火災報知設備、住戸用自動火災報知設備または共同住宅用スプリンクラー設備が設置されている場合

3 特定共同住宅

　共同住宅等の一定の防火対象物であって、火災の発生または延焼のおそれが少ないものとして、その位置、構造および設備について消防庁長官が定める基準に適合するものを特定共同住宅という。

用途	共同住宅や有料老人ホーム等 ⚠ 店舗やホテルの用途は対象外		
種類	①二方向避難型特定共同住宅等 ②開放型特定共同住宅等 ③二方向避難・開放型特定共同住宅等 ④その他特定共同住宅		
防火安全性能を有する消防の用に供する設備等	初期拡大抑制性能を主として有する消防の用に供する設備等	① ② ③ ④	住宅用消火器および消火器具 共同住宅用スプリンクラー設備 共同住宅用自動火災報知設備 住戸用自動火災報知設備等
	避難安全支援性能を主として有する消防の用に供する設備等	① ② ③	共同住宅用自動火災報知設備 住戸用自動火災報知設備 共同住宅用非常警報設備
	消防活動支援性能を主として有する消防の用に供する設備等	① ②	共同住宅用連結送水管 共同住宅用非常コンセント設備

4 防炎規制

　高さ 31 m 超のマンション等（高層建築物）で使用する防炎対象物品（カーテン・布製のブラインド・じゅうたん等）は、一定の基準以上の防炎性能を有するものでなければならない。　⚠防炎対象物品に寝具は含まれない。

8
設備・構造

知識をチェック　✎　今年狙われる!!「予想問題」&「重要過去問」➡ P.286　273

1 マンションにおける消防用設備等の設置基準

　マンションの関係者（防火対象物の所有者・管理者・占有者）は、**消防用設備等**を、次の設置基準に従って**設置・維持**しなければならない。

＊：一定の場合、特例により設置義務が緩和される

種　類	設置要件	
消火器・簡易消火用具＊	**延べ面積 150㎡以上** ⚠共同住宅の各部分から一の消火器等に至る歩行距離 20 m以下	
屋内消火栓設備＊	**延べ面積 700㎡以上（主要構造部が耐火構造で内装制限をした場合は 2,100㎡以上）**	
屋外消火栓設備＊	床面積 （1階と2階 との合計）	① **9,000㎡以上** （**耐火建築物**の場合） ② 6,000㎡以上 （準耐火建築物の場合） ③ 3,000㎡以上 （その他の建築物の場合）
スプリンクラー設備＊	**11 階以上の階**	
自動火災報知設備＊	延べ面積 500㎡以上	
泡消火設備 （駐車場）	●1階で床面積 500㎡以上 ●地階および2階以上の階で 200㎡以上 ●屋上で 300㎡以上	
排煙設備	**設置義務なし**	
非常警報器具（携帯用拡声器・手動式サイレン・警鐘・その他）	**設置義務なし**	
非常警報設備 （非常ベル・自動式サイレン・放送設備）	**収容人員が50人以上のマンション等**	**非常ベル・自動式サイレン・放送設備の**いずれかを設置

非常警報設備 (非常ベル・自動式サイレン・放送設備)	収容人員が 800人以上または 11階以上の マンション等	必ず放送設備を設置した上で、非常ベル・自動式サイレンのどちらかを併置
避難器具※	2階以上の階または地階で、収容人員が30人以上	
誘導灯・誘導標識	地階・無窓階・11階以上の階	
消防用水	敷地の面積20,000㎡以上、かつ、床面積が15,000㎡以上(耐火建築物の場合)	
非常用コンセント設備	11階以上の階	
連結送水管	① 地階を除く階数7以上	
	② 地階を除く階数5以上で、延べ面積6,000㎡以上	

2 消防用設備等の点検・報告

マンションの**関係者**は、**消防用設備等**について、次のように定期に**点検**を行い、その結果を**報告**しなければならない。

機器点検	作動点検・外観点検・機能点検を統合したもので、消防用設備等の種類に応じて確認する点検		**6ヵ月に1回**
総合点検	消防用設備等の一部または全部を作動、または使用することで、総合的な機能を確認する点検		**1年に1回**
点検資格者	延べ面積1,000㎡以上の消防長または消防署長が指定した、マンション等の非特定防火対象物	**甲種消防設備士・乙種消防設備士** (消防設備士免状の交付を受けている者) または **総務大臣の認める資格を有する者** (消防設備点検資格者)	
	上記以外の防火対象物	関係者自ら(防火管理者等)	
報　告	**防火対象物の関係者**は、点検を行った結果を維持台帳に記録し、定期に**消防長**または**消防署長**に**報告**しなければならない。		
	特定防火対象物		1年に1回
	非特定防火対象物(マンション等)		**3年に1回**

8
設備・構造

POINT 5 水道法

● 簡易専用水道の水源は「上水道」のみ
● 簡易専用水道の検査・清掃➡毎年1回以上

重要度 マ⑧
管 C

1 専用水道と貯水槽水道

水道は、水道法によって次のように分類されている。

水 道	種類・要件等	水 源	規 制
専用水道	次のどちらかに該当する ① 100人超の者に居住に必要な水を供給する場合 ② 1日の最大給水量が20㎥超	● 自己水源（自家用の井戸等） ● 上水道 （水道事業の用に供する水道から供給を受ける水）	水道法
貯水槽水道	簡易専用水道 （受水槽の容量が10㎥超）	上水道 （水道事業の用に供する水道から供給を受ける水）	条例等
	小規模貯水槽水道 （受水槽の容量が10㎥以下）		

2 供給規程に定める事項

(1) **水道事業者**は、料金・給水装置工事の費用の負担区分等の供給条件について、**供給規程**を定めなければならない。

(2) **貯水槽水道**を設置する場合に、**供給規程**に「技術的細目」として定める事項は、次のとおりである。

水道事業者の責任に関する事項	● 貯水槽水道の設置者に対する**指導・助言・勧告**
	● 貯水槽水道の**利用者に対する**情報提供
貯水槽水道の設置者の責任に関する事項	● 貯水槽水道の**管理責任・管理の**基準
	● 貯水槽水道の**管理の状況に関する**検査

3 専用水道と簡易専用水道の規制の比較

専用水道と簡易専用水道の設置者の義務は、次のとおりである。

項 目	専用水道	簡易専用水道
水道技術管理者	**1人以上設置必要**	**設置不要**
水質検査	① **定期**（1日1回以上、1ヵ月に1回以上・3ヵ月に1回以上）・**臨時に水質検査**を行わなければならない ➡ ▲定期の水質検査には、おおむね1ヵ月に1回以上行う項目・3ヵ月に1回以上行う項目がある	① **毎年1回**以上、定期に地方公共団体の機関または国土交通大臣および環境大臣の登録を受けた者の検査を受ける ▲残留塩素の検査を含む ➡ 違反は **100万円以下の罰金**
	② **水質検査の記録**を作成し、水質検査をした日から起算して**5年間保存**する	② **給水栓**における水の色・濁り・臭い・味等の状態により、供給する水に**異常を認めたとき**は、**51の水質基準の項目**のうち、必要なものについて検査を行う
健康診断	① 水道の管理業務の従事者について、**おおむね6ヵ月ごと・臨時に健康診断**を行う	**規定なし**
	② **健康診断の記録**を作成し、診断を行った日から起算して**1年間保存**する	
残留塩素の測定	① **毎日行う**	**水道法では規制なし** （地方公共団体等の条例等で規制）
	② 遊離残留塩素濃度が **0.1mg/ℓ**（結合残留塩素が0.4mg/ℓ）**以上必要**	
水槽の清掃	消毒その他必要な措置を講じる	**毎年1回以上、定期に行う**
給水の停止	給水する水が健康を害する恐れがあることを知ったときは、**直ちに給水を停止**し、かつ、**使用が危険である旨を周知させる措置を講じる**	

8 設備・構造

知識をチェック　今年狙われる!!「予想問題」&「重要過去問」➡ P.286　277

POINT 6 給水設備❶ (給水方式)

ココは出る！
- 高置水槽方式 (重力方式)➡断水時でも高置水槽・受水槽の残留水は使用可
- ポンプ直送方式には「定速ポンプ方式」と「変速ポンプ方式」がある

重要度	マ	C
	管	B

1 給水方式

給水方式は、**受水槽**を用いるか否かで、大きく**水道直結方式**と**受水槽方式**の2つに分類され、さらに次のように細分化される。

(1) 水道直結方式 (受水槽が不要)

直結直圧方式	● **受水槽・高置水槽**が**不要** ● 機械室や屋上での**省スペース化**が図れ、**清掃費も低減**できる	● 停電による**断水がない・衛生的** ● 2階建て程度の戸建住宅での採用が一般的だが、水道本管の圧力を高めて**3～5階程度まで**のマンションに供給できる「**高圧給水方式**」も近年増加
直結増圧方式		● 停電でも**低層階への給水は可能** ● **中規模程度**のマンションで採用 ● 給水立て管頂部に吸排気弁を設ける

(2) 受水槽方式 (受水槽が必要)

高置水槽方式 (重力方式)	● **高置水槽から重力**で各住戸へ給水
	● 断水時でも**高置水槽・受水槽**の**残留水は使用可**
	● 各階での給水圧力は安定しているが、**上階では圧力不足**、**下階では過大圧力**になりやすい
	● 従来から、**マンションでは主流**
ポンプ直送方式	● 高置水槽は不要、**加圧ポンプユニット**で直接加圧した水を各住戸へ給水する
	● **停電時は給水不能** (発電機があれば可能)
	● 複数のポンプ (ブースター＝補助装置) を自動制御し、給水圧力を安定させる。ポンプの台数制御を行う「**定速ポンプ方式**」とポンプの回転数制御を行う「**変速ポンプ方式**」がある
	● ポンプの小流量時の焼損防止のため圧力タンクを設ける
	● 設備費が高いというデメリットがある
	● **近年のマンションでは採用が増加** (小規模～大規模マンション)

2 主な給水方式の比較

○：給水可能　✕：給水不可能

	水道直結方式		受水槽方式	
	直結直圧	直結増圧	高置水槽	ポンプ直送
適 用	戸建・小規模	小〜中規模	小〜超高層	小〜超高層
設 備	なし	**増圧ポンプユニット**	**受水槽・高置水槽・揚水ポンプ**	**受水槽・加圧ポンプ・制御盤**
設備費	安価	やや安価	やや高価	高価
設置スペース	不要	必要（受水槽方式に比べ省スペース）	必要	必要
水質汚染	ほとんどなし		水槽で可能性あり	
断水時	✕	✕	○（水槽の残量に限る）	○（受水槽の残量に限る）
停電時	○	✕（低層階は○）	○（高置水槽の残量に限る）	✕

3 水質基準

(1) 水道水は、厚生労働省が定める**水質基準に関する省令**で規定する**水質基準**に適合していなければならない。

(2) **水質基準に関する省令**では、水質基準項目と基準値（51項目）が示されている。

✖ 例 水質基準項目と基準値

項 目	基準値
一般細菌	**1mℓ** の検水で形成される集落数が <u>100</u> **以下**
大腸菌	<u>検出</u>されないこと

⚠️ 塩素は検査項目に含まれていない。

8 設備構造

1 受水槽

受水槽とは、給水設備に供給する**水を貯留するタンク**のことで、ステンレス製・FRP（繊維強化プラスチック）製・鋼板製等がある。

6面点検等	タンクの周囲の天井・周壁・床の6面すべてについて保守点検を容易・安全に行えるよう、**天井から1m以上、周壁・床から60cm以上**の距離をおいて設置する
保守点検用のふた（マンホール）	●内部の保守点検を容易に行えるように、**有効内径60cm以上**の施錠可能な構造のふた（**マンホール**）を設ける
	●点検用マンホール面は、**受水槽上面より10cm以上立ち上げる**
防虫網	**オーバーフロー管・通気管**は、常時大気に開放されているため外部からの害虫等の侵入を防ぐ必要があり、先端に**防虫網**を設ける　⚠水抜き管には不要
排水口空間	**オーバーフロー管・水抜き管**には、水槽への排水の逆流を防ぐために、排水管との間に**排水口空間（垂直距離で最小150mmを確保）**を設け、**間接排水**とする
吐水口空間	受水槽から給水管への逆流を防ぐために、**給水管の流入口端からオーバーフロー管の下端（あふれ縁）までに吐水口空間（給水管径の2倍以上を確保）**を設ける
受水槽の分割等	① 総容量を**2槽以上に分割**（中仕切りを設ける）すると、内部清掃や修理に際し便利である（中間仕切り方式）
	② 水槽内部は、清掃時に残水が残らないよう、**水抜き管に向かって勾配（1/100以上）**を設ける
有効容量	1人/1日の使用水量 — 200～350ℓ
	受水槽 — **1日の使用水量の1/2程度**
	高置水槽 — **1日の使用水量の1/10程度**
ゾーニング	20階以上のマンションの給水系統で給水圧力が高い場合、**中間水槽や減圧弁**を用いて**給水圧力を調整**する

耐 震	①	**スロッシング**(タンク内の水面が大きくうねる現象)対策を施した水槽を設置する
	②	給水口端に緊急遮断弁を設け、受水槽に**直接水を採取できる**水栓を設けることは地震時に有効

2 給水管の種類

亜鉛メッキ管	●配管内部が錆で腐食し、赤水・漏水が発生しやすい
	●白ガス管と呼ばれ、**現在はほとんど使用されていない**
水道用硬質塩化ビニルライニング鋼管	●鋼管内部を**塩化ビニル**(合成樹脂)で被覆したもので、鋼管の**強靱性・耐衝撃性・耐火性**と合成樹脂の耐食性を併せ持つ
	●管端防食継手が採用されている
水道用架橋ポリエチレン管・水道用ポリブデン管	●合成樹脂管で**耐衝撃性・**耐熱性**・耐食性を持ち、主に専有部分内の給水・給湯管**として用いられる
	●**可とう性**(屈曲性)があるので、さや管ヘッダー方式で採用される

8
設備・構造

3 その他の留意事項

各衛生器具の最低給水圧力	一般水栓	30kPa
	シャワー	70kPa
	ガス給湯器(22～30号)	80kPa
専有部分の給水管の給水圧力の上限		300～400kPa
給水立て管からの分岐管	専有部分の給水管更新工事の際に、他の給水系統へ逆流しないように止水弁を設ける	
ウォーターハンマー現象の防止策	① **管内流速を** 1.5～2.0 m/s に抑える	
	② **振動・騒音を防止・低減させる機能を有する**給水器具を選定する	
クロスコネクション	① 飲用系の配管と他の配管を**直接接続**すること	
	② 飲料用水に飲料用以外の水(排水等)が混ざる危険性があるため禁止されている	

- 排水トラップの**封水深**➡**50mm以上100mm以下**、阻集器を兼ねる場合は**50mm以上**
- **特殊継手排水システム**➡排水用特殊継手を使用する伸頂通気方式

1 排水方式

マンションの排水・排水方式は、次のように分類される。

汚 水	トイレからのし尿等の排水
雑排水	台所・洗面所・風呂場等からの排水
雨 水	屋根・バルコニー等からの排水

	建築物の敷地内	公共下水道（地方公共団体が管理）
合流式	汚水＋雑排水	汚水＋雑排水＋雨水 ➡終末処理場
	雨水	
分流式	汚水	汚水＋雑排水 ➡終末処理場
	雑排水	
	雨水	雨水➡公共用水路

2 排水設備等

排水方法	高所から低所に配管の勾配を利用して自然流下させる方法（**重力式排水**）が一般的 ➡排水ポンプを使用する「**機械式排水**」もある
排水タンク	① 重力式排水が不可能な場合（公共下水道がマンションより高い位置にある等）は、**排水タンク**に排水を溜めて排水する
	② タンク内部には、保守点検のため**直径60cm以上のマンホール**を設ける
	③ タンクの底には**吸い込みピット**を設け、吸い込みピットに向かって、1/15 以上1/10 以下の勾配をつける
排水ポンプ	① **運転用**と**予備用**の2台を設置し、通常は1台ずつ交互に自動運転する
	② ポンプやシャフトの錆びつきを防止するために、予備用のポンプを常時休止させてはならない

排水管の勾配	①	管径や流量によって、**標準配管勾配**が決まっている	
	②	雑排水管（台所・浴室の排水）の横枝管の勾配は、**汚水管**（トイレ排水）の横枝管の勾配より**大きくする**のが一般的	
	③	排水横引管の勾配（管径が**太くなるほど小さくなる**）	

	管径（mm）	勾配（最小）
標準配管勾配	**65以下**	1/50
	75、100	1/100
	125	1/150
	150〜300	1/200

排水管の管径	①	排水管の管径は、**トラップの口径以上**、かつ、**30㎜以上** ➡地階の床下に埋設される場合は、**50㎜以上**が望ましい
	②	排水立て管の管径は、どの階においても、建物の最下部における**最も大きな排水負荷を負担する部分の管径と同一**とする
トラップ （封水により、臭気や害虫が室内に侵入することを防止する設備）	①	封水深は、**50㎜以上 100㎜以下** ➡阻集器を兼ねる場合は**50㎜以上**
	②	封水破壊（破封）の原因は**自己サイホン作用・吸出し作用・はね出し作用・蒸発作用・毛細管作用**等である
	③	**二重トラップは禁止**
通気管	①	**伸頂通気管**（排水立て管の頂部を延長して外気に開口したもの）の管径は、**排水立て管の管径より小さくしてはならない**
	②	「**特殊継手排水システム**」： ●**伸頂通気**方式で、排水を管壁に沿って旋回させて排水の流下速度を抑え、管の中心に通気を確保する機能を持つ**排水用特殊継手**を使用する方式のこと ●近年のマンションで**採用が多い** ●複数の排水横枝管からの排水を合流させる機能があり、**排水立て管の数を減らす**ことができる
	③	**直接外気に開放された通気立て管**は、配管内の空気が屋内に漏れることを防止する装置（**通気弁**）が排水管に設けられている場合は、**設置不要**
	④	**結合通気管**は、**排水立て管**と**通気立て管**を接続し、排水立て管の下層階で生じた**正圧**、上層階で生じた**負圧**を緩和するために用いる

8 設備・構造

3 排水管の種類

主な排水管の種類は、次のとおりである。

排水用鋳鉄管	汚水用配水管として従来から使用されている排水管
排水用 硬質塩化ビニル ライニング鋼管	錆の発生を防ぐため、配管用炭素鋼管の内面に硬質塩化ビニルライニングを施したもの。強靭性・耐衝撃性・耐火性・耐食性を有する。接続には、排水管用可撓継手（MD継手等）が用いられる
硬質 ポリ塩化ビニル管	住戸内の専有部分の横枝管に使われている。食器洗浄機がある場合は、耐熱性硬質塩化ビニル管が用いられる
排水・通気用 耐火二層管	内管に硬質塩化ビニル管、外管にモルタル製耐火管を用いることで、衝撃に強く、金属管と比較して軽量なため、現在では多く使用されている

4 ディスポーザ排水処理システム

(1) ディスポーザ（台所の野菜くず等を粉砕する機械）を台所の流しに設置し、生ごみを破砕して排水と共に専用配管で排水処理槽に導き、公共下水道の排水基準に合致するように処理して放流するシステムである。

(2) 下水道が未整備の地域でも、次のどちらかの場合は、設置できる。

①	ディスポーザ対応型の合併処理浄化槽を設置している場合
②	ディスポーザ排水専用処理槽で処理した排水を、合併処理浄化槽でさらに処理する場合

5 雨水排水設備

雨水排水設備には、次のものがある。

雨水排水立て管	①	屋根・バルコニーの雨水を屋外排水管へ排水するための雨水専用の排水管
	②	汚水排水管・雑排水管・通気管と兼用・連結は禁止
雨水排水ます	①	埋設された雨水排水管の起点や合流地点に設置し、保守点検・清掃を容易にするためのます
	②	深さ150mm以上の泥だめ（泥だまり）を設ける
トラップます		2系統以上の排水管をまとめて合流させる会所ますの1つで、臭気の逆流を防ぐためのトラップ機能を有する

インバートます	汚水ますのことで、汚物がスムーズに流れるように、底面に半円筒状のインバート（溝）が設けられている

　なお、敷地に降る雨の排水設備を設計する場合には、その排水設備が排水すべき敷地面積に、当該敷地に接する建物外壁面積の50%を加えて計算する。

6 掃除口

　高層のマンションの排水立て管では、3階以内ごと、または15m（5階程度）以内ごとに管内清掃用の掃除口を設置することが望ましい。

7 浄化槽法

(1)　浄化槽に関する基準

　環境大臣は、浄化槽から公共用水域等に放流される水の水質について、環境省令で、技術上の基準を定めなければならない。

(2)　浄化槽管理者の義務

<table>
<tr><td rowspan="2">水質検査</td><td colspan="3">① 浄化槽が新たに設置された、または構造・規模の変更がされた場合、その使用開始後3ヵ月を経過した日から5ヵ月の間に、指定検査機関の行う水質検査を受けなければならない</td></tr>
<tr><td colspan="3">② 環境省令で定めるところにより、毎年1回、指定検査機関の行う水質検査を受けなければならない</td></tr>
<tr><td>保守点検・清掃</td><td colspan="3">毎年1回、浄化槽の保守点検・清掃をしなければならない
⚠ 全ばっ気方式の浄化槽の清掃は、おおむね6ヵ月に1回</td></tr>
<tr><td>技術管理者の設置</td><td rowspan="3">浄化槽の処理対象人員</td><td>501人以上</td><td>保守点検・清掃に関する技術上の業務を担当させるため、浄化槽管理士の資格を有した技術管理者の設置が必要</td></tr>
<tr><td rowspan="2">保守点検の委託</td><td rowspan="2">500人以下</td><td>保守点検業者の登録制度　あり　登録を受けた保守点検業者に保守点検・清掃を委託</td></tr>
<tr><td>保守点検業者の登録制度　なし　浄化槽管理士に保守・点検、浄化槽清掃業者に清掃を委託可</td></tr>
<tr><td>報告書</td><td colspan="3">浄化槽の使用開始日から30日以内に、環境省令で定める事項を記載した報告書を、原則として、都道府県知事に提出しなければならない</td></tr>
</table>

8
設備・構造

知識をチェック　今年狙われる!!「予想問題」&「重要過去問」⇒ P.287

POINT 1 エレベーター

❶ 乗用エレベーターの最大定員の算定では、重力加速度を $9.8\ \text{m/s}^2$、1人当たりの体重を 60kg として計算しなければならない。予想問題
□□

❷ 地震時等管制運転装置とは、地震等の加速度を検知し、自動的に、かごを昇降路の避難階の出入口の戸の位置に停止させ、かごと昇降路の各出入口の戸を開くことなどができる装置をいう。管過 H28
□□

POINT 2 消防法（防火管理者）

❸ 防火管理者により防火上の管理を行わなければならない非特定防火対象物で、延べ面積が 500㎡ 以上のものの防火管理者は、甲種防火管理講習の課程を修了した者その他一定の資格を有する者でなければならない。管過 H24
□□

❹ 一定の防火対象物の管理の権原を有する者は、防火管理者を解任したときは、2週間以内にその旨を所轄消防長又は消防署長に届け出なければならない。予想問題
□□

POINT 3 消防用設備等❶

❺ 住居専用のマンションにおいて、住宅用消火器及び消火器具は、火災の拡大を初期に抑制する性能を主として有する「通常用いられる消防用設備等」に代えて用いることのできる設備等に含まれる。管過 H30
□□

❻ 就寝の用に供する居室には、住宅用防災機器を設置しなければならない。管過 R2
□□

POINT 4 消防用設備等❷

❼ 分譲マンションは、非特定防火対象物に該当し、消防用設備等の点検結果を、1年に1回、消防長又は消防署長に報告しなければならない。予想問題
□□

POINT 5 水道法

❽ 貯水槽水道のうち、水槽の有効容量の合計が 10㎡ を超えるものは、簡易専用水道に該当する。マ過 H20
□□

❾ 簡易専用水道の設置者は、簡易専用水道の管理について、2年以内ごとに1回、定期に、地方公共団体の機関又は厚生労働大臣の登録を受けた者の検査を受けなければならない。 予想問題

POINT 6 給水設備❶（給水方式）

❿ 水道直結増圧方式は、受水槽・高置水槽が不要のためスペースの有効利用が図れるが、増圧ポンプユニットを使用するため、消費エネルギーの低減が図れない。 予想問題

⓫ ポンプ直送方式は、水道本管から分岐して引き込んだ水を一度受水槽に貯水した後、加圧（給水）ポンプで直接加圧した水を各住戸に供給する方式で、高置水槽は不要である。 マ過 H25

POINT 7 給水設備❷（受水槽等）

⓬ 建築物の内部に設けられる飲料用の受水槽については、天井、底又は周壁の保守点検ができるよう、床、壁及び天井面から45cm以上離れるように設置する。 予想問題

⓭ 高置水槽方式の給水方式では、一般的に、高置水槽の有効容量は、1日の使用水量の1／10程度を目安に計画する。 マ過 H22

POINT 8 排水設備

⓮ 排水トラップの封水深は、50mm以上100mm以下（阻集器を兼ねる排水トラップについては100mm以上）としなければならない。 予想問題

⓯ 高層や超高層のマンションで採用されることが多い特殊継手排水システムは、伸頂通気管と通気立て管を設置することなく、汚水や雑排水を排水できる。 マ過 H27

8

「予想問題」&「重要過去問」 ⓯

答 **POINT 1** ❶ ✕：「65kg」として計算する。 ❷ ✕：「最寄りの階」である。 **POINT 2** ❸ ◯ ❹ ✕：「遅滞なく」届出をする。 **POINT 3** ❺ ◯ ❻ ◯ **POINT 4** ❼ ✕：「3年」に1回。 **POINT 5** ❽ ◯ ❾ ✕：「1年」以内ごと。 **POINT 6** ❿ ◯ ⓫ ◯ **POINT 7** ⓬ ✕：「天井からは1m以上、周壁・底からは60cm以上」。 ⓭ ◯ **POINT 8** ⓮ ✕：阻集器を兼ねる場合は「50mm」以上である。 ⓯ ✕：「伸頂通気管」の設置は必要。

POINT 9 電気設備

- 電力の総量が 50kW以上 ➡ 高圧引込み・変電設備が必要
- マンションの各住戸の配線方式 ➡ 単相3線式が主流

重要度 マ B
管 B

1 電力の引込みと借室変電設備の設置等

建物への電力の引込みには、次のようなものがある。

電圧の種類	契約電力	変電設備
低 圧	50kVA 未満	不要
高 圧	50kVA 以上 2,000kVA 未満	必要
特別高圧	2,000kVA 以上	

(1) 各住戸の契約電力と共用部分の契約電力の総量が 50kVA 未満の場合は、低圧引込み（受電電圧 100V/200V）の一般用電気工作物となる。

(2) 各住戸の契約電力と共用部分の契約電力の総量が 50kVA 以上の場合は、高圧引込み（受電電圧 6,000V）となる。この場合、各専有部分に電気を供給するために低圧に変圧する次のような方式の変電設備が必要となる。

借室方式 （借室変電設備・ 借室電気室）	建物内の 1室に変圧器を設置する（容量に制限なし） ⚠維持管理は電力会社が行い、電力会社の関係者の立会いがないと管理組合関係者でも入室不可（借棟方式も同じ）
借棟方式	敷地内に変圧器棟を設置する（容量に制限なし）
集合住宅用変圧器方式 （パッドマウント方式）	敷地内に金属製の変圧塔を設置（容量に制限あり） ⚠最大 100 戸程度のマンションが対象

2 電気工作物

建物内に設置する電気設備等を電気工作物といい、次の分類となる。

一般用 電気工作物	主に一般住宅や小規模店舗等のように、600V 以下の電圧で受電し、その受電場所と同一構内で電気を使用するための電気工作物 ●出力 50kW 未満の太陽電池発電設備等 ●第一種・第二種電気工事士が工事を行う

事業用 電気工作物	電気事業用 電気工作物	①	電気事業者の発電所・送電線路等の電気 工作物
		②	**工事等の諸届出・技術的基準の適合**等、 厳しく規制される（**自家用電気工作物も同様**）
	自家用 電気工作物	①	電気事業用電気工作物・一般用電気工作物 以外の電気工作物
		②	工事を行えるのは、<u>第一種</u>電気工事士のみ

3 各住戸の配線方式

受変電設備から**電灯・コンセント系統への配電**には、次の方式がある。

単相2線式	電圧線と中性線の2本を使い、100V の電器製品（コンセント・ 照明器具・冷蔵庫等）のみ使用可	
単相3線式 ⚠近年の マンション では主流	①	3本の電線のうち、**中性線と2本の電圧線**を使い分け、 **100V** の電器製品と <u>200</u>V の電器製品（大型暖冷房機、 IH クッキングヒーター等）が使用できる
	②	**中性線欠相保護**機能付きにすべきである

4 省エネルギーに役立つ各種電気設備

インバータ	モーターの電源周波数を自由に変えることで、**モーター の回転数を制御**するための装置
照度センサー付き 照明	**照度センサー**により、暗くなると点灯し、明るくなると 消灯する仕組みの照明設備
高周波点灯方式 蛍光灯	●交流電流をインバータ装置により、**高周波に変換して 点灯**する
	●**省エネ化**ができ、すばやく点灯しちらつきが少なく、 安定器の音も小さい
人感センサー付き 照明	赤外線等を利用して**人の動き**を検知して、人が近づくと 点灯し、離れると消灯する仕組みの照明設備
LED照明	**発光ダイオード**を利用した照明で**長寿命・低消費電力・ 低発熱性**

8
設備・構造

知識をチェック　✎　**今年狙われる!!「予想問題」&「重要過去問」 ➡ P.304**　289

●ガス瞬間式給湯器の「1号」➡流量1ℓ/minの水の温度を
25℃上昇させる能力

1　ガス設備

<table>
<tr><td rowspan="2" colspan="2">ガス管</td><td>●白ガス管（亜鉛メッキ鋼管）は、20年程度の埋設により腐食しガス漏れを発生させるおそれがあり、新設は禁止</td></tr>
<tr><td>●現在は、ポリエチレン管等が主に使用されている</td></tr>
<tr><td rowspan="6">安全システム</td><td>ガス漏れ警報器</td><td>都市ガス用ガス漏れ警報器の有効期間➡5年</td></tr>
<tr><td rowspan="2">マイコンメーター</td><td>①　計量器の他、ガスの遮断機能と警報表示機能を有する</td></tr>
<tr><td>②　震度5弱以上でガスを遮断・警報を表示する</td></tr>
<tr><td>ガス栓</td><td>大量のガスが流れたり、コードが外れた場合、ガスが自動的に止まるヒューズ機能付きガス栓の設置が法令で義務付けられている</td></tr>
<tr><td>ガスふろがま</td><td>立消え安全装置・加熱防止装具・空だき防止装置の装着が法令で義務付けられている</td></tr>
</table>

2　給湯設備等

(1)　マンションの給湯方式（主に次の2種類）

<table>
<tr><td rowspan="3">瞬間式
局所給湯方式
（ガス瞬間式
給湯器）</td><td>①　ガス瞬間式給湯器の能力表示に用いられる単位の「1号」は「流量1ℓ/minの水の温度を25℃上昇させる能力」

1号＝流量1ℓ/min×25℃×4.186kJ
　　＝1.74kWに相当</td></tr>
<tr><td>②　住戸セントラル方式に用いられるのは先止め式（給湯管を設けて湯栓を設置し、湯栓を開くと水の流れを感知してガスに着火する構造）であり多くのマンションで設置されている</td></tr>
<tr><td>③　自動湯温安定式のガス瞬間式給湯器には、60℃以上の固定された出湯温が得られる「固定湯温式」と、出湯温度の設定が可変の「可変湯温式」がある</td></tr>
</table>

貯湯式局所給湯方式（電気温水器）	①	一般電灯配線とは別に、**200Vの深夜電力**を使用して一定時間（5～8時間）通電し、タンク内に**1日分の給湯量**を85～90℃に加熱して貯湯する
	②	一般的には湯が逆流しないように**逆止め機構**を内蔵した**水道用減圧弁**を介して給水管に直結する

(2) 省エネタイプの給湯器

自然冷媒ヒートポンプ給湯器	①	自然冷媒である二酸化炭素を圧縮して熱源とする
	②	**貯湯タンクユニット・ヒートポンプユニット・配管**の構成
	③	エネルギー消費効率が高く、**加熱効率（COP）**は年間平均で「**3**」以上である
潜熱回収型ガス給湯器	①	高温の**排気ガスに含まれる**水蒸気の潜熱を利用して水をあらかじめ温め、それを**再加熱**する方式
	②	潜熱回収時に熱交換器により発生する**凝縮水**を排出するために、排水管を設置する
	③	エネルギー消費効率が高い

3 換気設備

【① 第一種換気設備】　　【② 第二種換気設備】　　【③ 第三種換気設備】

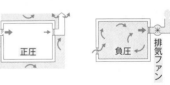

	換気方式	給気の方法	排気の方法
機械換気	① 第一種機械換気方式 ⚠熱交換型換気扇はこの方式である	機械（ファン）	機械
	② 第二種機械換気方式		自然
	③ 第三種機械換気方式 ⚠マンションではトイレ・台所等で採用される	自然	機械
	自然換気方式		自然

8

設備・構造

- 鉄筋コンクリート造➡鉄筋とコンクリートの相性を生かした構造形式
- ラーメン構造➡柱と梁を剛接合して荷重や外力に対応
- 壁式構造➡鉄筋コンクリートの壁・床を一体にして荷重や外力に対応

重要度	マ	B
	管	B

1 材料・構造による分類

鉄骨造 （S造）	①	**高層建築・大スパン構造**の建築が容易 ⚠超高層マンションでは一般的でない
	②	**耐火被覆・防錆処理**が**不可欠** ⚠被覆のない鋼材は、500℃以上の火熱を受けるとその強度の半分を失い、容易に変形する
鉄筋 コンクリート造 （RC造）	①	**鉄筋**（**引張強度**は**高い**が**圧縮強度**が**低い**）と**コンクリート**（**引張強度**は**低い**が**圧縮強度**が**高い**）の長所を生かすように組み合わせた構造形式 ➡コンクリートと鉄筋の**熱膨張率はほぼ等しく**、相性が良い

	● **耐震性・耐久性・耐火性**が**高い**
長所	● 一体構造として、**ラーメン構造**を造りやすい
	● **自由な形**の構造物を造れる
短所	● **重い**（建物の全重量の 70 ～ 80%が構造物の自重となる）
	● **ひび割れ**が生じやすい

	②	柱型・梁型をなくした住宅・アパート等の建設に適した**壁式構造**、工業製品化した**プレキャストコンクリート構造**、床スラブを厚くして床荷重を支持する小梁をなくした**フラットスラブ構造**等、その目的によって自由に構造形式を選ぶことができる
	③	「**プレキャストコンクリート構造**」とは： ● あらかじめ工場などでつくった鉄筋コンクリート部材を現場で組み上げる構造 ● **プレキャストコンクリート**と**現場打ちコンクリート**の併用（**ハーフプレキャスト**）も多く用いられる ● **仮設資材や建設現場作業を大幅に削減**できる
	④	マンションでは最も一般的な構造であり、**20 階以上の超高層建築も可能**

鉄骨鉄筋コンクリート造（SRC造）	①	**鉄骨造**を**鉄筋コンクリート**で被覆したものを主要な部材とする構造形式
	②	鉄筋コンクリート造よりも強さとねばりを持つ**耐震・耐火構造**
	③	大規模建築や高層建築に適し、超高層建築も可能
鋼管コンクリート造（CFT造）	①	チューブ状の**鋼管**（丸型・角型）に**コンクリート**を充填したものを主要な構造部材とする構造形式
	②	鉄筋コンクリート構造に比べ、施工性・耐久性に優れており、中性化が起きにくく、**耐震性も問題はない**

2 構造形式による分類

ラーメン構造	①	柱・梁・床・壁で構成され、**節点は剛に接合**（しっかり固定）
	②	柱・梁は主として**曲げ**で荷重や外力に対応
	③	鉄骨造・鉄筋コンクリート造・鉄骨鉄筋コンクリート造・鋼管コンクリート造等に採用される
	④	自由度の高い内部空間を得ることができる
壁式構造	①	鉄筋コンクリートの壁・床を一体にして**箱状の構造体を構成**し、荷重や外力に抵抗する構造形式
	②	壁の多い中低層のマンションに適する
	③	ラーメン構造と比べ、経済的で、**剛性・耐震性も高い**

3 基礎の種類

直接基礎	独立基礎	柱の下にのみ独立してある基礎
	布基礎	コンクリートが連続して設けられた基礎
	ベタ基礎	基礎の立ち上がりだけでなく、底板一面がコンクリートになっている基礎
杭基礎	摩擦杭	地盤の土と杭周面の摩擦力で建築物の重量を支える杭
	支持杭	杭の先端を安定した支持層に到達させ、主に杭先端の支持力で上部荷重を支える杭

8
設備・構造

知識をチェック　今年狙われる!!「予想問題」&「重要過去問」➡ P.304　293

POINT 12 建物の構造❷（耐震関連）

コこは出る！
- **免震構造**➡建物の曲げや変形を少なくする構造形式
- **制震構造**➡建物が負担する地震力を低減させ、壊れにくい

重要度 マ A
管 C

1 耐震性による分類

地震に対する構造には、主に次のものがある。

耐震構造	地震力に耐えられるように建物の剛性を高めて設計された構造
免震構造	① 建物の基礎と上部構造の間に、**積層ゴム**や**滑り機能**をもつ免震装置を設けて、地震力に対して建物がゆっくりと水平移動し、**建物の曲げや変形を低減**する（外力を抑える）構造
	② 建物の耐震性能が高まるだけでなく、**内部での家具の転倒**や**非構造部材の破壊が少なくなる**等、耐震構造にはない長所がある
	③ 免震装置の維持管理が必要
制震構造	① 建物の骨組み等に制震装置を設けて、地震のエネルギーを制震部材（ダンパー）で吸収することにより、**建物が負担する地震力を低減**させる（地震の揺れを小さくする）構造
	② 近年は、この構造を用いて地震時に建築物に生じる加速度を低減させる効果を期待する設計が多い

2 耐震性の低い建築物

コの字型・L字型の建築物	コの字型やL字型の建物の接合部にエキスパンションジョイントを採用すると、このジョイント部分が余分な動きを吸収（接合部が伸縮）するため、地震時に建物に破断等の損傷が生じにくい
ピロティ式構造の建築物	ピロティとは、建物内の1階部分の柱に囲まれた空間をいい、駐車場等に多く利用される ●下層階に広い空間ができるため、それのない建物と比較して**耐震力**に欠ける ●ピロティの耐震補強には、**耐震壁の増設・枠付き鉄骨ブレース**の設置・柱の炭素繊維シート巻き等が有効

重心と剛心が離れている建築物	建築物の<u>重心</u>（重さの中心となる位置）と<u>剛心</u>（水平力によってねじれが生じる時の回転の中心）が**近い方**が、建物にかかるねじれの力が小さくなる
耐力壁がバランス良く配置されていない建築物	**耐力壁**は、地震力等の水平力を負担するため、**バランス良く配置**しないとねじれが生じやすくなる
上層部と下層部で構造形式が異なる建築物	例えば、上層階がRC造・下層階がSRC造のマンションでは、構造形式が切り替わる付近の階で、**層崩壊**（剛性が低い階の方が潰れてしまうこと）**等の被害が集中**する

3 耐震改修工法の分類

目 的	工 法	概 要
<u>強度の</u>向上	袖壁の増設	柱に鉄筋コンクリート造の**袖壁**を増設する
	RC耐震壁の増設	柱・梁フレーム内に**RC耐震壁**を増設する ➡構造上のバランスを改善
	枠付き鉄骨ブレースの設置	柱・梁フレーム内に**枠付き鉄骨ブレース**（筋かい）を組み込む
	外付けフレームの設置	柱・梁フレームの外側（建物外部）に**新たにフレームを配置**する ⚠専有面積に減少は生じないが、バルコニー面積の増減、専用庭・駐車場の増減を生じることがある
	バットレスの設置	既存建物の外側に**バットレス（短い壁）を新設**する
<u>靭性の</u>向上	柱の鉄（鋼）板巻き立て	柱を**鋼板**で巻き、モルタルを圧入する
	柱の炭素繊維シート巻き	柱を**炭素繊維シート**で巻き、樹脂で接着する

8

設備・構造

POINT 13 建築材料

- 水セメント比が大きい➡ワーカビリティと経済性は高まる
- 中性化➡空気中の炭酸ガスによりコンクリートがアルカリ性を喪失していく現象

重要度　マ　C
　　　　管　B

1 コンクリート

組　成	① **セメント＋水**➡セメントペースト
	② **セメントペースト＋細骨材**➡モルタル
	③ **モルタル＋粗骨材＋空隙**（＋混和材料）➡コンクリート
	[💡組成の注意点] ● **セメント**➡水と混練すると水和反応を起こし固まる ● **水**➡海水は、鉄筋コンクリートには使用不可 ● **骨材**➡粒径により、細骨材（砂）と粗骨材（砂利）に区分される ● 混和材料➡コンクリート・モルタルの性質を改善し、新しい特性を付与する材料のこと 例 ＡＥ剤・減水剤・ＡＥ減水剤等 ● **空隙**➡練り混ぜ・打込みの際に発生するものや、打込み後に混練水の一部が乾燥によって失われること等で発生する
特　徴	● 耐火性に優れている ● 自由な成形が可能 [💡コンクリートと鉄筋の比較] |	引張力	圧縮力	熱膨張率 | |---|---|---|---| | コンクリート | 弱 | 強 | ほぼ同じ | | 鉄筋 | 強 | 弱 | |
水セメント比	● **セメント**（kg）に対する**水**（kg）の**重量比**を**水セメント比**（％）という
	● **水セメント比**が大きいと**ワーカビリティと経済性**は高まるが、乾燥収縮による亀裂が生じやすく、**圧縮強度・耐久性**は低下する
スランプ試験	高さ30cmの**スランプコーン**に、**フレッシュコンクリート**（固まる前のコンクリート）を詰め、コーンを真上に抜き取ってコンクリートの**下がり具合**（**スランプ値**）を測ることで、**コンクリートの作業性**を測定する試験

施工（養生）	①	打込み後、**24時間**は歩行禁止
	②	打込み後、**5日間**以上は、**温度を2℃以上**に保つ必要がある
	③	打込み後、**7日間**以上は、**散水**や**養生マット**により湿潤を保つ（早強コンクリートは5日間）
中性化	定義等	コンクリート中の**水酸化カルシウム**（アルカリ）が、空気中の**炭酸ガス**（二酸化炭素）と反応して、コンクリートが**アルカリ性を喪失**していく現象 ⚠️鉄筋コンクリート造では中性化が進むと鉄筋が錆び、ひび割れ等の原因となるが、コンクリートそのものの強度が低下するわけではない
	対策	① **AE剤の使用**
		② **鉄筋のかぶり厚さ**を、次のように確保する 柱・梁・壁（一般）　**3cm以上** 土に接する柱・梁・壁　**4cm以上** 基礎　**6cm以上**
		③ **モルタル塗り等の仕上げ**

8 設備・構造

2 仕上げ材料

木材	大気中では**含水率**が大きいと腐朽菌の害・虫害（シロアリ等）を受けやすいので、**含水率はできるだけ小さい方が良い**
集成材	**挽き板**（ラミナ）・**小角材**等を、繊維方向を平行に組み合わせ接着剤により集成したものであり、**構造材・内装材**として使用
ファイバーボード	木材等の**植物質繊維**を原料として成形した面材
石膏ボード	●**焼石膏**を芯材として両面に石膏液を染みこませた厚紙を貼り、圧縮成形した**面材** ●**防火性・遮音性に優れ**、天井や壁の内装材（壁下地材）として広く用いられる
押出し法ポリスチレンフォーム	●発泡プラスチック系の**断熱材** ●断熱性能が高く、**外断熱・内断熱どちらも可**

●防水工法➡「メンブレン防水」と「シーリング防水」がある

	重要度	
マ	C	
管	C	

1 防水工法

マンションの**防水工法**には、主に次の2種類がある。

①	メンブレン防水	●**不透水性の被膜を形成して防水層を作る防水工法の総称**
		●**屋根・屋上・廊下・バルコニー等の平面の防水に適している**
②	シーリング防水	コンクリートの**打ち継ぎ部**や各種部材の**接合部**等を線状に**防水する工法**

2 メンブレン防水の種類と特徴

種　類	工法・特徴
露出アスファルト防水	① **アスファルトルーフィング**を溶融アスファルトで**2～3層接着**し、一体化させた防水 ➡臭い・煙等が発生、急勾配では施工しにくい
	② 軽歩行には十分耐えられるが、傷がつきやすく強度も低いため、**ルーフテラス・バルコニー等日常使用**（歩行・置物）**する場所には採用不可**
	③ 防水層の下に**断熱材**（厚さ30mm程度の硬質ウレタンフォーム等）を敷き込んだ**断熱工法**を用いる
	④ 防水改修の方法には、「**全面撤去方式**」（既存保護層や旧防水層を全部撤去）と「**かぶせ方式**」（劣化部分のみ撤去）がある
アスファルト防水コンクリート押え	① アスファルト防水の上に、その保護のため**押えコンクリート**を**厚さ60～100mm**で打設したもの
	② コンクリートの伸縮対策として縦・横3m程度の間隔で幅2cm程度の**伸縮目地**を設け、合成樹脂製の目地材（シーリング材）等を入れる
	③ 「**歩行用アスファルト防水**」ともいわれ、**ルーフテラスや屋上利用部分**（または屋上の全面）**に採用**される

改質アスファルトシート防水	①	アスファルトにポリマーを添加したもので、通常は**1層仕上げ**（シートの厚さは2～3mm）
	②	**トーチバーナー**で加熱しながら張り付ける「トーチ工法」、シート自体に接着性をもたせて張り付ける「**自着工法**」等がある
	③	アスファルト防水工法に比べて、**施工時の煙や臭気等の発生が少ない**
	④	**非歩行用部用防水**として採用
ウレタン系塗膜防水		**突出物の多い屋上改修工事・コンクリート直仕上げのバルコニー**で多く採用される　⚠施工が容易
シート防水	①	**塩化ビニル系樹脂シート防水工法** ● 厚さ2mm程度の**塩化ビニル樹脂シート**を接着剤で下地に固定し防水層を形成する ● 保護材不要で**軽歩行が可能**
	②	**合成ゴム系シート防水工法** ● 厚さ1～2mmの**合成ゴムシート**を接着剤で下地に固定し防水層を形成する ● **厚塗りの保護材を保護層とすれば、軽歩行も可能**

8

設備・構造

3 シーリング防水の種類と特徴

種　類		特　徴
ウレタン系シーリング材	①	性能的・価格的に**標準的で最も多用**される
	②	**紫外線等に弱く劣化が速い**（耐候性が低い）ため、外壁塗装と共に表面塗装できる箇所に使用
	③	伸縮性が低いため、**コンクリート目地やサッシ枠まわり、パイプ貫通まわり**等に使用
変成シリコーン系シーリング材	①	**紫外線に強く、使用箇所が制限されない**
	②	**ガラス回り**には向かない（ガラスに付着しにくい）
シリコーン系シーリング材	①	**最も高性能**だが、周辺の壁等を**汚染させる傾向**がある
	②	表面に塗装がのらないので、金属とガラスの間等、**使用箇所が制限される**

知識をチェック　✏ 今年狙われる!! 「予想問題」&「重要過去問」 → P.305

● **L値**は、値が小さいほど遮音性能が高い
● **D値**は、値が大きいほど遮音性能が高い
● **熱貫流率**は、熱伝導率と熱伝達率の2つの要素により決まる

重要度	マ	A
	管	B

1 音の種類

　マンションの遮音は、床衝撃音等による<u>固体伝搬音</u>と、隣戸の話声や外部騒音等による<u>空気伝搬音</u>の両方を考慮しなければならない。

固体伝搬音	建物内外の振動が、**コンクリートの躯体の床や壁（固体）を振動させて伝わり**、音として聞こえるもの
空気伝搬音	**空気中を伝わり**、窓・壁・開口部等を透過して室内に入ってくる音で、話し声・道路騒音・生活騒音等がある

2 遮音

床の遮音	① 床衝撃音には、**重量衝撃音と軽量衝撃音**の2種類がある
	② 床衝撃音の遮音等級は**ΔL値**で表す。ΔL値は、その値が**小さいほど遮音性能が**<u>低い</u>（大きいほど遮音性能は<u>高い</u>）
界壁の遮音	**界壁の遮音等級**は、壁や窓の外側と内側でどれだけ音圧レベルの差があるかを意味する**D値**で表す。D値は、その値が**大きいほど遮音性能が**<u>高い</u>（小さいほど遮音性能は<u>低い</u>）
窓サッシの遮音	**窓サッシ等の建具の遮音性能**を比較する場合は**T値**が用いられる。T値は、数値が<u>大きい</u>ほど遮音性能が<u>高い</u>

3 熱に関する用語

　熱は、常に高温側から低温側に移動し、逆方向に流れることはない。建築物の壁体等での熱移動は、「**熱伝達 ＋ 熱伝導 ➡ 熱貫流**」として考える。

外皮平均熱貫流率	住宅の内部から床、外壁、屋根（天井）や開口部などを通過して外部へ逃げる熱量を外皮全体で平均した値のこと 値が<u>小さい</u>ほど熱が逃げにくく、省エネルギー性能が<u>高い</u>
熱伝達	**熱が空気から壁の表面へ**、または**壁の表面から空気へ**伝わること

熱伝達率	①	空気から壁の表面へ、または壁の表面から空気への**熱の伝達のしやすさ（伝わりやすさ）を示す値**
	②	材料表面の空気の動きに影響され、一般に空気の動きが大きいほど大きな値となる
熱伝導		**壁の内部**で、一方の表面から他方の表面に**材料中を熱が移動する**こと
熱伝導率	①	壁の内部で、一方の表面から他方の表面への**熱の移動のしやすさ（伝わりやすさ）を示す値**
	②	各材料ごとに固有の値を持つが、一般に**熱伝導率が大きくなると熱を伝えやすい**ので、**断熱性能が低くなる**
		➡ 同じ厚さであれば、**熱伝導率が大きい断熱材**を取り付けると**熱損失を軽減する効果が低くなる**
熱伝導抵抗	①	**熱の伝わりにくさを示す数値**
	②	既存の外壁に、同じ厚さの同じ断熱材を、室外側・室内側いずれに取り付けた場合でも、断熱材と外壁を合わせた**熱伝導抵抗は等しくなる**
	③	熱伝導抵抗の**大きい**断熱材や建具等の使用は、**節電に有効**
熱貫流		壁・床・屋根等を熱が通過することで、**室内の空気から屋外の空気に熱が伝わる**こと
熱貫流率	①	外壁等の建物の各部位について**熱の伝わりやすさを示す値**
	②	**熱伝導率と熱伝達率の2つの要素により決まる** ● 熱貫流率「大」➡ 熱が**通過しやすい**（⚠ 結露しやすい） ● 熱貫流率「小」➡ 熱が**通過しにくい**（⚠ 結露しにくい）
	③	**複層ガラスは熱貫流率が小さいので結露しにくい**
熱貫流抵抗	①	**熱の伝わりにくさを示す数値**
	②	この数値が**大きいほど熱が伝わりにくく、断熱性が高い**
	③	**窓のサッシの二重化**は、熱貫流抵抗を大きくし、**熱の損失を軽減する効果が大きくなる**

8
設備・構造

4 室内環境に関する用語

温熱要素	人体の体感に影響を及ぼす**気温・湿度・気流・放射**の総称
コールドドラフト	冬期に室内に低温の気流が流れ込む、またはガラスなどの冷壁面で冷やされた**低温の空気が下降する現象**
露点温度	空気の温度が下がっていくときに空気中の水蒸気の圧力が**飽和水蒸気圧に達する温度** ⚠露点温度以下になった場合は、壁等の表面で結露が発生する

5 内断熱・外断熱

断熱改修は夏季の暑さや冬季の寒さに対して、快適性を大きく改善し、壁内の結露防止や省エネ効果を期待できる。

断熱工法には、**内断熱**と**外断熱**とがある。

	構造躯体の**屋内側**に断熱層を設けるもの	
	メリット	デメリット
内断熱	●**コストが安い** ●**空調面で有利** ●外壁材を自由に選べる	●断熱材が湿気を吸収するので、**断熱性が低下** ●温度変化により**躯体に負担**がかかる ●**居室の面積が減少する**

	構造躯体の**屋外側**に断熱層を設けるもの ⚠共用部分の改修として行うものであり、専有部分の改修では行うことはできない	
	メリット	デメリット
外断熱	●**気密性が確保できる** ➡**結露対策として有効** ●温度変化による負担が**躯体にかからない**	●**コストが割高** ●**空調面で不利** （十分な換気が必要）
	●内断熱工法より外断熱工法の方が、熱を伝えやすい**ヒートブリッジ**が形成されにくく、結露発生のリスクが小さい	

6 結露対策

結露対策には、目的に応じて次のような方法がある。

目 的	有効な方法
水蒸気を大量に含んだ空気の発生の防止	輻射による暖房
水蒸気を大量に含んだ空気の屋外への排出	換気
開口部や外壁等の断熱の強化	① 外壁の断熱化
	② サッシの二重化
	③ 複層ガラスへの交換

7 ガラスの種類

建築用板ガラスには、主に次のようなものがある。

フロート板ガラス	① 現在流通する**板ガラスの主流**である
	② **熱を通しやすい**
合わせガラス	① **2枚以上のガラス**の間に接着力の強い**特殊樹脂フィルム**を挟み、高温・高圧で接着して生産される
	② **飛散防止性・耐貫通性**に優れている
強化ガラス	① 板ガラスを**加熱**した後、**急冷**して耐風圧強度を高めたガラス
	② 普通の板ガラスに比べ、**3～5倍**の耐風圧強度がある
複層ガラス	① **2枚のガラス**をスペーサーで一定の間隔に保ち、その周囲を封着材で密封し、**内部に乾燥空気を満たした**ガラス
	② 普通の板ガラスに比べ、2倍以上の**断熱効果**があり、結露防止**効果**がある

【複層ガラス】

- 板ガラス
- 板ガラス
- 中空層
- 封着材
- 接着剤入りスペーサー

知識をチェック　　今年狙われる!! 「予想問題」&「重要過去問」 ➡ P.305

8

設備・構造

POINT 9 電気設備

❶ マンションに高圧引込みで電力を供給する場合には、借室変電設備を設
□□ 置するが、借室変電設備の維持管理は、管理組合で行う。 予想問題

❷ 単相３線式で 200 ボルトの電気器具を使用する場合においては、３本
□□ の電気配線のうち中性線と他の電圧線を利用する。 管過 H25

POINT 10 その他の設備等

❸ ガス瞬間式給湯器の能力表示に用いられる単位の１号は、流量１ℓ/min
□□ の水の温度を 25℃上昇させる能力をいい、１kW に相当する。 予想問題

❹ 自然冷媒ヒートポンプ給湯器とは、冷媒にフロンなどを使用せずに、二
□□ 酸化炭素を利用したヒートポンプ給湯器である。 管過 H26

POINT 11 建物の構造❶

❺ ラーメン構造とは、鉄筋コンクリートの壁・床を一体にして箱状の構造
□□ 体を構成し、荷重や外力に対応する構造形式である。 予想問題

❻ プレキャストコンクリート構造とは、工場や現場構内で製造した鉄筋コ
□□ ンクリート板の壁・床や柱・梁を現場で組み立てる構造形式である。
予想問題

POINT 12 建物の構造❷（耐震関連）

❼ 制震構造とは、建物の骨組み等に制震装置を設けて、地震のエネルギー
□□ を吸収することにより建物が負担する地震力を低減させ、破壊されにく
くする構造形式である。 予想問題

❽ 免震構造とは、免震装置を配置することにより、地震力に対して建築物
□□ がゆっくりと水平移動し、建築物に作用する地震力を低減する構造形式
をいう。 管過 H24

POINT 13 建築材料

❾ フレッシュコンクリート（生コン）に含まれるセメントペースト中のセ
□□ メントに対する水の容積比を、水セメント比という。 予想問題

❿ ファイバーボードは、木材などの植物質繊維を原料として成形した面材
□□ の総称である。 管過 H17

⓫ 「露出アスファルト防水工法」は、ルーフ・バルコニー等の日常的に歩
□□ 行する場所に採用される。 予想問題

⓬ シリコーン系シーリング材は、耐久性及び接着性が高く、目地周辺を汚
□□ 染しないので、使用箇所が限定されない。 マ過 R4

⓭ 界壁の遮音等級を示すD値は、その値が大きいほど遮音性能が低い。
□□ 予想問題

⓮ マンションにおける夏の節電対策において、熱伝導抵抗の大きい断熱材
□□ や建具等により、住宅の断熱性能を高め熱の出入りを減少させること
は、節電に有効である。 マ過 H23

8

「予想問題」&「重要過去問」

⓰

答 **POINT 9** ❶✕：電力会社が行う。❷✕：中性線「以外」の上と下の電圧線を
利用すれば「200V」が利用できる。**POINT 10** ❸✕：「1.74 kW」に相当。❹○
POINT 11 ❺✕：本問は「壁式構造」の記述。❻○ **POINT 12** ❼○ ❽○
POINT 13 ❾✕：「重量比」である。❿○ **POINT 14** ⓫✕：日常的に歩行する場所に
は採用されない。⓬✕：シリコーン系シーリング材は、目地周辺を汚染するので使用
箇所が限定される。**POINT 15** ⓭✕：遮音性能が「高い」。⓮○

第9章

....

維持・保全

大規模修繕工事

●**設計監理方式**➡設計と工事を分離して発注、設計を依頼した専門家に、さらに工事監理を委託する方式

重要度 マ B
管 C

1 大規模修繕工事

　大規模修繕とは、計画修繕のうち、建物の全体や複数の部位に対して行う大規模な修繕をいう。経年で劣化した建物の各部を、現状または実用上支障がない状態まで回復させる修繕がメインだが、必要に応じて性能や機能を向上させるグレードアップの要素を含めた改修工事も行われる。

❖ 大規模修繕の基本的な進め方（例）

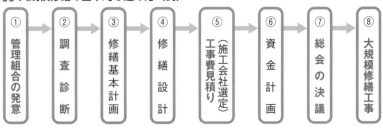

① 管理組合の発意 → ② 調査診断 → ③ 修繕基本計画 → ④ 修繕設計 → ⑤ 工事費見積り（施工会社選定）→ ⑥ 資金計画 → ⑦ 総会の決議 → ⑧ 大規模修繕工事

2 大規模修繕の方式

　大規模修繕の方式には、次の3つがある。

①	設計監理方式	●設計と工事を分離して発注し、**設計を依頼した専門家**には工事の段階では工事監理（設計者自らが設計内容と工事内容が適合しているか否かを確認する行為）を委託する方式
		●責任施工方式に比べて工事の**厳正なチェックが期待できる**
②	責任施工方式	●調査診断・修繕設計・工事施工・工事監理を分離せずに、一括して**同一業者に委託**する方式
		●**第三者によるチェックがない**ので、割高または安易な工事で終わることがある
③	管理業者主導方式	管理業者が管理組合の意向を受け、工事の準備や実施を主導的に行う方式

3 大規模修繕工事の注意点

① 大規模修繕工事の施工会社の選定に当たっては、見積金額だけではなく、**修繕工事実績・工事保証能力・施工管理体制・施工計画等**から総合的に判断する必要がある。

② 大規模修繕工事のコンサルタントには、マンションの建物の調査・診断や修繕設計等だけに限られず、**施工会社選定への助言・協力、長期修繕計画の見直し・資金計画に関する助言**等もできることが望まれる。

4 主な修繕工事項目と修繕周期の例 (長期修繕計画標準様式)

	修繕工事項目	工事区分	修繕周期
建物	**屋根防水・床防水**		
	屋上防水(保護)	補修	12年
		修繕	24年
	屋上防水(露出)	補修	12年
		撤去・新設	24年
	バルコニー床防水	修繕	12年
	鉄部塗装等、建具・金物等		
	鉄部塗装(雨掛かり部分)	塗替	4年
	鉄部塗装(非雨掛かり部分)	塗替	6年
設備	**給・排水設備**		
	給水管	更生	15年
		取替	30年
	貯水槽	取替	25年
	給水ポンプ	補修	8年
		取替	16年
	排水管	更生	15年
		取替	30年
	排水ポンプ	補修	8年
		取替	16年
	ガス・昇降機設備		
	ガス管	取替	30年
	昇降機	補修	15年
		取替	30年

9
維持保全

知識をチェック ✏ 今年狙われる!!「予想問題」&「重要過去問」➡ P.326　309

劣化と調査・診断

 ●マンションの劣化➡物理的劣化・機能的劣化・社会的劣化

1 マンション劣化の主な種類

①	物理的劣化	●雨水や炭酸ガス等の化学的要因による劣化
		●継続使用による減耗等の物理的要因による劣化
②	機能的劣化	●建設後の技術向上による、当初設置された機器等の相対的な劣化（陳腐化）
		●「法改正によって現行法に不適合な状態になる」という意味での、相対的な劣化（陳腐化）
③	社会的劣化	社会的要求水準・要求内容の変化による劣化

2 劣化診断（建物診断）

劣化診断は、一般的に次の手順で行われる。

予備調査	●劣化診断の際には、調査目的をよく確認し、最適な診断を決定するための予備調査を行い、診断計画書を作成する
	●予備調査にあたっては、建物の状況を確認するとともに設計図書や過去の診断・修繕の記録等も調査する
	●予備調査の段階では、調査機器・用具の準備を行うが、これらの使用や破壊試験は行わない
	●予備調査で、居住者への全戸アンケートが行われることもある
本調査	経済性を考慮して簡便な調査（一次診断）から始め、それでも判断がつかない場合に二次診断・三次診断へとステップを踏むのが一般的
改修基本計画の作成	調査・診断の結果、修繕等が必要となった場合には、工事の項目・内容・スケジュール・費用等を記載した改修基本計画を作成する

3 耐震診断

(1) 耐震基準

① 1968（昭和43）年の**十勝沖地震**の発生を受け、1971（昭和46）年に**建築基準法施行令**が改正され、鉄筋コンクリート造の柱の帯筋（せん断補強筋）の規定が強化された。

② その後、1978（昭和53）年の宮城沖地震の発生を受け、**1981（昭和56）年**に建築基準法施行令が改正され、現行の新耐震基準が導入された。この「新耐震基準」の目標は、**震度6強～震度7程度**の地震に対して、人命に危険を及ぼすような倒壊や崩壊等が生じないことである。

(2) 耐震診断方法

耐震診断基準により、**次の3種類の診断方法**がある。診断法の次数が上がるほど算定法は詳しくなり、それに伴い結果の信頼性が高まる。

①	一次診断	●柱と壁の量によって診断する**最も簡便な診断方法**
		●壁の多い建物など耐震性能の高いと思われる建物を診断するのに適している
②	二次診断	●柱と壁の量だけでなく、**コンクリート強度や配筋を考慮する標準的な診断方法**
		●壁が少ない建物を診断するのに適している
③	三次診断	●柱や壁だけでなく、**梁の強度や壁の回転等を考慮する、最も精度の高い診断法**
		●二次診断と併用することが望ましい

(3) 耐震性の判定（構造耐力上主要な部分の耐震性を評価する指標）

鉄筋コンクリート造のマンションで、構造耐力上主要な部分が**地震の振動・衝撃に対して倒壊し、または崩壊する危険性が低い**（**安全性が高い**）と判断されるのは、Is値が 0.6 以上の場合で、かつ、q値が 1.0 以上の場合である。　⚠ Is値・q値は、その値が小さいほど耐震性が低い

Is値	建築物の各階の**構造耐震指標** （耐震診断を行った建物の耐震性能を表す指標）
q値	建築物の各階の保有水平耐力に係る指標 （建物の地震による水平力に対応する強さの指標）

9

維持保全

知識をチェック　　今年狙われる!! 「予想問題」＆「重要過去問」 ⇒ P.326　311

劣化症状と診断①

1 外壁タイル等の劣化症状

劣化症状	定 義
剥落 (はく らく)	浮いていたコンクリートが躯体からはがれ落ちること ⚠タイル1枚でも剥落があれば、その他の部位でも 同様に剥離が発生している場合が多い
欠 損	タイルが**部分的に欠けた**状態 原因 凍害・熱膨張・物体の衝突等
白華現象 (はっか) (エフロレッセンス)	コンクリートやタイルの表面に、**セメント中の石灰等が**水に溶けて浸み出し、**空気中の炭酸ガスと化合し**、コンクリートやレンガ目地等の**表面で結晶化した白色**の物質が**発生**する症状
ひび割れ (クラック)	① 幅が **0.2mm 以下のひび割れ**は、一般には**許容範囲内**
	② 漏水、コンクリートの**中性化や鉄筋の腐食**を促進する 原因 躯体コンクリートのひび割れ・仕上げ面の収縮等
錆水の付着	① 建具、取付け金具、手すりの埋込み部・鉄筋コンクリート中の鉄筋等、鉄部の発錆により錆水が出る現象
	② 鉄筋の錆が原因の場合は、コンクリートの剥離落下の原因にもなり、建物の耐久性に大きく影響する
浮 き (剥 離)	**タイルとモルタルの境界面・仕上げモルタルと躯体コンクリートの境界面**の接着が不良となり隙間が生じ、**部分的に分離**した状態 原因 伸縮調整目地を適切な間隔で設けていない（タイルに 生じるひずみの影響）・養生期間不足等
ふくれ	タイル張り層・仕上げモルタル層の**浮きが進行**し、**部分的に凸状に変形**し、肉眼で確認ができる状態

2 外壁タイル等の診断

外壁タイルやモルタルの劣化症状の診断は、次のように行う。

目視診断	●**目視**や双眼鏡等によって不具合の有無を確認する
	●調査対象⇒**剥落・欠損・ひび割れ・白華現象**
打撃診断	**外壁打診用のハンマー**（**パールハンマー・テストハンマー**）で部分打診・全面打診を行い、その打音によりタイルやモルタル仕上げ層の**浮き**の有無・程度を診断する ⇒浮き部分は、周辺より**打音が**低く**なる**
非破壊診断	① **反発法** タイル面に一定の打撃を加え、その衝撃により生じた跳ね返りの大きさを自動的に記録し、タイルの浮き等を調査する
	② **赤外線法**（**赤外線サーモグラフィ法**） 建物の外壁タイルまたはモルタル仕上げ等の**剥離部と健常部の熱伝導の違い**による温度差を、**赤外線映像装置**で測定し、タイル面の**浮き等の程度**を調査する ⇒浮き部分は、周辺より**高温になる**
破壊診断	目地等に切り込みを入れて**建研式接着力試験器**でタイルを引っ張り、剥がれるのに必要な力を測定し、**付着力を診断する**

3 外壁タイル等の改修

外壁タイルやモルタルの改修には、次のような工法がとられる。

注入口付き アンカーピンニング エポキシ樹脂注入工法	仕上げ層の浮き部分に、注入口付きの金属製の**アンカーピン**により**エポキシ樹脂を注入**する工法
ピンネット工法	**樹脂製のネット**や**アンカーピン**でモルタルやタイルをコンクリートに固定し、その上からひび割れた部分を**ネット層**で**補強**し、外壁の落下を防止する工法

9

維持・保全

劣化症状と診断❷

- ●ポップアウト➡内部の膨張圧でコンクリート表面が円錐形の
  くぼみ状に破壊されたもの
- ●シュミットハンマー➡コンクリートの強度を測定する

重要度	マ	S
	管	B

---

1 鉄筋コンクリートの劣化症状

劣化症状	定　義
剝落 (はくらく)	① 仕上げ材が**はがれ落ちる**こと
	② コンクリートの中性化による鉄筋の腐食等が原因で、**浮いていたコンクリート**が**はがれ落ちる**こと
エフロレッセンス	外壁タイルの劣化症状（➡POINT3 **1**）と同様
ひび割れ (ひび割れの主な原因)	① <u>中性化</u>による鉄筋の腐食 鉄筋に沿って、コンクリート表面に**規則性のある直線状の大きなひび割れ**が発生
	② **乾燥収縮** コンクリートは硬化・乾燥する過程で収縮するため、**開口部の周囲では**<u>放射状</u>に、外壁部や隅角部では斜め方向に発生
	③ **ブリージング** ●コンクリート打設後、表面に混練水（レイタンス）が分離して浮き出してくる現象 ●コンクリートの沈下に伴い、水平鉄筋や部材断面が変化する箇所の上面に**規則性のある直線状の表面ひび割れ**が発生
	④ <u>アルカリ</u>骨材反応 コンクリート中の**アルカリ濃度**が異常に高い場合、**骨材**と化学反応を起こし、骨材の表面に膨張性の物質が形成され、**不規則な亀甲状のひび割れ**が発生
	⑤ **建物の**<u>不同沈下</u> ●地盤沈下・杭の耐力不足・基礎不良等により建物の各部で**不均一な沈下**が生じる現象 ●大きな壁では、**逆八字形のひび割れ**が発生

錆鉄筋の露出	**腐食した鉄筋**が、コンクリートを内側から押し出して剥離させ、**自ら露出**した状態。点状・線状・網目状に露出することもあり、新築時の<u>かぶり厚さ</u>**不足**が主な原因
錆汚れ	●腐食した**鉄筋の錆**がひび割れ部から流出して、仕上げ材またはコンクリートの表面に付着している状態
	●原因の１つに<u>中性化</u>がある
ポップアウト	コンクリート内部の**凍害**や<u>アルカリ</u>**骨材反応**による鉄筋の腐食に起因する膨張圧等によって、**コンクリート表面の小部分が**<u>円錐形のくぼみ状</u>**に破壊**された状態
浮 き	●仕上げ材➡躯体から剥離した状態
	●躯体コンクリート➡鉄筋のかぶり等が浮いている状態
コールドジョイント	打設したコンクリートに、一定時間おいて打ち足した場合に生じる、**完全に一体化しないコンクリートの打ち継ぎ跡**（継ぎ目）をいう。ブリージングが多いコンクリートほど起こりやすい

2 鉄筋コンクリートの劣化症状の診断

9

維持・保全

中性化診断	●測定部位のコンクリートに穴を開け（コア抜き）、取り出したものに<u>フェノールフタレイン</u>**溶液**を専用機器で吹き付けた後、**中性化の深さを測定**
	<table><tr><td>アルカリ側</td><td><u>赤色に変色</u></td></tr><tr><td>酸性側（中性化部分）</td><td><u>無色</u></td></tr></table>
	●使用機器➡**コンクリートチェッカー・ノギス・**スケール
コンクリート強度診断	① <u>シュミットハンマー</u>**試験**（非破壊検査） ➡<u>シュミットハンマー</u>（重りとバネを内蔵し、コンクリートの表面に打撃を加え、跳ね返りの距離によって<u>圧縮強度</u>**を測定**する非破壊検査機器）を用いる
	② 超音波法、赤外線法（非破壊検査）
	③ 局部破壊検査 ➡引き抜き法（コンクリートのコアを抜いて行う破壊検査）
ひび割れ診断	●ひび割れの形状・分布状態（パターン）・ひび割れの幅を調査
	●使用機器➡<u>クラックスケール</u>（ひび割れの幅を測る計測器）

3 ひび割れ補修工法

ひび割れの補修には、その割れ幅に応じて次のような工法がある。

エポキシ樹脂 注入工法	●幅 0.2mm以上 1.0mm未満のひび割れを修繕する工法 ●低粘度のエポキシ樹脂を 20 〜 30㎝間隔で取り付けた 注入パイプから自動的に低圧で注入（自動低圧式）		
Uカットシール材 充てん工法	幅 1.0mm以上のひび割れに対し、幅 10mm・深さ 10〜15mm のU字型に溝を切り、ひび割れの挙動の大きさにより下 記を充てんする		
	挙動の大きいひび割れ	シーリング材	
	挙動の小さいひび割れ	可とう性エポキシ樹脂	

4 外壁塗装の劣化症状

①	汚れの付着	大気汚染物質（ちりやホコリ、排気ガス等）・生物汚染物質（藻やカビ類の繁殖等）等の塗膜表面に付着する現象
②	光沢度の低下	塗膜表面が紫外線・熱・水分・酸素等の作用により光沢が低下する現象
③	変退色	塗膜の材質が紫外線等の作用で変色・退色する現象
④	白亜化 （チョーキング）	塗膜表面の劣化により、塗膜が離脱しやすくなり、粉末状になる現象
⑤	ふくれ	塗り重ねた塗膜間や塗膜と素地の間に発生した気体または液体を含んで盛り上がる現象
⑥	割 れ	素地の割れや、水分の凍結・融解等の繰り返しによって塗膜が部分的に破断する現象
⑦	剥がれ	塗膜の接着力の低下により、一部または全面がはがれ落ちる現象

5 外壁塗装の診断

外観目視	●色見本等との比較が主体で、光沢計や測色色差計を使用した 機器測定を行う場合もある
	●チョーキングについては、手で塗膜表面をこすって判断する 指触診断等でも診断可能

	引張試験	建研式接着力試験器を用いて、塗料等の仕上材の表面引張強度を診断する
付着力診断	クロスカット試験	●塗装面（主に薄膜）に、カッターで格子状のキズをつけてその上から粘着テープ等を貼り、はがした後の塗装がどれだけ残っているかで仕上げ塗材の付着度を測定する試験
		●厚膜の場合は建研式接着試験器を使用する

6 外壁塗装の改修工法

既存の塗膜の全面撤去を行わず、その上からプライマー（接着剤）を塗り、さらにトップコート（仕上げ剤）を塗るのが一般的である。

7 アルミサッシの劣化症状と診断

(1) アルミサッシの劣化には、表面の汚れ、ガラスと窓枠を固定するシール部分の劣化、割れ・剥離・破断等がある。また、アルミニウム合金は、腐食すると白色の点食が生じる。

(2) アルミサッシの劣化症状の診断は、主に目視により行うが、光沢度・塗膜付着性等については計測機器等を使用して診断する方法もある。

8 アルミサッシの改修工法

かぶせ工法	カバー工法	●古い窓枠を残したまま、新しいサッシを取り付ける工法
		●既存の窓枠より、有効開口寸法が高さ・幅寸法とも約70㎜程度狭くなる
	ノンシール工法	●カバー工法と同様、既存サッシ枠を残したまま、新規枠をかぶせて取り付ける工法
		●洗面所・トイレ・浴室等の比較的小型のサッシに採用
		●カバー工法では必要な外部側のシーリング材充てん作業が不要
はつり工法		●既存サッシ枠周りの躯体をはつり取り、新規のサッシ枠を取り付ける工法
		●騒音・振動・粉塵が多く、居住者や近隣への影響が大きい
引抜き工法		●油圧工具またはジャッキ等で既存のサッシを枠ごと引き抜き、撤去して新しいサッシと交換する工法
		●かぶせ工法と比べ、工期が長くかかる

● **長期修繕計画**は、新築・中古とも計画期間を 30 年以上とし、大規模修繕を 2 回以上行うことを想定する
● **修繕積立金の積立**は、均等積立方式が基本

重要度　マ S　管 S

1　長期修繕計画作成ガイドライン・同コメント（国土交通省）

対象 （単棟型）		管理規約に定められた**組合管理部分である**敷地・建物の共用部分・附属施設（共用部分の修繕工事または改修工事に伴って修繕工事が必要となる専有部分を含む）を対象とする
前提条件		① **推定修繕工事**は、建物および設備の性能・機能を新築時と同等水準に維持・回復させる修繕工事を基本とする
		② **区分所有者の要望**による等、必要に応じて建物・設備の性能を向上させる改修工事を設定する
		③ 法定点検等の点検・経常的な補修工事を適切に実施する
		④ 計画修繕工事の実施の要否・内容等は、事前に調査・診断を行い、その結果に基づいて判断する
用語の定義	推定修繕工事	長期修繕計画において、計画期間内に見込まれる修繕工事（補修工事（経常的に行う補修工事を除く）を含む）および改修工事
	計画修繕工事	長期修繕計画に基づいて計画的に実施する修繕工事および改修工事
	大規模修繕工事	建物の全体または複数の部位について行う大規模な計画修繕工事（全面的な外壁塗装等を伴う工事）
	修繕積立金	計画修繕工事に要する費用に充当するための積立金
	推定修繕工事費	推定修繕工事に要する概算の費用
	修繕工事費	計画修繕工事の実施に要する費用
	推定修繕工事項目	推定修繕工事の部位、工種等による項目
対象範囲	単棟型	管理規約に定めた組合管理部分である敷地、建物の共用部分および附属施設（共用部分の修繕工事または改修工事に伴って修繕工事が必要となる**専有部分を含む**）
	団地型	団地全体の土地、附属施設および団地共用部分ならびに各棟の共用部分

推定修繕工事の内容設定・概算の費用の算出等	新築マンション	**設計図書・工事請負契約書による請負代金内訳書・数量計算書等**を参考にして行う
	既存のマンション	**保管されている設計図書**のほか、**修繕等の履歴、劣化状況等の調査・診断結果に基づいて行う**が、将来実施する計画修繕工事内容・時期・費用等を**確定するものではない**
計画期間の設定	①	計画期間は、<u>30</u> 年以上とし、**大規模修繕工事が<u>2</u>回以上行われる**ことを想定したものとする
	②	**長期修繕計画**は、不確定な事項を含んでいるので、**<u>5</u>年程度ごとに調査・診断**を行い、その結果に基づいて**見直すことが必要**であり、併せて修繕積立金の額も見直す
修繕積立金の積立方法		計画期間に積み立てる**修繕積立金の額を<u>均等</u>にする積立方式**（<u>均等積立方式</u>）を基本とする ⚠均等積立方式でも、修繕積立金の額の見直しが必要になるケースがある
長期修繕計画見直しの時期		長期修繕計画の見直しは、以下の場合がある
	①	大規模修繕工事と大規模修繕工事の<u>中間</u>の時期に単独で行う場合
	②	大規模修繕工事の<u>直前</u>に基本計画の検討に併せて行う場合
	③	大規模修繕工事の実施の<u>直後</u>に修繕工事の結果を踏まえて行う場合
修繕周期の設定	①	新築マンションの場合、推定修繕工事項目ごとに、マンションの仕様、立地条件等を考慮して設定する
	②	既存マンションの場合、さらに建物および設備の劣化状況等の調査・診断の結果等に基づいて設定する ⚠設定に当たっては、<u>経済性等を考慮し</u>、推定修繕工事の集約等を検討する
建替えの検討		高経年のマンションの場合は、必要に応じて「マンションの建替えか修繕かを判断するためのマニュアル（国土交通省）」等を参考とし、建替えも視野に入れて検討を行うことが望まれる
長期修繕計画の構成		①マンションの建物・設備の概要等、②調査・診断の概要、③長期修繕計画の作成・修繕積立金の額の設定の考え方、④長期修繕計画の内容、⑤修繕積立金の額の設定の<u>5つ</u>

9

維持・保全

マンションの建物・設備の概要等	敷地、建物・設備および附属施設の概要（規模、形状等）、関係者、管理・所有区分、維持管理の状況（法定点検等の実施、調査・診断の実施、計画修繕工事の実施、長期修繕計画の見直し等）、会計状況、設計図書等の保管状況等の概要について示すことが必要
長期修繕計画の作成および修繕積立金の額の設定の手順	① 新築マンションの場合は以下のいずれか ● 分譲会社が提示した長期修繕計画（案）と修繕積立金の額について、購入契約時の書面合意により分譲会社からの引渡しが完了した時点で決議したものとする ● 引渡し後速やかに開催する管理組合設立総会において、長期修繕計画および修繕積立金の額の承認に関しても決議する ② 既存マンションの場合 長期修繕計画の見直しおよび修繕積立金の額の設定について、理事会、専門委員会等で検討を行ったのち、専門家に依頼して長期修繕計画および修繕積立金の額を見直し、総会で決議する
建具等の取扱い	計画期間を30年とした場合であっても、窓のサッシ等の建具の取替えや給排水管の取替えなどは、修繕周期が計画期間を上回り、計画期間内に含まれていないことがあり、見直しの際には注意が必要
計画修繕工事の実施	計画修繕工事を実施する際は、その基本計画の検討時において、建物および設備の現状、修繕等の履歴などの調査・診断を行い、その結果に基づいて内容や時期等を判断する
修繕工事費の単価の設定	① 修繕工事特有の施工条件等を考慮し、部位ごとに仕様を選択する（新築・既存マンション共通） ② 新築マンションの場合、設計図書、工事請負契約による請負代金内訳書等を参考にする ③ 既存マンションの場合、過去の計画修繕工事の契約実績、その調査データ、刊行物の単価、専門工事業者の見積価格等を参考にする
長期修繕計画書等の保管・閲覧	① 管理組合は、分譲会社から交付された設計図書等のほか、計画修繕工事の設計図書、点検報告書等の修繕等の履歴情報を整理し、区分所有者等の求めがあれば閲覧できる状態で保管する ② 管理組合は、長期修繕計画を管理規約等と併せて、区分所有者等から求めがあれば閲覧できるように保管する

(1) 修繕積立金の積立方法

積立方法には次の2つがあるが、均等積立方式が望ましい。

均等積立方式	①	将来にわたり定額負担として設定するため、将来の増額を組み込んでおらず、安定的な修繕積立金の積立てができる
	②	修繕資金需要に関係なく均等額の積立金を徴収するため、段階増額積立方式に比べ、多額の資金を管理する状況が生じる
	③	均等積立方式であっても、その後の長期修繕計画の見直しにより増額が必要になる場合もある
段階増額積立方式	①	修繕資金需要に応じて積立金を徴収する方式であり、当初の負担額は小さく、多額の資金の管理の必要性が均等積立方式と比べて低い
	②	将来の負担増を前提としており、計画どおりに増額しようとする際に区分所有者間の合意形成ができず修繕積立金が不足する場合がある

(2) 修繕積立金の主な変動要因

①	超高層マンション（20階以上）	外壁等の修繕のために建物の周りに設置する**仮設足場**やゴンドラ等の設置費用が高くなるほか、**施工期間も長引く**等により、**工事費が高くなる**
②	大規模のマンション	一般的に建物の規模が大きく、**まとまった工事量になる**ほど施工性が向上し、**修繕工事の単価が安くなる**
③	建物より屋外部分の広いマンション	**給水管**や排水管等が長くなり、アスファルト舗装や街灯等も増えるため、**工事費が高くなる**
④	外壁がタイル張りの場合	適時適切に調査・診断を行う必要があり、工事費は、**劣化の状況により大きく変動する**
⑤	近年の新築マンション	●手すり等に錆びにくい**アルミ製等**のものが多く採用され、**金属部分の塗装に要する工事費が少なくて済む** ●配管に**ステンレス管**や**プラスチック管等**の腐食しにくい材料が使われ、更生工事の必要がなく、取替工事も遅らせられるので、**給・排水管の工事費が少なくて済む**

- 防犯に配慮した設計指針の基本原則は「監視性の確保」「領域性の強化」「接近の制御」「被害対象の強化・回避」の4つ
- 「50ルクス」以上 → 10 m先の人の顔・行動を明確に識別できる照度

重要度 マ S／管 C

1 防犯に配慮した共同住宅に係る設計指針

国土交通省は、警察庁と連携し「防犯に配慮した共同住宅に係る設計指針」を策定・公表しており、次の4つを基本原則としている。

①	監視性の確保	周囲からの見通しを確保する
②	領域性の強化	居住者の帰属意識の向上、**コミュニティ形成の促進**を図る
③	接近の制御	犯罪企図者の動きを限定し、**接近を妨げる**
④	被害対象の強化・回避	部材や設備等を破壊されにくいものとする

2 共用部分別の照度の目安と主な留意事項

共用部分	照 度*	主な留意事項	
共用出入口（共用玄関ホール）	50 ルクス以上	●扉の内外を相互に見通せる構造にするとともに、**オートロックシステムが導入**されたものであることが望ましい	
		●**防犯カメラの設置等**、見通しを補完する対策の実施	
共用玄関以外の出入口	20 ルクス以上	**道路等からの見通しが確保された位置**に設置することが望ましい	
管理人室		共用玄関・共用メールコーナー・エレベーターホールを見通せる位置、またはこれらに近接した位置に配置する	
共用メールコーナー	50 ルクス以上	**防犯カメラの設置等**、見通しを補完する対策の実施	
エレベーターホール	50 ルクス以上	**共用玄関の存する階**	**防犯カメラの設置**等、見通しを補完する対策の実施
	20 ルクス以上	その他の階	

エレベーターのかご内	50 ルクス以上	●かご・昇降路の出入口の扉は、エレベーターホールからかご内を見通せる構造の窓が設置されたものとする
		●防犯カメラを設置する必要がある
共用廊下・共用階段	20 ルクス以上	共用階段は共用廊下等に開放された形態であることが望ましい
自転車置場・オートバイ置場	3 ルクス以上	●道路等・共用玄関・居室の窓等からの見通しが確保された位置に配置する
		●防犯カメラの設置等、見通しを補完する対策の実施
駐車場	3 ルクス以上	●極端な明暗が生じないよう配慮する
		●防犯カメラの設置等、見通しを補完する対策の実施
歩道・車道等の通路		●極端な明暗が生じないよう配慮する ●動線が集中するように配置することが望ましい
児童遊園・広場・緑地等		塀・柵・垣等は、周囲から見通しが確保されない死角の原因とならないものであること
ゴミ置き場		他の部分と塀・施錠可能な扉等で区画されたものとするとともに、照明設備を設置したものとすることが望ましい
集会所等の共同施設		●周囲からの見通しが確保されたものとする ●利用機会が増えるよう、設計・管理体制等を工夫する

9
維持保全

*:「照度」の目安

50 ルクス以上	10 m先の人の顔・行動を明確に識別できる程度以上
20 ルクス以上	10 m先の人の顔・行動を識別できる程度以上
3 ルクス以上	4 m先の人の行動を視認できる程度以上

知識をチェック　　今年狙われる!!「予想問題」&「重要過去問」 ➡ P.327

POINT 7 維持・保全（その他）

- 高圧洗浄法は、高速噴流により管内付着・堆積物等を除去
- スケルトン・インフィル（SI）住宅は、住宅を建物躯体と内装設備に分離して計画する

重要度 マ B　管 C

1 排水管の清掃方法（機械式洗浄方法）

排水管の洗浄には、管内の付着・堆積・閉塞物を物理的に剥離（はくり）・粉砕して取り除く方法（機械式洗浄方法）として、主に次の4つがある。

① 高圧洗浄法	高圧洗浄機・高圧洗浄車からホースで導水し、ホースの先端に取り付けられたノズルから噴射する高速噴流により管内の付着・堆積物等を除去する方法
② スネークワイヤー法	スクリュー形・ブラシ形等のヘッドを先端に取り付けたワイヤーを、排水管内に回転させながら挿入し、押し引きを繰り返しながら管内の停滞や付着物等を除去する方法
③ ロッド法	1.0～1.8m程度のロッド（長い棒）をつなぎ合わせて、手動で排水管内に挿入して閉塞物等を除去する方法。敷地排水管や雨水敷地排水管に適用され、排水ますから挿入して作業する
④ ウォーターラム法	閉塞した排水管内に水を送り込み、空気ポンプを使用して圧搾空気を管内に一気に放出し、その衝撃波により閉塞物等を破壊・離脱させて除去する方法

2 マンションの住棟形式

マンションの住棟形式は、住戸へのアクセス方法により、次のように分類される。

タウンハウス型	●上下に他の住戸が重ならない棟割長屋形式
	●各住戸に専用庭があり、共用の広場・庭・駐車場等のコモンスペースもある
廊下型	●共用廊下の一方に住戸を設ける片廊下型、両方に設ける中廊下型がある
	●中廊下型は、日照等の居住性が劣るため採用例は少ない

階段室型	●**階段室・エレベーターから**直接各住戸に入る**形式**
	●廊下型に比べると各住戸の独立性は高い
スキップフロア型	2階おき程度にエレベーターの停止階・共用廊下を設け、エレベーターの停止階以外の階には階段によって各住戸に達する形式
メゾネット型	各住戸が2階層以上で構成された形式
コア型	●超高層住宅で用いられ、**エレベーター・階段室等を**中央に置き、その周辺に住戸を配置する**形式**
	●方位によって居住性(採光・通風)に不利な住戸ができる

3 近年のマンションの供給方式

マンションの供給の拡大に伴い、様々な技術開発とともに、次のような新たな供給方式が導入されている。

センチュリー・ハウジング・システム(CHS)	●**長期間にわたって快適に住み続けられる住宅**を提供するための設計・生産・維持管理にわたるトータルシステムの考え方
	●部屋の広さや間取りが変えられ、住まいを傷めずに配管等の部品の交換ができることや耐久性の高い部材や構造を用いること等、一定の基準を満たすことでCHS住宅と認定される
	●「100年住宅」とも称される
スケルトン・インフィル住宅(SI住宅)	●住宅全体を建物躯体(**スケルトン**)と内装設備(**インフィル**)とに分離して計画する方式
	●**メンテナンス**(維持・補修・交換・更新等)の容易性や耐震性等が確保されるように配慮されている
環境共生住宅	地球環境保全を促進する観点から、地域の特性に応じ、**エネルギー・資源・廃棄物等の面で適切な配慮が行われる**とともに、**周辺環境と調和**し、**健康で快適に生活できる**ように工夫されている
コンバージョン	●既存建物の利用目的を別の用途に変えること
	●特に**既存のオフィスビルを分譲マンションに改修する**コンバージョンが注目されている

9

維持保全

POINT 1 大規模修繕工事

❶ 設計監理方式とは、調査診断、修繕設計、工事施工、工事監理を同一施工業者に委ねる方式を指すのが一般的である。 予想問題

❷ 責任施工方式とは、修繕設計と工事監理を設計事務所に委ね、工事施工は施工業者に委ねる方式を指すのが一般的である。 予想問題

POINT 2 劣化と調査・診断

❸ 劣化診断における予備調査は、目視等簡便な方法で行い、通常は、診断機器の使用や破壊試験は行わない。 予想問題

❹ 鉄筋コンクリート造のマンションでは、構造耐力上主要な部分が地震の振動および衝撃に対して倒壊し、または崩壊する危険性が低いと判断されるのは、Is が 0.6 以上の場合で、かつ、q が 1.0 以上の場合である。 管過 H28

POINT 3 劣化症状と診断❶

❺ エフロレッセンスとは、アルカリ反応性骨材とセメントなどのアルカリ分が長期にわたって反応し、コンクリートにひび割れや崩壊を生じさせる現象である。 予想問題

❻ 赤外線サーモグラフィ法は、外壁タイルの浮きを調査・診断することを目的としている。 マ過 H18

POINT 4 劣化症状と診断❷

❼ ポップアウトとは、コンクリート内部の部分的な膨張圧によってコンクリート表面が円錐形のくぼみ状に破壊された状態をいう。 予想問題

❽ マンションの建物（鉄筋コンクリート造）に生じたひび割れは、建物の不同沈下が原因の１つと考えられる。 マ過 H22

❾ コンクリートの中性化深さの調査に当たって、コア抜きしたコンクリートにフェノールフタレイン溶液を噴霧し、赤色に変化した部分を中性化部分として測定したことは、適切である。 マ過 H22

⑩ 新築マンションの長期修繕計画の計画期間は 30 年以上とされている。
□□ 予想問題

⑪ 修繕積立金の積立ては、長期修繕計画の作成時点において、計画期間に
□□ 積み立てる修繕積立金の額を均等にする積立方式を基本とする。
管過 H26

POINT 6 防犯に配慮した共同住宅に係る設計指針

⑫ マンションの改修に当たっては、監視性の確保、領域性の強化、接近の
□□ 制御及び被害対象の強化・回避の４つの基本原則を踏まえたうえで改修
計画を検討する。 予想問題

⑬ 自転車置場の照明設備は、10 ｍ先の人の行動が視認できる程度以上と
□□ なるよう、床面において概ね３ルクス以上の平均水平面照度を確保する
ことができるものとする。 予想問題

POINT 7 維持・保全（その他）

⑭ ロッド法とは、スクリュー形、ブラシ形等のヘッドを先端に取り付けた
□□ ワイヤーを管内に挿入し、回転や押し引きによって付着物等を除去する
方法である。 予想問題

⑮ スケルトン・インフィル住宅の計画上の配慮事項として、「耐震性の確
□□ 保」は挙げられているが、「メンテナンスの容易性」は挙げられていな
い。 予想問題

9

予想問題」＆「重要過去問」 ⑰

答 **POINT 1** ❶✕：「責任施工方式」の記述である。❷✕：「設計監理方式」の記述である。 **POINT 2** ❸○ ❹○ **POINT 3** ❺✕：「コンクリートやタイルの表面に結晶化した白色物質が発生する現象」である。❻○ **POINT 4** ❼○ ❽○ ❾✕：無色の部分を中性化範囲とする。 **POINT 5** ⑩○ ⑪○ **POINT 6** ⑫○ ⑬✕：「４ｍ先」である。「３ルクス以上」は正しい。 **POINT 7** ⑭✕：「スネークワイヤー法」の記述である。⑮✕：「メンテナンスの容易性」も挙げられている。

第10章
....

マンション管理
適正化法等
（5問免除科目）

1 「マンション」の定義

マンションとは、次の(1)(2)に該当するものをいう。

(1) 2以上の区分所有者が存する建物で「人の居住の用に供する専有部分のあるもの」と「その敷地および附属施設」

⚠区分所有者が2人以上いて、居住用の専有部分が少なくとも1つあることが必要。

⚠建物だけでなく、敷地や附属施設（駐車場・ごみ集積所・集会所等）も「マンション」である。

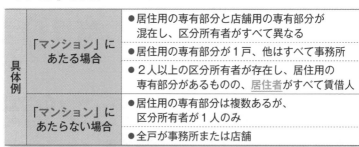

具体例	「マンション」にあたる場合	●居住用の専有部分と店舗用の専有部分が混在し、区分所有者がすべて異なる
		●居住用の専有部分が1戸、他はすべて事務所
		●2人以上の区分所有者が存在し、居住用の専有部分があるものの、居住者がすべて賃借人
	「マンション」にあたらない場合	●居住用の専有部分は複数あるが、区分所有者が1人のみ
		●全戸が事務所または店舗

(2) 一団地内の土地または附属施設が、団地内にある(1)の建物を含む数棟の建物の所有者の共有に属する場合の「土地および附属施設」

⚠団地内の共有に属する土地や附属施設も「マンション」である。

⚠一団地内にある数棟の建物がすべて「マンション」でなくてもよい。

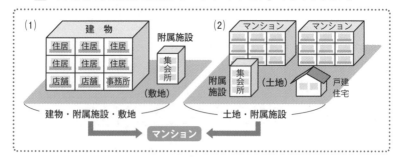

2 その他の用語の定義

管理組合等	次の①～④はすべて「**管理組合**」に該当する
	① **区分所有者の団体**（非法人の管理組合）
	② 管理組合法人
	③ **団地建物所有者の団体**（非法人の団地管理組合）
	④ 団地管理組合法人
	⚠「一部共用分のみを管理する区分所有法３条の団体」も管理組合である
	⚠「規約」は定められていなくてもよい
	⚠居住者が全員賃借人でも管理組合は存在する
マンションの区分所有者等	① **マンションの区分所有者**
	② 一団地内の土地または附属施設の所有者
管理者等	管理組合の「**管理者**」または「管理組合法人の理事」
マンション管理士	登録を受け、**マンション管理士の名称を用いて**、専門的知識をもって、管理組合の運営その他マンションの管理に関し管理組合の管理者等またはマンションの区分所有者等の**相談に応じ、助言・指導その他の援助**を行うことを業務とする者
管理事務	**マンションの管理に関する事務**で、**基幹事務を含む**もの
	⚠基幹事務の「一部」しか含まないものは管理事務ではない
	基幹事務 ・ 管理組合の会計の収入および支出の調定 ・ 出納 ・ マンション（専有部分を除く）の維持または修繕に関する企画または実施の調整
マンション管理業	管理組合から委託を受けて管理事務を行う行為で、**業として行う**もの
	⚠マンションの区分所有者等がそのマンションについて行うものを除く
マンション管理業者	**登録を受けてマンション管理業を営む者**
	⚠営利目的か否かを問わないが、反復継続的に行っている必要がある
管理業務主任者	管理業務主任者証の交付を受けた者
	⚠試験に合格し、登録をしただけでは管理業務主任者ではない

10

マンション管理適正化法等

1 マンション管理士の登録の拒否事由

　マンション管理士試験の合格者は、マンション管理士となる資格を有し、国土交通大臣の登録を受けることができる。しかし、次のいずれかに該当する場合は登録できない。

心身の故障がある一定の者	精神の機能の障害でマンション管理士の業務を適正に行うに当たって必要な認知・判断・意思疎通を適切に行うことができない者	
一定の刑に処せられた場合	①	禁錮以上の刑に処せられ、その執行を終わり、または執行を受けることがなくなった日から2年を経過しない者
	②	マンション管理適正化法違反により罰金刑に処せられ、その執行を終わり、または執行を受けることがなくなった日から2年を経過しない者
マンション管理士の登録を取り消された場合	次のいずれかに該当し登録を取り消され、取消日から2年を経過しない者	
	① 偽りその他不正の手段により登録を受けた	
	② 信用失墜行為の禁止に違反した	
	③ 講習受講義務に違反した	「3大義務」違反
	④ 秘密保持義務に違反した	
マンション管理業者の登録を取り消された場合	① 次のいずれかに該当し登録を取り消され、取消日から2年を経過しない者	
	●偽りその他不正の手段により登録を受けた	
	●業務停止命令事由に該当し、情状が特に重い	
	●業務停止命令に違反した	
	② 法人が①の登録取消処分を受けた場合に、取消日前30日以内にその法人の役員であった者で、取消日から2年を経過しないもの	

管理業務主任者の登録を取り消された場合	管理業務主任者	次のいずれかに該当し登録を**取り消され、取消日から2年を経過しない者**
		① 偽りその他不正の手段により登録を受けた ② 偽りその他不正の手段により管理業務主任者証の交付を受けた ③ 指示処分事由に該当し、情状が特に重い ④ 事務の禁止処分に違反した
	登録者	次のどちらかに該当し**登録を取り消され、取消日から2年を経過しない者**
		① 偽りその他不正の手段により登録を受けた ② 管理業務主任者としてすべき事務を行い、情状が特に重い

2 登録事項・変更の届出

マンション管理士の登録は、国土交通大臣が「マンション管理士登録簿」に次の事項を登載して行う。

⚠登録には有効期間はない。

登録事項	変更の届出
① **氏名**	●左記の①③④に変更があったときは、**遅滞なく、国土交通大臣に届出が必要** ●変更の届出をするときは、**登録証を添えて提出し、訂正を受けなければならない**
② 生年月日	
③ **住所**	
④ 本籍	
⑤ 試験の合格年月日・合格証書番号	
⑥ 登録年月日・登録番号	

3 マンション管理士登録証

国土交通大臣は、マンション管理士の登録を行ったときは、申請者に**登録簿の登載事項**を記載したマンション管理士登録証を交付する。

⚠登録証に更新制度はなく、業務に際し提示する義務もない。

10

マンション管理適正化法等

マンション管理士❷

● 登録の拒否事由に該当した場合、本人が届出義務を負う
● 3大義務違反のうち罰則があるのは秘密保持義務違反のみ
● 3大義務違反は「任意的」な取消事由

重要度 マ S
管 C

1 死亡等の届出

マンション管理士が①～③のいずれかに該当することになった場合、マンション管理士本人または戸籍法に規定する届出義務者（③の場合、同居の親族）もしくは法定代理人は、遅滞なく、その旨を国土交通大臣に届け出なければならない。

①	死亡・失踪の宣告を受けた場合
②	登録拒否事由に該当した場合（登録を取り消された場合を除く）
③	精神の機能の障害を有することにより認知・判断・意思疎通を適切に行うことができない状態となった場合

2 マンション管理士の3大義務

①	信用失墜行為の禁止義務	マンション管理士は、マンション管理士の信用を傷つける行為をしてはならない [信用失墜行為の例] ● 法外な報酬の要求・管理業者の利益になるように誘導する行為 ● マンション管理士の職責に反し、または職責の遂行に著しく悪影響を及ぼすような行為で、マンション管理士としての職業倫理に反するような行為
		違反した場合 ｜ 罰則なし
②	講習の受講義務	マンション管理士は、5年ごとに、登録講習機関が国土交通省令の定めで行う講習を受講しなければならない
		違反した場合 ｜ 罰則なし
③	秘密保持義務	マンション管理士は、正当な理由なく、業務に関して知り得た秘密を漏らしてはならず、マンション管理士でなくなった後も同様である
		違反した場合 ｜ 1年以下の懲役または30万円以下の罰金

3 マンション管理士の監督処分

(1) 3大義務違反は、必ず登録が取り消されるわけではなく、「登録の取消し」と「名称使用停止」のどちらかが任意で選択される。

登録の取消し	必要的な取消し	国土交通大臣は、マンション管理士が次のどちらかに該当する場合、必ず登録を取り消さなければならない ●登録の拒否事由に該当するとき（3大義務違反を除く） ●偽りその他不正の手段により登録を受けたとき
	任意的な取消し	国土交通大臣は、マンション管理士が3大義務に違反した場合、登録を取り消し、または期間を定めてマンション管理士の名称の使用の停止を命じることができる
	名称使用停止	

(2) マンション管理士の登録を取り消された者は、通知を受けた日から10日以内に、登録証を国土交通大臣に返納しなければならない。

4 マンション管理士の罰則

3大義務のうち「信用失墜行為の禁止義務」と「講習の受講義務」の違反には、罰則がない。

①	秘密保持義務違反	1年以下の懲役または30万円以下の罰金
②	名称使用停止違反	30万円以下の罰金
③	名称使用制限違反 （マンション管理士でない者が マンション管理士または 紛らわしい名称を使用した場合）	30万円以下の罰金

5 マンション管理士登録証の返納

マンション管理士の登録を取り消された者は、通知を受けた日から起算して10日以内に、登録証を国土交通大臣に返納しなければならない。

10

マンション管理適正化法等

知識をチェック　今年狙われる!!　「予想問題」&「重要過去問」 ➡ P.342

コこは
出る!
● 適正化法違反で**罰金刑**を受けた者➡**2年間登録不可**
● 一定の事由で**登録の取消処分**を受けた者➡**2年間登録不可**
● 登録事項に変更➡遅滞なく、変更の届出

重要度 マ C 管 A

1 管理業務主任者の登録の拒否事由

　試験に合格した者で、2年以上の実務経験を有するもの、または国土交通大臣が実務の経験を有するものと同等以上の能力を有すると認めたもの（登録実務講習の修了者等）は、管理業務主任者として国土交通大臣の登録を受けることができる。

　しかし、次のいずれかに該当する場合は登録できない。

心身の故障がある一定の者等		① 精神の機能の障害で管理業務主任者の事務を適正に行うに当たって必要な認知・判断・意思疎通を適切に行うことができない者
		② 破産者で復権を得ない者
一定の刑に処せられた場合		① 禁錮以上の刑に処せられ、その執行を終わり、または執行を受けることがなくなった日から2年を経過しない者
		② 適正化法違反により罰金の刑に処せられ、その執行を終わり、または執行を受けることがなくなった日から2年を経過しない者
管理業務主任者の登録を取り消された場合	管理業務主任者	次のいずれかに該当し登録を取り消され、取消日から2年を経過しない者
		① 偽りその他不正の手段により登録を受けた
		② 偽りその他不正の手段により管理業務主任者証の交付を受けた
		③ 指示処分事由に該当し、情状が特に重い
		④ 事務の禁止処分に違反した
	登録者	次のどちらかに該当し登録を取り消され、取消日から2年を経過しない者
		① 偽りその他不正の手段により登録を受けた
		② 管理業務主任者としてすべき事務を行い、情状が特に重い

マンション管理業者の登録を取り消された場合	① 次のいずれかに該当し**登録を取り消され、取消日から2年を経過しない**者 ●偽りその他不正の手段により登録を受けた ●業務停止命令事由に該当し、情状が特に重い ●業務停止命令に違反した
	② **法人**が①の登録取消処分を受けた場合に、**取消日前30日以内**にその法人の役員であった者で、**取消日から2年を経過しない**もの
マンション管理士の登録を取り消された場合	次のいずれかに該当し**登録を取り消され、取消日から2年を経過しない**者
	① 偽りその他不正の手段により登録を受けた ② 信用失墜行為の禁止に違反した ③ 講習受講義務に違反した ④ 秘密保持義務に違反した

2 登録事項・変更の届出

　管理業務主任者の登録は、国土交通大臣が「管理業務主任者登録簿」に、次の事項を登載して行う。

⚠登録には有効期間はない。

登録事項	変更の届出
① 登録番号・登録年月日	
② 氏名	
③ 生年月日	●管理業務主任者は、左記の②④⑤⑨に変更があったときは、遅滞なく、国土交通大臣に届出が必要
④ 本籍・性別	
⑤ 住所	
⑥ 試験合格年月日・合格証番号	
⑦ 申請時現在の実務経験等	
⑧ 認定内容等	●氏名に変更があったときは、主任者証を添えて提出し、その訂正を受けなければならない
⑨ 管理業者の業務に従事する者にあっては、**管理業者の商号または名称**・登録番号	

知識をチェック　　今年狙われる!!「予想問題」&「重要過去問」➡ P.342　337

POINT 5 管理業務主任者❷

ココは出る！

● **管理業務主任者証**には「住所」「本籍」「勤務先」は記載なし
● 無効となった**管理業務主任者証**は、要返納

重要度	マ	B
	管	B

1 管理業務主任者証

管理業務主任者の**登録を受けている者**は、**管理業務主任者証の交付**を受けることができる。

(1)	記載事項	① <u>氏名</u> ② 生年月日 ③ 登録番号・登録年月日 ④ 主任者証の交付年月日 ⑤ 主任者証の有効期間の満了日 ⚠「<u>住所</u>」「<u>本籍</u>」「勤務先の管理業者の商号等・登録番号」は記載事項ではない	
(2)	講習の受講	原則	主任者証の交付の際、**交付の申請日前6ヵ月以内**に行われる国土交通省令で定める**講習を受けなければならない**
		例外	**試験に合格した日から1年以内**に交付を受ける場合は**不要**
(3)	有効期間	**5年** ⚠更新の際には(2)の講習の受講が必要	
(4)	返 納	次のいずれかの場合は、速やかに**国土交通大臣に返納**しなければならない	
		① **登録が消除されたとき** ② **主任者証が効力を失ったとき**（有効期間の満了等） ③ 亡失し、再交付を受けた後、**亡失した主任者証を発見したとき** ⚠発見した方の主任者証を返納する	
(5)	提 出	<u>事務の禁止</u>処分を受けた場合 ➡速やかに、**国土交通大臣に提出**しなければならない ⚠国土交通大臣は、事務の禁止期間が満了した場合に提出者から返還の請求があったときは、直ちに、管理業務主任者証を**返還**しなければならない	

2 管理業務主任者証の提示が必要な場合

○：必要　　✕：不要

場　合	提示の相手方	請求がなくても提示が必要か
① 事務を行う際	マンションの区分所有者等	✕ （請求があったときのみ必要）
② 重要事項説明時	説明の相手方	○
③ 管理事務報告時		○

3 管理業務主任者証の再交付

　管理業務主任者は、主任者証を**亡失・滅失・汚損・破損**したときは、国土交通大臣に**再交付の申請**ができる。

亡失の場合	再交付を受けた後、**亡失した主任者証を発見したとき**は、速やかに、発見した主任者証を返納しなければならない
汚損・破損の場合	汚損・破損した主任者証と**引き換え**に再交付される

4 死亡等の届出

　管理業務主任者が次の①〜③のいずれかに該当することになった場合、管理業務主任者本人または戸籍法に規定する届出義務者（③の場合、同居の親族）もしくは法定代理人は、遅滞なく、その旨を国土交通大臣に届け出なければならない。

①	**死亡・失踪の宣告**を受けた場合
②	**登録拒否事由に該当**した場合（登録を取り消された場合を除く）
③	精神の機能の障害を有することにより**認知・判断・意思疎通を適切に行うことができない状態**となった場合

10

マンション管理適正化法等

管理業務主任者❸

- 「居住用の独立部分が**5以下**の管理組合」は、専任の主任者数を算出する際の**管理組合数に含めない**
- みなし規定で「**当然に専任の主任者**」と扱われる場合がある

重要度 マ A / 管 S

1 管理業務主任者の設置義務

管理業者は、<u>事務所</u>ごとに、<u>成年者</u>である「専任（事務所に常勤して、専らマンション管理業に従事）」の管理業務主任者を置く必要がある。

原　則	管理業者は、<u>事務所</u>ごとに、**30 管理組合に 1 人以上**の割合で、<u>成年者</u>である専任の管理業務主任者を置かなければならない ●抵触するに至った場合、**2 週間以内**に欠員の補充が必要 ●必要数の算出方法➡「**総組合数を 30 で割って、切り上げる**」
例　外	「**人の居住の用に供する独立部分**」が**5 以下**の管理組合から委託を受けた管理事務のみを行う事務所には、**設置義務はない** ➡「<u>事務所の代表者、または代表者に準ずる地位にある者</u>」が、**管理業務主任者がすべき事務**を行うことができる
計算の具体例	●「**人の居住の用に供する独立部分**」が**6 以上**の管理組合 **39 組合**から委託を受けた**事務所** 　➡ 39 ÷ 30＝1.3 ➡「**2 人**」以上の**専任**の管理業務主任者が必要 ●すべて「**人の居住の用に供する独立部分**」が**5 以下**の管理組合から委託を受けた**事務所**➡専任の管理業務主任者の設置は**不要** ●「**人の居住の用に供する独立部分**」が**6 以上**の**管理組合 20 組合**、「**人の居住の用に供する独立部分**」が**5 以下**の**管理組合 30 組合**から委託を受けた**事務所** 　➡20 ÷ 30＝0.66…➡「**1 人**」以上の**専任**の管理業務主任者が必要 　⚠「**5 以下の 30 管理組合**」は組合数に含めない

⚠ 管理業者が宅建業者を兼業する場合、1 人の従業者が「専任の管理業務主任者」と「専任の宅建士」を<u>兼務</u>することはできない。

⚠ 事務所がマンション管理業以外の業種を兼業している場合、一時的に管理業の業務を行っていない間に他の業種に係る業務に従事することは差支えない。

2 専任の管理業務主任者に関するみなし規定

管理業者（法人の場合はその役員）が管理業務主任者である場合、「主として業務に従事する事務所」の成年者である<u>専任の管理業務主任者</u>とみなされる。

3 管理業務主任者に対する監督処分

国土交通大臣による**監督処分**は、次のとおりである。

(1)	指示処分	①	専任の管理業務主任者として従事している 事務所以外の事務所で専任である旨の表示を することを許し、管理業者がその旨の表示をした
		②	他人に自己の名義の使用を許し、その者が その名義を使用して管理業務主任者である旨の 表示をした
		③	**管理業務主任者**として行う事務に関し、 不正または著しく不当な行為をした
(2)	事務の禁止処分 （**1**年以内）	①	(1)の指示処分事由のいずれかに該当する
		②	(1)の指示処分に従わない場合
(3)	登録の取消処分 （必要的）	①	**登録の拒否事由に該当するとき**
		②	**不正の手段により登録を受けたとき**
		③	**不正の手段により主任者証の交付を受けた**
		④	指示処分事由に該当し、情状が特に重い・ 事務の禁止の処分に違反した

4 管理業務主任者の報告

国土交通大臣は、管理業務主任者の事務の適正な遂行を確保するため必要があると認めるときは、その必要な限度で、**管理業務主任者に対し報告をさせる**ことができる。

5 管理業務主任者の罰則

30万円以下の 罰金	国土交通大臣の報告命令に対し、**報告をせず、** または**虚偽の報告をした**場合	
10万円以下の 過料	①	**管理業務主任者証を返納・提出しなかった**場合
	②	**重要事項説明時・管理事務報告時に主任者証を** **提示しなかった**場合

10

マンション管理適正化法等

知識をチェック　今年狙われる!! 「予想問題」＆「重要過去問」 ⇒ P.343

POINT 1 用語の定義

❶
☐☐ 人の居住の用に供される専有部分が1戸あるが、他の専有部分は別の区分所有者が事務所として使用している建物は、マンションである。
マ過 H27

❷
☐☐ 一団地内において、2以上の区分所有者が存在し、人の居住の用に供する専有部分のある建物を含む数棟の建物の所有者の共有に属する集会所は、マンションに該当しない。 予想問題

POINT 2 マンション管理士❶

❸
☐☐ マンション管理士が講習受講義務に違反したため登録を取り消された場合、その者は、取消しの日から2年を経過しなければ登録を受けることができない。 予想問題

❹
☐☐ マンション管理士は、住所又は本籍を変更したときは、遅滞なく、その旨を国土交通大臣に届けなければならず、その場合においては、当該届出にマンション管理士登録証を添えて提出し、その訂正を受けなければならない。 マ過 H23

POINT 3 マンション管理士❷

❺
☐☐ マンション管理士が、マンション管理適正化法に違反したとして罰金の刑に処せられた場合、そのマンション管理士は、遅滞なく、登録証を添え、その旨を国土交通大臣に届け出なければならない。 予想問題

❻
☐☐ 国土交通大臣は、マンション管理士が、その信用を傷つけるような行為をしたときは、その登録を取り消し、又は期間を定めてマンション管理士の名称の使用の停止を命ずることができる。 マ過 H22

POINT 4 管理業務主任者❶

❼
☐☐ マンション管理適正化法違反により罰金の刑に処せられた者は、その刑の執行が終わった日から2年を経過しなければ、管理業務主任者の登録を受けることができない。 予想問題

❽
☐☐ 管理業務主任者登録簿に、氏名、生年月日その他必要な事項を登載された者は、登録の更新申請を行わなければ、登録日以後5年をもってその登録の効力を失う。 管過 H27

❾ 管理業務主任者は、登録が消除されたとき、又は管理業務主任者証がその効力を失ったときは、速やかに、管理業務主任者証を国土交通大臣に返納しなければならない。 管過 H24

❿ 管理業務主任者は、管理業務主任者証の亡失によりその再交付を受けた後において、亡失した管理業務主任者証を発見したときは、速やかに、再交付を受けた管理業務主任者証を国土交通大臣に返納しなければならない。 予想問題

POINT 6 **管理業務主任者❸**

⓫ マンション管理業者の甲事務所は、348の管理組合（このうち47は居住の用に供する独立部分の数が5以下）の管理事務を受託しようと考えている。従業員である未成年の管理業務主任者3人と自ら主として業務に従事している役員である管理業務主任者2人が置かれている場合に、甲事務所には、あと最低8人の専任の管理業務主任者を置かなければならない。 予想問題

⓬ 管理業務主任者が、管理業務主任者として行う事務に関し、不正又は著しく不当な行為をしたときは、国土交通大臣から、1年以内の期間を定めて、管理業務主任者としてすべき事務を行うことを禁止されることがある。 管過 H17

10

「予想問題」&「重要過去問」

⓲

答 POINT 1 ❶○ ❷✕：附属施設である集会所も「マンション」に該当する。
POINT 2 ❸○ ❹○ POINT 3 ❺○ ❻✕ POINT 4 ❼○ ❽✕：登録に有効期間はない。 POINT 5 ❾○ ❿✕：「発見した主任者証」の方を返納する。 POINT 6
⓫✕：必要な管理業務主任者数は、301÷30 = 10.0333…➡11人以上。役員である管理業務主任者2人は専任とみなされるため、「11－2＝9人」となり、最低あと9人必要。⓬○

マンション管理業者❶（登録）

●登録の取消日から2年を経過しない者➡登録の**拒否事由**に該当
●**変更の届出**の期間は「**30日以内**」
●法人業者が**合併**により消滅➡届出義務者は「**消滅会社の代表役員**」

重要度 マ B
管 B

1 マンション管理業者の登録

　マンション管理業を営む者は、**マンション管理業者登録簿**に登録を受けなければならない。

有効期間	**5年**
登録の更新	① **登録の有効期間満了日の90日前から30日前までの間に登録申請書を提出**
	② 満了日までに申請に対する処分が行われないときは、**従前の登録は処分がされるまで**有効 ➡満了日後に更新の登録が行われた場合、次の登録の有効期間は、**従前の登録の**有効期間満了日の翌日**から起算する**
登録簿の閲覧	国土交通大臣は、登録簿を一般の閲覧に供するため**マンション管理業者**登録簿閲覧所を設けなければならない

2 登録事項

　国土交通大臣は、登録の申請書の提出があったときは、遅滞なく、次の事項を「**マンション管理業者登録簿**」に登録しなければならない。

登録事項	変更の届出
① **商号、名称または氏名・住所**	マンション管理業者は、左記①～⑤の事項に変更があったときは、その日から**30日以内**に国土交通大臣に届け出なければならない
② **事務所の名称・所在地、および「成年者である専任の管理業務主任者を置かなくてもよい」事務所であるか否かの別**	
③ **法人である場合、その役員の**氏名	
④ **未成年者である場合、その法定代理人の**氏名・住所	
⑤ **事務所ごとに置かれる成年者である専任の管理業務主任者の**氏名	

3 マンション管理業者の登録の拒否事由

登録を申請する者が、次のいずれかに該当する場合は、登録できない。

(1)	心身の故障がある一定の者等	①	**精神の機能の障害でマンション管理業を適正に営むに当たって必要な認知・判断・意思疎通を適切に行うことができない者**
		②	破産者で復権を得ない者
(2)	一定の刑に処せられた場合	①	禁錮以上の刑に処せられ、その執行を終わり、または執行を受けることがなくなった日から2年を経過しない者
		②	マンション管理適正化法違反により罰金の刑に処せられ、その執行を終わり、または執行を受けることがなくなった日から2年を経過しない者
(3)	マンション管理業者の登録を取り消された場合	①	登録を取り消され、取消日から2年を経過しない者
		②	法人が①の処分を受けた場合に、取消日前30日以内にその法人の役員であった者で、取消日から2年を経過しないもの
(4)	暴力団関係		暴力団員または暴力団員でなくなった日から5年を経過しない者
			暴力団員等がその事業活動を支配する者
(5)	業務の停止を命じられ、その停止期間中の者		
(6)	マンション管理業に関し「成年者と同一の行為能力を有しない未成年者（営業の許可を受けていない普通の未成年者）」で、その法定代理人が、上記(1)～(4)のいずれかに該当する場合		
(7)	法人の役員のうち、上記(1)～(4)のいずれかに該当する者がいる場合		
(8)	事務所について、「成年者である専任の管理業務主任者の設置」の要件を欠く場合		
(9)	マンション管理業を行うために必要と認められる国土交通省令で定める基準に合う財産的基礎（基準資産額300万円以上）を有しない者 ⚠基準資産額：貸借対照表の資産の総額から負債の総額を控除した額		
(10)	登録申請書・添付書類の重要な事項について虚偽の記載がある、または重要な事実の記載が欠けている場合		

4 マンション管理業者登録簿等の閲覧

国土交通大臣は、国土交通省令の定めにより、マンション管理業者登録簿・登録の申請に関する書類・変更の届出に関する書類を、一般の閲覧に供しなければならない。

5 廃業等の届出

マンション管理業者が次のいずれかに該当する場合、届出義務者は、その日（死亡の場合は、その事実を知った日）から 30 日以内に、国土交通大臣に届け出なければならない。

事　由	届出義務者（30 日以内）	
	個人業者	法人業者
① 死　亡	相続人	──
② 法人の合併消滅		消滅した法人の代表役員だった者
③ 破産手続開始の決定	破産管財人	破産管財人
④ 法人の解散	──	清算人
⑤ 廃止（自主廃業）	個人	法人の代表役員

6 マンション管理業者の禁止事項

次の行為は、いずれも禁止されており、違反の場合は、1 年以下の懲役または 50 万円以下の罰金の罰則がある。

無登録営業の禁止	マンション管理業者の登録を受けない者は、マンション管理業を営んではならない
名義貸しの禁止	マンション管理業者は、自己の名義をもって、他人にマンション管理業を営ませてはならない

✂💡 マンション管理士・管理業務主任者・管理業者の登録の比較

	マンション管理士	管理業務主任者	マンション管理業者
有効期間	有効期間なし(一生有効) ⚠ 更新制度はない		5年 ⚠ 5年ごとに更新
登録事項	① **氏名** ② 生年月日 ③ **住所** ④ **本籍** ⑤ **合格年月日・合格証書番号** ⑥ 登録年月日・登録番号	① 登録番号・登録年月日 ② **氏名** ③ 生年月日 ④ **本籍** ⑤ 住所 ⑥ 合格年月日・合格証書番号 ⑦ 申請時現在の実務経験等 ⑧ 認定内容等 ⑨ 管理業者の業務に従事する者は、**管理業者の商号・名称、登録番号**	① **商号、名称・氏名、住所** ② **事務所の名称・所在地・「成年者である専任の管理業務主任者を置かなくてもよい」事務所であるか否かの別** ③ **法人である場合、役員の氏名** ④ **未成年者**の場合、**法定代理人の氏名・住所** ⑤ 事務所ごとに置かれる成年者である**専任の管理業務主任者の氏名**
変更の届出	●上記①③④に変更があったときは、**遅滞なく**、国土交通大臣に届出が必要 ●**変更の届出**をするときは、**登録証**を添えて提出し、その**訂正**を受ける	●管理業務主任者は、上記②④⑤⑨に変更があったときは、遅滞なく、国土交通大臣に届出が必要 ●**氏名に変更**があったときは、**主任者証**を添えて提出し、その**訂正**を受ける	マンション管理業者は、上記①〜⑤の事項に変更があったときは、その日から**30日以内**に国土交通大臣に届出が必要

✂💡 マンション管理士の登録証・管理業務主任者の主任者証の比較

	マンション管理士の登録証	管理業務主任者の主任者証
有効期間	有効期間なし(一生有効) ⚠ 更新制度はない	5年 ⚠ 5年ごとに更新
記載事項	① 氏名　② 生年月日 ③ 住所　④ 本籍 ⑤ 合格年月日・合格証書番号 ⑥ 登録年月日・登録番号	① 氏名　② 生年月日 ③ 登録番号・登録年月日 ④ 主任者証の交付年月日 ⑤ 主任者証の有効期間の満了日
	⚠ マンション管理業者には「登録証」はない	

知識をチェック ✏ 今年狙われる‼ 「予想問題」&「重要過去問」 ➡ P.366

● 建設工事完了の日から1年以内に契約期間を満了➡重要事項の説明は不要
● 管理受託契約を同一条件で更新➡説明会の開催は不要

重要度　マ A　管 A

---

1 重要事項の説明等

管理業者は、管理受託契約を締結しようとするときは、あらかじめ、区分所有者等全員・管理者等に対し**重要事項説明書**（重要事項・説明会の日時・場所を記載した書面）を交付して、管理業務主任者をして、その説明をさせなければならない。

⚠ 管理組合等の承諾を得れば電磁的方法による提供も可能。

条　件			重要事項説明書の交付先	説明の相手方	説明会の開催
● 新規契約の場合			区分所有者等全員・管理者等		必要
● 条件を変えて更新の場合					
同一条件で更新の場合	管理者等	あり	区分所有者等全員・管理者等	管理者等	不要
		なし	区分所有者等全員	説明は不要	

[💡 重要事項の説明等の注意点]

(1) マンションの管理受託契約で、新築マンションの分譲の場合は、居住用専有部分の引渡しの日のうち最も**早い日**から**1年**、中古マンションの区分所有権の全部を一または複数の者が買い取り分譲した場合は、買取り後に居住用専有部分の引渡しの日のうち最も**早い日**から1年以内に契約期間を満了する場合は、**重要事項の説明・書面交付は不要**となる。

(2) 管理業者は、説明会を開催する場合は、**説明会の日の1週間前**までに、区分所有者全員・管理者等に対し、**重要事項説明書を交付**し、説明会の**日時・場所を見やすい場所に掲示**しなければならない。

(3) 同一条件で更新する場合、認定管理者等から**重要事項説明が不要**の旨の意思表示があれば、**重要事項説明書の交付**で説明に代えられる。

(4) 次の場合は、「**同一条件で更新**」の契約にあたる。

①	管理業者の商号または**名称・住所・登録番号・登録年月日**に変更が生じた場合
②	従前の管理受託契約と**管理事務の内容および実施方法を同一**とし、**管理事務に要する費用を減額**しようとする場合

③	従前の管理受託契約に比して**管理事務の内容および実施方法の範囲を**拡大し、**管理事務に要する費用を同一**とし、または減額しようとする場合
④	従前の管理受託契約に比して管理事務に要する費用の支払の時期を後に変更しようとする場合
⑤	従前の管理受託契約に比して**更新後の契約期間を短縮**する場合
⑥	管理事務の対象となるマンションの所在地の名称が変更される場合

2 重要事項説明書の記載事項

①	管理業者の商号または名称・住所・登録番号・登録年月日
②	管理事務の対象となるマンションの所在地に関する事項
③	管理事務の対象となるマンションの部分に関する事項
④	**管理事務の内容・実施方法**（財産の分別管理方法を含む）
⑤	管理事務に要する費用・支払時期・支払方法
⑥	**管理事務の一部の再委託に関する事項**
⑦	保証契約に関する事項
⑧	**免責に関する事項**
⑨	契約期間に関する事項
⑩	契約の更新に関する事項
⑪	契約の解除に関する事項

3 管理業務主任者証の提示

管理業務主任者は、**重要事項の説明**をする場合、その相手方に、**主任者証を提示**しなければならない。

⚠相手方からの請求の有無にかかわらず、提示しなければならない。

4 管理業務主任者による記名

管理業者は、**管理業務主任者**をして、**重要事項説明書**に記名をさせなければならない。

⚠管理業務主任者であればよく、「成年者である専任」である必要はない。

10 マンション管理適正化法等

ココは出る！

● 管理者が置かれている場合➡「契約成立時の書面」の交付は管理者等のみで可

重要度　マ C　管 S

1 管理受託契約の成立時の書面

(1) 契約の成立時の書面の交付

管理組合の態様	交 付	時 期	書 面
管理業者が「管理者等」の場合	区分所有者等全員	管理受託契約成立後、遅滞なく	管理業務主任者の記名が必要
管理者等が置かれていない場合			
管理者等が置かれている場合	管理者等		

⚠管理組合等の承諾を得て電磁的方法による提供も可能。

(2) 契約成立時の書面の記載事項

必要的記載事項（必ず記載）	①	管理事務の対象となるマンションの部分
	②	管理事務の内容・実施方法（財産の管理方法を含む）
	③	管理事務に要する費用・支払時期・支払方法
	④	契約期間に関する事項
	⑤	免責に関する事項
	⑥	管理業務主任者に行わせる管理事務の報告に関する事項
	⑦	管理事務として行う管理事務の費用の収納に関する事項
	⑧	管理受託契約の当事者の名称・住所（法人の場合は代表者の氏名）
任意的記載事項（定めたときのみ記載）	⑨	管理事務の一部の再委託に関する定めがあるときは、その内容
	⑩	契約の更新に関する定めがあるときは、その内容
	⑪	契約の解除に関する定めがあるときは、その内容
	⑫	管理業者による管理事務の実施のために必要となる定めがあるときは、その内容
	⑬	管理組合・管理業者が、マンションの滅失・き損の事実を知ったときはその状況を相手方に通知すべき定めがあるときは、その内容
	⑭	宅建業者から、その業務の用に供する目的でマンションに関する情報の提供を要求された場合の対応に関する定めがあるときは、その内容

⑮ 毎事業年度の開始前に行う当該年度の管理事務に要する費用の見通しに関する定めがあるときは、その内容

(3) 管理業務主任者による記名

管理業者は、管理業務主任者をして、契約成立時の書面に記名をさせなければならない。

⚠管理業務主任者であればよく「成年者である専任」である必要はない。

2 管理事務の報告

管理業者は、管理組合の事業年度終了後、遅滞なく、管理事務報告書を作成し、管理業務主任者をして管理事務の報告をしなければならない。

⚠管理組合等の承諾を得て電磁的方法による提供も可能

(1) 管理事務報告書の記載事項

①	報告の対象となる期間	
②	管理組合の会計の収入および支出の状況	⚠報告書に管理業務主任者の記名は不要
③	①②の他、管理受託契約の内容に関する事項	

(2) 管理事務の報告の方法

管理組合の態様	報告先	時 期	報告方法
管理者等が置かれている場合	管理者等	事業年度終了後、遅滞なく	管理業務主任者をして、報告書を交付して説明
管理者等が置かれていない場合	区分所有者等		説明会を開催し、管理業務主任者をして、報告書を交付して説明

管理業者は、説明会の日の1週間前までに、説明会の日時・場所を区分所有者等の見やすい場所に掲示しなければならない。

(3) 管理業務主任者証の提示

管理業務主任者は、管理事務の報告をする場合、その相手方に、主任者証を提示しなければならない。

⚠相手方からの請求の有無にかかわらず、提示しなければならない。

10

マンション管理適正化法等

- 管理業者が「収納口座」の**名義人**となる場合と「収納口座」の**印鑑等**を管理する場合➡**保証契約の締結**が必要
- **基幹事務**➡一括して全部の再委託不可、分割すれば一部の再委託可

重要度 マ S / 管 A

---

1 財産の分別管理

(1) 用語の定義

収納口座	区分所有者等から徴収された**修繕積立金等金銭**または国土交通省令で定める一定の財産を預入し、**一時的に預貯金として管理**するための口座 ⚠保証契約を締結➡管理業者を名義人とすることも可
保管口座	区分所有者等から徴収された**修繕積立金**を預入し、または**管理費の残額と修繕積立金**を収納口座から移し換え、預貯金として管理するための口座であって、管理組合等を名義人とするもの
収納・保管口座	区分所有者等から徴収された**修繕積立金等金銭**を預入し、預貯金として管理するための口座であって、管理組合等を名義人とするもの

(2) 財産の分別管理の方法（自己の固有財産・他の管理組合の財産と分別管理）

修繕積立金等 （修繕積立金・管理費） が金銭の場合 ➡**イロハのいずれか** の管理方法による	**【イ方式（修繕積立金と管理費を一体管理）】** ① 区分所有者等から徴収した**修繕積立金等金銭**を収納口座に預入する ② 毎月、その月分の**修繕積立金等金銭**から**管理事務に要した費用を控除**する ③ ②の残額を、**翌月末日までに収納口座から**保管口座に移し換え、**預貯金として管理**する **【ロ方式（修繕積立金と管理費を別立てで管理）】** ① 区分所有者等から徴収した**修繕積立金**を保管口座に預入し、**預貯金として管理**する ② **管理費用に充当する金銭**を収納口座に預入する ③ 毎月、その月分の**管理費用に充当する金銭**（②）から**管理事務に要した費用**を控除する ④ ③の残額を、**翌月末日までに収納口座から**保管口座に移し換え、**預貯金として管理**する **【ハ方式（修繕積立金と管理費を一体管理）】** ① **修繕積立金等金銭**を、収納・保管口座に預入する ② 毎月、その月分の**管理事務に要した費用**を控除し、**預貯金として管理**する

修繕積立金等が有価証券の場合	金融機関・証券会社に、**受託有価証券の保管場所**を自己の固有財産・他の管理組合の財産である有価証券の保管場所と**明確に区分**させ、受託有価証券が**受託契約を締結した管理組合の有価証券であること**を判別できる状態で管理する

(3) 保証契約の締結

原 則	管理業者は、**修繕積立金等金銭**（修繕積立金・管理費）をイ方式・ロ方式で管理する場合、徴収する**1ヵ月分の修繕積立金等の合計額以上の額**については、保証契約を締結しなければならない	
	イ方式の場合	1ヵ月分の**修繕積立金等金銭**の合計額以上
	ロ方式の場合	1ヵ月分の**管理費用に充当する金銭**の合計額以上
例 外	次の①②の両方に該当する場合は、**保証契約は不要** ① 「修繕積立金等金銭または管理費用に充当する金銭が**管理組合等を名義人とする収納口座に直接預入される**場合」、または「管理業者または管理業者から委託を受けた者が、**これらの金銭等を徴収しない場合**」 ② **管理業者**が、管理組合等を名義人とする収納口座に係る管理組合等の印鑑・預貯金の引出用のカード等を管理しない場合	

(4) 印鑑等の管理の禁止

原 則	**管理業者**は、**イ〜ハ方式**により修繕積立金等金銭を管理する場合、「保管口座」または「収納・保管口座」に係る管理組合等の**印鑑・預貯金の引出用のカード等**を管理してはならない
例 外	**管理者等が置かれていない場合**において、**管理者等が選任されるまで**の比較的短い期間に限り、保管（管理）することは可能

2 口座の名義と印鑑等の保管者のまとめ

	口座名義	印鑑等の管理
収納口座	**管理組合等**または管理業者	
保証契約が必要	**管理業者名義**とする場合	**管理業者が保管**する場合
保管口座	**管理組合等**	
収納・保管口座	⚠「印鑑等の管理」には例外あり	

3 標識の掲示

管理業者は、**事務所ごと**に、公衆の見やすい場所に次の事項が記載された標識を掲げなければならない。

①	**登録番号**
②	**登録の有効期間**
③	**商号、名称**または**氏名**
④	代表者氏名
⑤	事務所に置かれている**専任の管理業務主任者の氏名**
⑥	主たる事務所の所在地　　▲電話番号を含む

4 再委託の禁止

管理業者は、管理組合から委託を受けた管理事務のうち、**基幹事務**については、**一括して他人に委託してはならない**。

一括して全部の再委託	不　可
分割して全部の再委託	
分割して一部の再委託	可

5 帳簿の作成等

管理業者は、管理組合から委託を受けた管理事務について**帳簿**を作成・保存し、管理受託契約を締結したつど、帳簿に一定事項を記載し、**事務所ごと**に備え置かなければならない。

記載事項	①	管理受託契約を締結した年月日
	②	管理受託契約を締結した管理組合の名称
	③	契約の対象となるマンションの所在地・管理事務の対象となるマンションの部分に関する事項
	④	受託した管理事務の内容
	⑤	管理事務に係る受託料の額
	⑥	管理受託契約における特約・その他参考となる事項
保存期間		各事業年度末日で閉鎖し、**閉鎖後5年間保存**する

6 書類の閲覧

　管理業者は、**自己の業務・財産の状況を記載した書類**を作成し、その**事務所ごとに備え置き**、業務にかかる関係者の求めに応じて**閲覧**させなければならない。

書類の種類	業務状況調書・貸借対照表・損益計算書　　等
作成の時期	事業年度終了後、**3ヵ月以内**に作成
閲覧期間	事務所に備え置かれた日から**3年**を経過する日まで

7 秘密保持義務

　管理業者・使用人・その他の従業者は、次のような「秘密保持義務」を負う。

管理業者	①	<u>正当な理由</u>なく、業務に関して知り得た**秘密を漏らしてはならない**
	②	**管理業者でなくなった後も秘密保持義務を<u>負う</u>**
使用人・従業者	①	裁判において証言する等の<u>正当な理由</u>なく、業務に関して知り得た**秘密を漏らしてはならない**
	②	**使用人・従業者でなくなった後も秘密保持義務を<u>負う</u>**

8 従業者証明書の携帯義務等

　管理業者は、**使用人等の従業員に従業者証明書を携帯**させなければ、**業務に従事させてはならず**、それらの者は、区分所有者等の<u>関係者</u>から請求があった場合は、**証明書を提示**しなければならない。

⚠管理業務主任者証で代用することは**不可**。

9 登録の失効に伴う業務の結了

　マンション管理業者の登録がその効力を失った（**例**廃業等の届出をした）場合には、管理業者であった者は、「**管理組合から委託を受けた管理事務を<u>結了する目的の範囲内</u>**」においては、なお**管理業者とみなされる**。

● 登録の拒否事由に該当➡**必要的な登録の取消事由**
● 成年者である専任の主任者の**設置義務違反**➡**30万円以下の罰金**

重要度 マ B / 管 C

1 管理業者に対する監督処分

指示処分	①	業務に関し、管理組合または区分所有者等に損害を与えた、または損害を与えるおそれが大である場合
	②	業務に関し、その公正を害する行為をした、またはその公正を害するおそれが大である場合
	③	業務に関し、**他の法令に違反**し、**管理業者として不適当**と認められる場合
	④	管理業務主任者が適正化法による**一定の処分を受けた場合**で、**管理業者の責めに帰すべき理由があるとき**
業務停止命令（**1年以内の期間を**定めて業務の全部または一部の停止）	(1)	上記「**指示処分の事由**」の**③④に該当する**とき
	(2)	次の規定に違反したとき ① 登録事項の変更届出　② 名義貸しの禁止 ③ 管理業務主任者の設置義務　④ 標識の掲示 ⑤ **重要事項の説明**　⑥ 契約成立時の書面の交付 ⑦ 基幹事務の一括再委託の禁止 ⑧ 帳簿の作成等　⑨ **財産の分別管理** ⑩ **管理事務の報告**　⑪ 書類の閲覧 ⑫ 秘密保持義務　⑬ 従業者証明書の携帯義務
	(3)	指示処分に従わない場合
	(4)	適正化法違反に基づく国土交通大臣の処分に違反した場合
	(5)	管理業に関し、**不正・著しく不当な行為**をした場合
	(6)	営業に関し成年者と同一の行為能力を有しない未成年者であり、その法定代理人が、業務の停止をしようとする時以前2年以内に管理業に関し、不正・著しく不当な行為をした場合
	(7)	法人であり、役員のうちに業務の停止をしようとする時以前2年以内に管理業に関し、不正・著しく不当な行為をした者がいる場合
登録の取消し（必要的）	①	一定の登録の拒否事由に該当する
	②	**不正の手段**により登録を受けた

登録の取消し （必要的）	③	**業務停止命令事由**に該当し、情状が特に重い・**業務停止命令**に違反した

2 報告・立入検査・質問

(1) **国土交通大臣**は、管理業者に対し、**報告**をさせることができる。

(2) **国土交通大臣**は、その職員に、管理業者の**事務所その他その業務を行う場所に立ち入り**、帳簿・書類その他必要な物件を**検査**させ、または関係者に対して**質問**させることができる

3 助言・指導・勧告

助言	都道府県等は、管理組合の管理者等に対し、マンションの管理の適正化を図るために必要な助言および指導をすることができる
勧告	道府県知事は、管理組合の運営が管理適正化指針に照らして**著しく不適切**であることを把握したときは、当該管理組合の管理者等に対し、管理適正化指針に即したマンションの管理を行うよう勧告することができる

4 罰 則

1年以下の懲役 または 50万円以下 の罰金	①	**不正の手段による登録・更新の登録**
	②	**無登録営業**
	③	**名義貸しの規定に違反**
	④	業務停止命令違反
30万円以下 の罰金	①	変更の届出をしない・虚偽の届出をした
	②	**成年者である専任の管理業務主任者の設置義務違反**
	③	国土交通大臣に対する報告をしない・虚偽報告をした
	④	**契約成立時の書面交付義務違反**
	⑤	管理業者・使用人・従業者による秘密保持義務違反
	⑥	国土交通大臣の立入検査・質問に対する拒否・妨害
	⑦	従業者証明書不携帯者による業務従事
10万円以下 の過料	①	廃業等の届出義務違反
	②	標識の掲示義務違反

10

マンション管理適正化法等

● 管理適正化推進センターは、**管理組合**をサポートする
● 保証業務は、**マンション管理業者の団体**の「任意的な業務」

重要度 マ A
　　　 管 C

> マンション管理の適正化を図るための団体として、**管理組合側に立つ**
> 「**マンション管理適正化推進センター**」と、**マンション管理業者側に立つ**
> 「**マンション管理業者の団体**」について、それぞれの役割・業務が定められ
> ている。

1 マンション管理適正化推進センター

(1) **マンション管理適正化推進センター**とは、管理組合によるマンション
管理の適正化の推進に対する寄与を目的とした**一般財団法人**である。

指 定	国土交通大臣は、全国に１つに限って「**マンション管理適正化推進センター**」として指定できる ➡現在、（公財）マンション管理センターが指定を受けている
業 務	① マンション管理に関する**情報・資料の収集・整理、管理組合の管理者等に対するそれらの提供**
	② マンション管理の適正化に関し、**管理組合の管理者等に対する技術的な支援**
	③ マンション管理の適正化に関し、**管理組合の管理者等に対する講習**
	④ マンション管理に関する**苦情処理のための必要な指導・助言**
	⑤ マンション管理に関する**調査・研究**
	⑥ マンション管理の適正化の推進に資する**啓発活動・広報活動**
	⑦ ①～⑥の他、マンション管理の適正化の推進に資する業務

(2) **国土交通大臣**は、センターに対し、管理適正化業務の実施に関し**必要**
な情報・資料の提供、指導・助言を行う。

2 マンション管理業者（管理業者）の団体

　マンション管理業者の団体とは、管理業者の業務の改善向上を図ること
を目的とし、管理業者を「**社員**」とする**一般社団法人**である。

指　定	国土交通大臣は、管理業者の業務の改善向上に関する一定の業務を適正・確実に行うことができると認められるものを、「**マンション管理業者の団体**」として指定できる ➡現在、(一社)マンション管理業協会が指定を受けている		
業　務 (必要的業務)	①	社員が営む業務に関し、社員に、**適正化法に基づく命令を遵守させるための指導・勧告**等	
	②	管理組合等からの**苦情の解決**	
	③	**管理業務主任者等に対する研修**	
	④	マンション管理業の健全な発達を図るための**調査・研究**	
	⑤	①～④の他、管理業者の業務の改善向上に必要な業務	
保証業務 (任意的業務)	①	保証業務を行う場合は、あらかじめ**国土交通大臣の承認**が必要	
	②	社員である管理業者との契約で、管理業者が管理組合等から受領した**管理費・修繕積立金等の返還債務を負う場合、その返還債務を保証する**	

3 宅地建物取引業者による設計図書の交付

　宅建業者は、マンション管理組合の管理者等に対して、設計に関する一定の図書を交付しなければならない。

交付の要件	**自ら売主**として、**居住用の独立部分がある新築マンション**（新たに建築された建物で人の居住の用に供したことがないものに限る）を分譲したときで、**1年以内に管理組合の管理者等が選任された場合**
設計図書	速やかに管理者等に、建物・附属施設の設計に関する次の図書（**マンションの設計に係る図書**）を交付しなければならない。 ①付近見取図　②配置図　③仕様書　④各階平面図 ⑤2面以上の立面図　⑥断面図または矩図　⑦基礎伏図 ⑧各階床伏図　⑨小屋伏図　⑩構造詳細図　⑪構造計算書

10

マンション管理適正化法等

マンション管理計画認定制度等

1 基本方針

　国土交通大臣は、マンションの管理の適正化の推進を図るための基本的な方針（**基本方針**）を定めなければならない。

①	マンションの管理の適正化の推進に関する基本的な事項
②	マンションの管理の適正化に関する目標の設定に関する事項
③	マンション管理適正化指針に関する事項
④	マンションがその建設後相当の期間が経過した場合その他の場合において当該マンションの建替えその他の措置が必要なときにおけるマンションの建替えその他の措置に向けたマンションの区分所有者等の合意形成の促進に関する事項
⑤	マンションの管理の適正化に関する啓発及び知識の普及に関する基本的な事項
⑥	マンション管理適正化推進計画の策定に関する基本的な事項その他マンションの管理の適正化の推進に関する重要事項

2 マンション管理適正化推進計画

　都道府県等は、基本方針に基づき、当該都道府県等の区域内におけるマンションの管理の適正化の推進を図るための計画（**マンション管理適正化推進計画**）を作成することができる。

3 管理計画の認定

(1) 管理計画の認定の申請

　管理組合の管理者等は、国土交通省令で定めるところにより、当該管理組合によるマンションの管理に関する計画（**管理計画**）を作成し、マンション管理適正化推進計画を作成した都道府県等の長（計画作成都道府県知事等）の認定を申請することができる。

⑵ 管理計画の内容

管理計画には、次に掲げる事項を記載しなければならない。

①	当該マンションの修繕その他の管理の方法
②	当該マンションの修繕その他の管理に係る資金計画
③	当該マンションの管理組合の運営の状況
④	その他国土交通省令で定める事項

⑶ 認定基準

計画作成都道府県知事等は、管理計画の認定の申請があった場合において、当該申請に係る管理計画が次に掲げる基準に適合すると認めるときは、その認定をすることができる。

①	マンションの修繕その他の管理の方法が国土交通省令で定める基準に適合するものであること
②	資金計画がマンションの修繕その他の管理を確実に遂行するため適切なものであること
③	管理組合の運営の状況が国土交通省令で定める基準に適合するものであること
④	その他マンション管理適正化指針及び都道府県等マンション管理適正化指針に照らして適切なものであること

⑷ 認定の更新

管理計画の認定は、**5年**ごとにその更新を受けなければ、その期間の経過によって、その効力を失う。

4 基本方針の内容（一部抜粋）

管理組合および区分所有者の役割	①	管理組合は、自らの責任を自覚し、必要に応じて専門家の支援も得ながら、適切に管理を行うとともに、国および地方公共団体が講じる施策に協力するよう努める必要がある
	②	**区分所有者等**は、**管理組合の一員としての役割および修繕の必要性**を十分認識して、管理組合の運営に関心を持ち、**積極的に参加する**等、その役割を適切に果たすよう努める必要がある

国の役割	① マンションの**管理水準の維持向上**と**管理状況**が**市場において評価される環境整備**を図るためにマンションの管理の適正化の推進に関する施策を講じていくよう努める必要がある ② マンション管理士制度・マンション管理業登録制度の適切な運用を図る、**マンションの実態調査の実施、「マンション標準管理規約」**および**各種ガイドライン・マニュアルの策定**や適時適切な見直しとその周知、マンションの管理の適正化の推進に係る**財政上の措置、リバースモーゲージの活用等**による**大規模修繕等のための資金調達手段の確保**、マンション管理士等の専門家の育成等によって、管理組合や地方公共団体のマンションの管理の適正化およびその推進に係る取組を支援していく必要がある ③ **マンションの長寿命化**に係る先進的な事例の収集・普及等に取り組むとともに、管理組合等からの求めに応じ、マンション管理適正化推進センターと連携しながら、**必要な情報提供等**に努める必要がある
地方公共団体の役割	① 区域内のマンションの管理状況等を踏まえ、計画的にマンションの管理の適正化の推進に関する施策を講じていくよう努める必要がある ② 区域内のマンションの実態把握を進めるとともに、**マンション管理適正化推進計画**を作成し、**管理計画認定制度**を適切に運用することで、マンションの管理水準の維持向上と管理状況が市場において評価される環境整備を図っていくことが望ましい ③ 特に必要がある場合には、**関係地方公共団体**、**管理組合**、マンション管理士、**マンション管理業者**、マンションの管理に関する知識や経験を生かして活動等を行う**NPO法人等**の関係者に対し、**調査に必要な協力を求める**ことも検討し、これらの関係者と連携を図りながら、効果的に施策を進めることが望ましい

マンション管理士およびマンション管理業者等の役割	①	マンション管理士・マンション管理業者は、誠実にその業務を行う必要がある
	②	マンション管理士およびマンション管理業者は、地方公共団体等からの求めに応じ、必要な協力をするよう努める必要がある
	③	**分譲会社**は、管理組合の立ち上げや運営の円滑化のため、分譲時に管理規約や長期修繕計画、修繕積立金の金額等の案について適切に定めるとともに、これらの内容を購入者に対して**説明し理解を得る**よう努める必要がある
マンションの管理の適正化に関する目標の設定に関する事項	①	国は、**住生活基本法に基づく住生活基本計画**（全国計画）において、**25年**以上の長期修繕計画に基づき修繕積立金を設定している管理組合の割合を目標として掲げている
	②	地方公共団体は、国が掲げる目標を参考にしつつ、マンション管理適正化のために管理組合が留意すべき事項も考慮し、区域内のマンションの状況を把握し、地域の実情に応じた適切な目標を設定することが望ましい
	③	管理組合は、区分所有者等の連絡先等を把握しておき、必要に応じて外部の専門家を活用しつつ、適切に集会を開催して検討を重ね、長期修繕計画において建替え等の時期を明記しておくこと等が重要である
マンションの管理の適正化に関する啓発および知識の普及に関する基本的な事項	①	国および地方公共団体は、マンションの実態の調査および把握に努め、必要な情報提供等について、その充実を図ることが重要である
	②	国、地方公共団体、マンション管理適正化推進センター、マンション管理士、ＮＰＯ法人等の関係者が相互に連携をとり、**管理組合等の相談に応じられるネットワーク**を整備することが重要である
	③	マンション管理適正化推進センターにおいては、関係機関および関係団体との連携を密にし、管理組合等に対する**積極的な情報提供**を行う等、管理適正化業務を適正かつ確実に実施する必要がある

マンション管理適正化推進計画の策定に関する基本的な事項	① 区域内のマンションの状況に応じ、**25年以上の長期修繕計画**に基づく修繕積立金額を設定している管理組合の割合等、明確な目標を設定し、その進捗を踏まえ、施策に反映させていくことが望ましい
	② 区域内のマンションストックの状況を把握した上で、マンションの管理の実態について把握することが重要であり、登記情報等に基づくマンションの所在地の把握、管理組合へのアンケート調査等の実態調査、条例による届出制度の実施等、地域の状況に応じた措置を位置づけることが考えられる
	③ 地域の実情に応じてニーズを踏まえつつ、適切な施策を行っていくことが重要であり、管理組合向けのセミナーの開催、相談窓口の設置、マンション管理士等の専門家の派遣、長期修繕計画の作成等に必要な取組に対する財政支援等を位置づけることが考えられる
	④ 地方住宅供給公社は、当該都道府県等の区域内において、地方住宅供給公社法に規定する業務のほか、管理組合の委託により、当該事業を行うことができる
	⑤ 管理組合は、マンション管理適正化指針のほか、都道府県等マンション管理適正化指針にも留意してマンションを適正に管理するよう努めることとなる
	⑥ マンション管理適正化推進センターやマンション管理士会、ＮＰＯ法人等と連携したセミナーの開催、相談窓口の設置、専門家の派遣や、これらの取組を広く周知することを位置づけることなどが考えられる
	⑦ 地域のマンションの築年数の推移や、人口動態等の将来予測を踏まえて、適切な計画期間を設定することが望ましいが、住生活基本計画（都道府県計画）が、計画期間を**10年**とし、**5年毎に見直し**を行っている場合にはこれと整合を図ることなどが考えられる
	⑧ 管理計画認定制度の運用にあたって、例えば、指定認定事務支援法人を活用する場合にはその旨等を定めることが考えられる

その他マンションの管理の適正化の推進に関する重要事項	① 国、地方公共団体およびマンション管理適正化推進センターは、マンション管理士制度がより一層広く利用されることとなるよう、その普及のために必要な啓発を行い、マンション管理士に関する情報提供に努める必要がある
	② **管理計画認定制度**を運用する地方公共団体においては、その積極的な周知を図るなど適切に運用していくことが重要である
	③ 都道府県は町村の区域内に係るマンション管理適正化推進行政事務を行うこととされているが、市区町村と連携を図り、必要に応じて市区の区域内を含めて施策を講じていくことが重要である
	④ 老朽化したマンションがそのまま放置すれば**著しく保安上危険**となり、または**著しく衛生上有害な状態**となる恐れがあると認められるに至ったなどの場合には、建築基準法に基づき、特定行政庁である地方公共団体が**改善の命令**等の強制力を伴う措置を講じることも考えられる
	⑤ 国は、管理組合に対する様々な工事発注の方法の周知や修繕工事の実態に関する情報発信、関係機関とも連携した相談体制の強化等を通じて、マンションの修繕工事や設計コンサルタントの業務の適正化が図られるよう、必要な取組を行う必要がある
	⑥ 国は、**WEB会議システム**等を活用した合意形成の効率化や、ドローンを活用した外壁の現況調査等、モデル的な取組に対して支援することにより、**ICT**を活用したマンションの管理の適正化を推進していく必要がある

今年狙われる!! 「予想問題」&「重要過去問」⑲

POINT 7 マンション管理業者❶（登録）

❶
☐☐ マンション管理業の更新の登録を受けようとする者は、登録の有効期間満了の日の 90 日前から 30 日前までの間に登録申請書を提出しなければならない。 管過 R3

❷
☐☐ 法人であるマンション管理業者がその登録を取り消された場合に、取消日前 60 日以内にその法人の役員であった者でその日から 2 年を経過しないものは、マンション管理業者の登録を受けることができない。 予想問題

POINT 8 マンション管理業者❷（重要事項の説明等）

❸
☐☐ マンション管理業者は、新たに建設されたマンションの当該分譲終了の日から 1 年を経過する日までの間に契約期間が満了する管理受託契約を締結するときは、重要事項を説明する義務はない。 予想問題

❹
☐☐ マンション管理業者は、従前の管理受託契約と同一の条件で、管理者等が置かれていない管理組合と管理受託契約を更新しようとするときは、重要事項に関する説明会を開催する必要がある。 予想問題

POINT 9 マンション管理業者❸（契約成立時の書面・管理事務の報告）

❺
☐☐ マンション管理業者は、管理組合との管理受託契約を締結したときは、自らが当該管理組合の管理者等である場合には、契約成立時の書面を交付する必要がない。 予想問題

❻
☐☐ マンション管理業者は、管理事務に関する報告を行うときは、報告の対象となる期間、管理組合の会計の収入及び支出の状況並びに管理受託契約の内容に関する事項を記載した管理事務報告書を管理業務主任者をして作成させ、当該書面に記名させなければならない。 管過 H27

POINT 10 マンション管理業者❹（財産の分別管理・その他の業務規制）

❼
☐☐ マンション管理業者は、修繕積立金等金銭を管理する場合にあっては、常に保管口座又は収納・保管口座に係る管理組合等の印鑑、預貯金の引出用のカードその他これらに類するものを管理してはならない。 予想問題

❽ マンション管理業者は、当該マンション管理業者の業務状況調書、貸借
☐☐ 対照表及び損益計算書又はこれらに代わる書面をその事務所ごとに備え
置き、その備え置かれた日から起算して3年を経過する日までの間、当
該事務所の営業時間中、その業務に係る関係者の求めに応じ、これを閲
覧させなければならない。 管過 H27

❾ マンション管理業者は、正当な理由がなく、その業務に関して知り得た
☐☐ 秘密を漏らしてはならないが、マンション管理業者でなくなった場合
は、この限りではない。 予想問題

POINT 11 マンション管理業者❺ （監督処分・罰則）

❿ マンション管理業者の登録を受けない者がマンション管理業を営んだと
☐☐ きは、1年以下の懲役又は50万円以下の罰金に処せられる。 マ過 H27

⓫ 管理業務主任者が、その事務を行うに際し、マンションの区分所有者等
☐☐ その他の関係者から請求があったにもかかわらず、管理業務主任者証を
提示しなかったときは、10万円以下の過料に処せられる。 予想問題

POINT 12 雑　則

⓬ マンションの管理に関する情報及び資料の収集及び整理をし、並びにこ
☐☐ れらを管理組合の管理者等その他の関係者に対し提供することは、マン
ション管理適正化推進センターが行う業務である。 予想問題

POINT 13 マンション管理計画認定制度等

⓭ 管理組合の管理者等は、当該管理組合によるマンションの管理に関する
☐☐ 計画（以下、管理計画という。）を作成し、マンション管理適正化推進
計画を作成した都道府県等の長の認定を申請することができるが、5年
ごとに更新を受けなければ、その期間の経過によって、認定の効力は失
われる。 予想問題

答 POINT 7 ❶〇 ❷✕：「30日以内」である。 POINT 8 ❸✕：「建設工事完了の
日」から。 ❹✕：「同一条件」下では、説明会の開催は不要。 POINT 9 ❺✕：区分所有
者等全員に交付する必要がある。 ❻✕：主任者による作成・記名は不要である。
POINT 10 ❼✕：「管理者等がいない場合」で選任前の比較的短い期間であれば可。
❽〇 ❾✕：管理業者でなくなった場合もその義務を負う。 POINT 11 ❿〇 ⓫✕：
主任者証の「提示義務違反」には罰則はない。 POINT 12 ⓬〇 POINT 13 ⓭〇

●「管理組合が留意すべき基本的事項（指針二）」は、**特に重要**

重要度 マ A
管 S

「マンション管理適正化指針」は、令和4年の改正により、基本方針の一項目に編入された。ほぼ原文どおりに出題されているので、チェックシートを使ってキーワードを確認しながら読み込んでおこう。

1 マンションの管理の適正化の基本的方向（指針一）

① マンションの管理の主体は、マンションの区分所有者等で構成される管理組合であり、管理組合は、マンションの区分所有者等の意見が十分に反映されるよう、また、長期的な見通しを持って、適正な運営を行うことが重要である。特に、その経理は、健全な会計を確保するよう、十分な配慮がなされる必要がある。また、第三者に管理事務を委託する場合は、その内容を十分に検討して契約を締結する必要がある。
▼ H25・28・R2、🏠 H23・26

② 管理組合を構成するマンションの区分所有者等は、管理組合の一員としての役割を十分認識して、管理組合の運営に関心を持ち、積極的に参加する等、その役割を適切に果たすよう努める必要がある。▼ R2、🏠 H23・28

③ マンションの管理は、専門的な知識を必要とすることが多いため、管理組合は、問題に応じ、マンション管理士等専門的知識を有する者の支援を得ながら、主体性をもって適切な対応をするよう心がけることが重要である。▼ H25・28・R2、🏠 H28、R1

④ さらに、マンションの状況によっては、外部の専門家が、管理組合の管理者等または役員に就任することも考えられるが、その場合には、マンションの区分所有者等が当該管理者等または役員の選任や業務の監視等を適正に行うとともに、監視・監督の強化のための措置等を講じることにより適正な業務運営を担保することが重要である。▼ H25・28・R2、🏠 H28

⑤ マンションの管理の適正化を推進するため、「国、地方公共団体及びマンション管理適正化推進センター」は、その役割に応じ、必要な情報提供

等を行うよう、支援体制を整備・強化することが必要である。 ✅ H28

2 管理組合が留意すべき基本的事項 （指針二）

① 管理組合の運営

● 管理組合の自立的な運営は、マンションの区分所有者等の全員が参加し、その意見を反映することにより成り立つものである。そのため、管理組合の運営は、情報の開示、運営の透明化等、開かれた民主的なものとする必要がある。 ✅ H29

● また、集会は、管理組合の最高意思決定機関である。したがって、管理組合の管理者等は、その意思決定にあたっては、事前に必要な資料を整備し、集会において適切な判断が行われるよう配慮する必要がある。
✅ H29・30、📘 H25・27

● 管理組合の管理者等は、マンション管理の目的が達成できるように、法令等を遵守し、マンションの区分所有者等のため、誠実にその職務を執行する必要がある。 ✅ H30

② 管理規約

● 管理規約は、マンション管理の最高自治規範であることから、その作成にあたっては、管理組合は、建物の区分所有等に関する法律に則り、マンション標準管理規約を参考として、当該マンションの実態及びマンションの区分所有者等の意向を踏まえ、適切なものを作成し、必要に応じ、その改正を行うことが重要である。 ✅ H30

● さらに、快適な居住環境をめざし、マンションの区分所有者等間のトラブルを未然に防止するために、使用細則等マンションの実態に即した具体的な住まい方のルールを定めておくことが肝要である。

● 管理規約または使用細則等に違反する行為があった場合、管理組合の管理者等は、その是正のため、必要な勧告、指示等を行うとともに、法令等に則り、その是正または排除を求める措置をとることが重要である。
✅ H30、📘 H24・26

③ 共用部分の範囲および管理費用の明確化

● 管理組合は、マンションの快適な居住環境を確保するため、あらかじめ、共用部分の範囲及び管理費用を明確にし、トラブルの未然防止を図ることが重要である。 📘 R1

●特に、専有部分と共用部分の区分、専用使用部分と共用部分の管理及び駐車場の使用等に関してトラブルが多く生じることから、適正な利用と公平な負担が確保されるよう、各部分の範囲及びこれに対するマンションの区分所有者等の負担を明確に定めておくことが望ましい。🔵R1、🔴H21

④ 管理組合の経理

●管理組合がその機能を発揮するためには、その経済的基盤が確立されていることが重要である。

●このため、管理費及び修繕積立金等について必要な費用を徴収するとともに、これらの費目を明確に区分して経理を行い、適正に管理する必要がある。

●また、管理組合の管理者等は、必要な帳票類を作成してこれを保管するとともに、マンションの区分所有者等の請求があったときは、これを速やかに開示することにより、経理の透明性を確保する必要がある。🔵R1、🔴H25〜27

⑤ 長期修繕計画の策定および見直し等

●マンションの快適な居住環境を確保し、資産価値の維持・向上を図るためには、適時適切な維持修繕を行うことが重要である。特に、経年による劣化に対応するため、あらかじめ長期修繕計画を策定し、必要な修繕積立金を積み立てておくことが必要である。🔵H26

●長期修繕計画の策定及び見直しにあたっては、「長期修繕計画作成ガイドライン」を参考に、必要に応じ、マンション管理士等専門的知識を有する者の意見を求め、また、あらかじめ建物診断等を行って、その計画を適切なものとするよう配慮する必要がある。🔵H29

●長期修繕計画の実効性を確保するためには、修繕内容、資金計画を適正かつ明確に定め、それらをマンションの区分所有者等に十分周知させることが必要である。🔵H26、🔴H25・27

●管理組合の管理者等は、維持修繕を円滑かつ適切に実施するため、設計に関する図書等を保管することが重要である。また、この図書等について、マンションの区分所有者等の求めに応じ、適時閲覧できるように配慮することが望ましい。🔵H26、🔴H29

●建築後相当の年数を経たマンションにおいては、長期修繕計画の検討を行う際には、必要に応じ、建替えについても視野に入れて検討することが望ましい。建替えの検討にあたっては、その過程をマンションの区分

所有者等に周知させるなど透明性に配慮しつつ、<u>各区分所有者等の意向</u>を十分把握し、合意形成を図りながら進めることが必要である。🔻 H26、R1、📖 H26、R1

⑥ 発注等の適正化

- 管理業務の委託や工事の発注等については、<u>利益相反等</u>に注意して、適正に行われる必要があるが、とりわけ<u>外部の専門家</u>が管理組合の管理者等または役員に就任する場合においては、マンションの区分所有者等から信頼されるような発注等に係る<u>ルールの整備</u>が必要である。🔻 H28・29、R1、📖 H29

⑦ 良好な居住環境の維持および向上

- マンションにおけるコミュニティ形成については、<u>自治会及び町内会等</u>（以下「自治会」という。）は、管理組合と異なり、<u>各居住者</u>が各自の判断で加入するものであることに留意するとともに、特に<u>管理費</u>の使途については、マンションの管理と自治会活動の範囲・相互関係を整理し、<u>管理費</u>と<u>自治会費</u>の徴収、支出を分けて適切に運用することが必要である。なお、このように適切な峻別や、代行徴収に係る負担の整理が行われるのであれば、自治会費の徴収を代行することや、防災や美化などのマンションの管理業務を自治会が行う活動と連携して行うことも差し支えない。🔻 H28・29、📖 H28

⑧ その他配慮すべき事項

- マンションが団地を構成する場合には、各棟固有の事情を踏まえながら、<u>全棟の連携</u>をとって、全体としての適切な管理がなされるように配慮することが重要である。

- また、複合用途型マンションにあっては、<u>住宅部分</u>と<u>非住宅部分</u>との利害の調整を図り、その管理、費用負担等について適切な配慮をすることが重要である。📖 H24、R1

3 マンションの区分所有者等が留意すべき基本的事項等 (指針三)

① マンションを購入しようとする者は、マンションの管理の重要性を十分認識し、売買契約だけでなく、<u>管理規約</u>、<u>使用細則</u>、<u>管理委託契約</u>、<u>長期修繕計画</u>等管理に関する事項に十分に留意する必要がある。🈯 H22・29

② また、マンションの区分所有者等は、マンションの居住形態が戸建てのものとは異なり、<u>相隣関係等</u>に配慮を要する住まい方であることを十分に認識し、そのうえで、マンションの<u>快適かつ適正な利用</u>と<u>資産価値の維持</u>を図るため、管理組合の一員として、進んで、集会その他の<u>管理組合の管理運営</u>に参加するとともに、定められた管理規約、集会の決議等を遵守する必要がある。そのためにも、マンションの区分所有者等は、<u>マンションの管理に関する法律等</u>に関する理解を深める必要がある。🈯 H22・25・27

③ 専有部分の<u>賃借人等の占有者</u>は、建物またはその敷地もしくは附属施設の<u>使用方法</u>につき、マンションの区分所有者等が管理規約または集会の決議に基づいて負う義務と<u>同一の義務</u>を負うことに十分に留意することが重要である。🈯 H22

4 管理委託に関する基本的事項 (指針四)

① 管理組合は、マンションの管理の主体は管理組合自身であることを認識した上で、<u>管理事務の全部</u>、又は<u>一部</u>を第三者に委託しようとする場合は、その委託内容を十分に検討し、<u>書面</u>をもって管理委託契約を締結することが重要である。🈯 H22・24

② なお、管理委託契約先を選定する場合には、管理組合の管理者等は、事前に<u>必要な資料を収集</u>し、マンションの区分所有者等にその情報を公開するとともに、<u>マンション管理業者の行う説明会</u>を活用し、適正な選定がなされるように努める必要がある。🈯 H22・24

③ また、管理委託契約先が選定されたときは、管理組合の管理者等は、<u>当該契約内容を周知</u>するとともに、マンション管理業者の行う<u>管理事務の報告等</u>を活用し、管理事務の適正化が図られるよう努める必要がある。

④ 万一、マンション管理業者の業務に関して問題が生じた場合には、管理組合は、当該マンション管理業者にその解決を求めるとともに、必要に応じ、<u>マンション管理業者の所属する団体</u>にその解決を求める等の措置を講じることが必要である。🈯 H22

マンション管理士制度の普及と活用について （指針五）

① マンションの管理は、専門的な知識を要する事項が多いため、国、地方公共団体及びマンション管理適正化推進センターは、マンション管理士制度が早期に定着し、広く利用されることとなるよう、その普及のために必要な啓発を行い、マンション管理士に関する情報提供に努める必要がある。

② なお、管理組合の管理者等は、マンションの管理の適正化を図るため、必要に応じ、マンション管理士等専門的知識を有する者の知見の活用を考慮することが重要である。 🏷 H23

6 **国・地方公共団体・マンション管理適正化推進センターの支援** （指針六）

① マンションの管理の適正化を推進するためには、マンション標準管理規約をはじめ必要な情報・資料の提供、技術的支援等が不可欠である。

② このため、国及び地方公共団体は、必要に応じ、マンションの実態の調査及び把握に努め、マンションに関する情報・資料の提供について、その充実を図るとともに、特に、地方公共団体、マンション管理適正化推進センター、マンション管理士等の関係者が相互に連携をとり、管理組合の管理者等の相談に応じられるネットワークの整備が重要である。

③ さらに、地方公共団体は、マンション管理士等専門的知識を有する者や経験豊かで地元の実情に精通し、マンションの区分所有者等から信頼される者等の協力を得て、マンションに係る相談体制の充実を図るよう努める必要がある。

④ マンション管理適正化推進センターにおいては、関係機関及び関係団体との連携を密にし、管理組合の管理者等に対する積極的な情報・資料の提供を行う等、管理適正化業務を適正かつ確実に実施する必要がある。

索引

377

379

【執筆】

小澤 良輔（TAC専任講師）

2024年度版（ねんどばん）

ココだけチェック！ マンション管理士（かんりし）・管理業務主任者（かんりぎょうむしゅにんしゃ） パーフェクトポイント整理（せいり）

（2016年度版 2016年7月27日 初 版 第1刷発行）
2024年4月25日 初 版 第1刷発行

編 著 者	Ｔ Ａ Ｃ 株 式 会 社	
	（マンション管理士・管理業務主任者講座）	
発 行 者	多 田 敏 男	
発 行 所	ＴＡＣ株式会社 出版事業部	
		（ＴＡＣ出版）

〒101-8383 東京都千代田区神田三崎町3-2-18
電 話 03(5276)9492（営業）
FAX 03(5276)9674
https://shuppan.tac-school.co.jp

組	版	朝日メディアインターナショナル株式会社
印	刷	株式会社 ワ コ ー
製	本	株式会社 常 川 製 本

© TAC 2024　　Printed in Japan　　　　　　　　ISBN 978-4-300-10947-2
　　　　　　　　　　　　　　　　　　　　　　　　N.D.C. 673

1 「らくらくわかる! マンション管理士速習テキスト」を読み「マンション管理士 項目別過去8年問題集」を解く

試験に必要な知識を身につける

2 「速攻マスターWeb講義」と「過去問攻略Web講義」を視聴する

講義トータル約20時間(予定)

独学専用カリキュラム

短期学習を可能に!

著者のWeb講義で合格ポイントを効率的に吸収

学習効果をさらに引き上げる!

3 「ラストスパート マンション管理士 直前予想模試」「法律改正点レジュメ」で直前対策!

独学では不足しがちな法律改正情報や最新試験対策もフォロー!

4 **TAC** マンション管理士講座「全国公開模試」で総仕上げ

さらに!

つぎに!

知識が実戦力に!

「独学で合格」のポイント 利用中のサポート **法律改正点レジュメ・質問カード**

独学では、「正しく理解しているだろうか」「問題の解き方がわからない」、「最新の法改正が手に入らない」といった不安がつきものです。
そこで独学道場では、「法律改正点レジュメ」と「質問カード」(5回分)をご用意!学習を阻害する不安から解放され、安心して学習できます。

コンテンツPickup!

マンション管理士講座 「全国公開模試」

「全国公開模試」は、多数の受験生が受験する全国規模の公開模擬試験です。独学道場をお申込の方は、この全国公開模試を自宅受験または、期日内に手続きを済ませれば、会場受験も選択できます。詳細な個人成績表はご自身が受験生の中でどの位置にいるかも確認でき、ライバルの存在を意識できるので、モチベーションが一気にアップします!

※会場受験は【定員制】となり、会場によっては満席となる場合がございます。あらかじめご了承ください。
※状況により、会場受験を見合わせる場合がございます。

お申込み・最新内容の確認

インターネットで

TAC出版書籍販売サイト
「サイバーブックストア」にて

TAC 出版　[検索]

https://bookstore.tac-school.co.jp/

詳細は必ず、TAC出版書籍販売サイト「サイバーブックストア」でご確認ください。

● 管理業務主任者独学道場もご用意しています!

1 「管理業務主任者 基本テキスト」を読み 「管理業務主任者 項目別過去8年問題集」を解く

試験に必要な 知識を身につける

つぎに！

2 「速攻マスターWeb講義」と 「過去問攻略Web講義」を 視聴する

講義トータル 約**17**時間(予定)

短期学習を可能に！

独学専用 カリキュラム

POINT！

実力派講師のWeb講義で 合格ポイントを効率的に吸収

学習効果を さらに引き上げる！

3 「ラストスパート 管理業務主任者 直前予想模試」 「法律改正点レジュメ」で直前対策！

独学では不足しがちな法律改正情報や最新試験対策もフォロー！

さらに！

4

管理業務主任者講座 「全国公開模試」 で総仕上げ

知識が 実戦力に！

「独学で合格」のポイント 利用中のサポート **法律改正点レジュメ・質問カード**

独学では、「正しく理解しているだろうか」「問題の解き方がわからない」、 「最新の法改正が手に入らない」といった不安がつきものです。 そこで独学道場では、「法律改正点レジュメ」と「質問カード」(5回分)をご 用意！学習を阻害する不安から解放され、安心して学習できます。

コンテンツPickup！

管理業務主任者講座「全国公開模試」

「全国公開模試」は、多数の受験生が 受験する全国規模の公開模擬試験 です。独学道場をお申込の方は、こ の全国公開模試を自宅受験または、 期日内に手続きを済ませれば、会場 受験も選択できます。詳細な個人成 績表はご自身が受験生の中でどの 位置にいるかも確認でき、ライバル の存在を意識できるので、モチベー ションが一気にアップします！

※会場受験は【定員制】となり、会場によっては満席となる場合がございます。あらかじめご了承ください。
※状況により、会場受験を見合わせる場合がございます。

お申込み・最新内容の確認

■ インターネットで

TAC出版書籍販売サイト 「サイバーブックストア」にて

TAC 出版　[検索]

https://bookstore.tac-school.co.jp/

詳細は必ず、TAC出版書籍販売サイト「サイバーブックストア」でご確認ください。

▶ マンション管理士独学道場もご用意しています！

マンション管理士・管理業務主任者

2月・3月・4月・5月開講　初学者・再受験者対象

| マン管・管理業両試験対応 | W合格本科生S （全42回:講義ペース週1～2回） | マン管試験対応 | マンション管理士本科生S （全36回:講義ペース週1～2回） | 管理業試験対応 | 管理業務主任者本科生S （全35回:講義ペース週1～2回） |

合格するには、「皆が正解できる基本的な問題をいかに得点するか」、つまり基礎をしっかり
おさえ、その基礎をどうやって本試験レベルの実力へと繋げるかが鍵となります。
各コースには「過去問攻略講義」をカリキュラムに組み込み、
基礎から応用までを完全マスターできるように工夫を凝らしています。
じっくりと徹底的に学習をし、本試験に立ち向かいましょう。

5月・6月・7月開講　初学者・再受験者対象

| マン管・管理業両試験対応 | W合格本科生 （全36回:講義ペース週1～2回） | マン管試験対応 | マンション管理士本科生 （全33回:講義ペース週1～2回） | 管理業試験対応 | 管理業務主任者本科生 （全32回:講義ペース週1～2回） |

毎年多くの受験生から支持されるスタンダードコースです。
基本講義、基礎答練で本試験に必要な基本知識を徹底的にマスターしていきます。
また、過去20年間の本試験傾向にあわせた項目分類により、
個別的・横断的な知識を問う問題への対策も行っていきます。
基本を徹底的に学習して、本試験に立ち向かいましょう。

8月・9月開講　初学者・再受験者対象

管理業務主任者速修本科生
（全21回:講義ペース週1～3回）

管理業務主任者試験の短期合格を目指すコースです。
講義では難問・奇問には深入りせず、基本論点の確実な定着に主眼をおいていきます。
週2回のペースで無理なく無駄のない受講が可能です。

9月・10月開講　初学者・再受験者・宅建士試験受験者対象

管理業務主任者速修本科生（宅建士受験生用）
（全14回:講義ペース週1～3回）

宅建士試験後から約2ヵ月弱で管理業務主任者試験の合格を目指すコースです。
宅建士と管理業務主任者の試験科目は重複する部分が多くあります。
その宅建士試験のために学習した知識に加えて、
管理業務主任者試験特有の科目を短期間でマスターすることにより、
宅建士試験とのW合格を狙えます。

TACの学習メディア

Property manager & Consultant

教室講座 Web講義フォロー標準装備

- 学習のペースがつかみやすい、日程表に従った通学受講スタイル。
- 疑問点は直接講師へ即質問、即解決で学習時間の節約になる。
- Web講義フォローが標準装備されており、忙しい人にも安心の充実したフォロー制度がある。
- 受講生同士のネットワーク形成ができるだけでなく、受講生同士で切磋琢磨しながら、学習のモチベーションを持続できる。

ビデオブース講座 Web講義フォロー標準装備

- 都合に合わせて好きな日程・好きな校舎で受講できる。
- 不明点のリプレイなど、教室講座にはない融通性がある。
- 講義録（板書）の活用でノートをとる手間が省け、講義に集中できる。
- 静かな専用の個別ブースで、ひとりで集中して学習できる。
- 全国公開模試は、ご登録地区の教室受験（水道橋校クラス登録の方は渋谷校）となります。

Web通信講座

- いつでも好きな時間に何度でも繰り返し受講できる。
- パソコンだけではなく、スマートフォンやタブレット、その他端末を利用して外出先でも受講できる。
- Windows®PCだけでなくMac®でも受講できる。
- 講義録をダウンロードできるので、ノートに写す手間が省け講義に集中できる。

DVD通信講座 Web講義フォロー標準装備

- いつでも好きな時間に何度でも繰り返し受講することができる。
- ポータブルDVDプレーヤーがあれば外出先での映像学習も可能。
- 教材送付日程が決められているので独学ではつかみにくい学習のペースメーカーに最適。
- スリムでコンパクトなDVDなら、場所をとらずに収納できる。

● DVD通信講座は、DVD-Rメディア対応のDVDプレーヤーでのみ受講が可能です。パソコン、ゲーム機等での動作保証はしておりませんので予めご了承ください。

マンション管理士・管理業務主任者

マン管・管理業 両試験に対応 **W合格本科生S**

注目
「過去問攻略講義」で、過去問対策も万全！

マン管試験に対応 **マンション管理士本科生S**

管理業試験に対応 **管理業務主任者本科生S**

ムリなく両試験の合格を目指せるコース　学習期間 6〜11ヶ月　講義ペース 週1〜2回

合格するには、「皆が正解できる基本的な問題をいかに得点するか」、つまり基礎をしっかりおさえ、その基礎をどうやって本試験レベルの実力へと繋げるかが鍵となります。

各コースには**「過去問攻略講義」**をカリキュラムに組み込み、基礎から応用までを完全マスターできるように工夫を凝らしています。じっくりと徹底的に学習をし、本試験に立ち向かいましょう。

▌カリキュラム〈W合格本科生S（全42回）・マンション管理士本科生S（全36回）・管理業務主任者本科生S（全35回）〉

INPUT［講義］

基本講義　全22回　各回2.5時間

マンション管理士・管理業務主任者本試験合格に必要な基本知識を、じっくり学習していきます。試験傾向を毎年分析し、その最新情報を反映させたTACオリジナルテキストは、合格の必須アイテムです。

民法／区分所有法等	9回
規約／契約書／会計等	6回
維持・保全／マンション管理適正化法等	7回

▼

マン管過去問攻略講義　全3回（※1）各回2.5時間
管理業過去問攻略講義　全3回（※2）各回2.5時間

過去の問題を題材に本試験レベルに対応できる実力を身につけていきます。マンション管理士試験・管理業務主任者試験の過去問題を使って、テーマ別に解説を行っていきます。

総まとめ講義　全4回　各回2.5時間

本試験直前に行う最後の総整理講義です。各科目の重要論点をもう一度復習するとともに、横断的に知識を総整理していきます。

OUTPUT［答練］

基礎答練　全3回　70〜80分解説

基本事項を各科目別に本試験同様の四肢択一形式で問題演習を行います。早い時期から本試験の形式に慣れること、基本講義で学習した各科目の全体像がつかめているかをこの基礎答練でチェックします。

民法／区分所有法等	1回（70分答練）
規約／契約書／会計等	1回（60分答練）
維持・保全等	1回（60分答練）

マン管直前答練（※1）　全3回　各回2時間答練・50分解説

管理業直前答練（※2）　全2回　各回2時間答練・50分解説

マンション管理士・管理業務主任者の本試験問題を徹底的に分析。その出題傾向を反映させ、さらに今年出題が予想される論点などを盛り込んだ予想問題で問題演習を行います。

▼▼▼▼▼

マンション管理士全国公開模試（※1）　全1回

管理業務主任者全国公開模試（※2）　全1回

▼

マンション管理士本試験

管理業務主任者本試験

※5問免除科目であるマンション管理適正化法の基礎答練は、自宅学習用の配付のみとなります（解説講義はありません）。
（※1）W合格本科生S・マンション管理士本科生Sのカリキュラムに含まれます。
（※2）W合格本科生S・管理業務主任者本科生Sのカリキュラムに含まれます。

資格の学校 TAC

📖 受講料一覧 (教材費・消費税10%込)

> 教材費は全て受講料に含まれています！別途書籍等を購入いただく必要はございません。

W合格本科生S

学習メディア	通常受講料	宅建割引制度	再受講割引制度	受験経験者割引制度
教室講座 📹 ※				
ビデオブース講座 📹 ※	¥143,000	¥110,000	¥96,800	¥110,000
Web通信講座 📹				
DVD通信講座 📹	¥154,000	¥121,000	¥107,800	¥121,000

※一般教育訓練給付制度は、2月開講クラスが対象となります。予めご了承ください。

マンション管理士本科生S

学習メディア	通常受講料	宅建割引制度	再受講割引制度	受験経験者割引制度
教室講座				
ビデオブース講座	¥132,000	¥99,000	¥86,900	¥99,000
Web通信講座				
DVD通信講座	¥143,000	¥110,000	¥97,900	¥110,000

管理業務主任者本科生S

学習メディア	通常受講料	宅建割引制度	再受講割引制度	受験経験者割引制度
教室講座				
ビデオブース講座	¥126,500	¥95,700	¥83,600	¥95,700
Web通信講座				
DVD通信講座	¥137,500	¥106,700	¥94,600	¥106,700

2022年マンション管理士／管理業務主任者　合格者の声

笹木 裕史 さん

W合格本科生S ／ マンション管理士 ／ 管理業務主任者 ／ W合格

マンション管理士と管理業務主任者の試験範囲の多くが被っており、勉強するうえで、両者の試験を分けて考えたことはありませんでした。両方の過去問を解くことで、問題演習量も充実するため、結果的に合格への近道になると思います。ですので、ぜひ、ダブル受験・合格を目指して頑張ってください！

近藤 勇真 さん

W合格本科生 ／ マンション管理士 ／ 管理業務主任者 ／ W合格

私は運よくW合格することができましたが、両試験には片方の資格を持っているともう片方の受験の際に5問免除される制度があります。マンション管理士試験の受験者は、4割の方が管理業務主任者資格者という情報もあり、W合格を目指す方はそこで差がつかないように力を入れるべきかと思います。日々取れる学習時間を考えて、管理業務主任者に集中されるのも良いと思います。

お申込みにあたってのご注意

※0から始まる会員番号をお持ちでない方は、受講料のほかに別途入会金¥10,000・10%税込）が必要です。会員番号につきましては、TAC各校またはカスタマーセンター（0120-509-117)までお問い合わせください。

※上記受講料は、教材費・消費税10%が含まれます。

※コースで使用する教材の中で、TAC出版より刊行されている書籍をすでにお持ちの方は、TAC出版刊行書籍を受講料に含まないコースもございます。

※各種割引制度の詳細はTACマンション管理士・管理業務主任者講座パンフレットをご参照ください。

マンション管理士・管理業務主任者

全国公開模試

マンション管理士 | 管理業務主任者

11/9(土)実施(予定) | **11/16(土)実施(予定)**

詳細は2024年8月刊行予定の「全国公開模試専用案内書」をご覧ください。

全国規模
本試験直前に実施される公開模試は全国18会場(予定)で実施。実質的な合格予備軍が結集し、本試験同様の緊張感と臨場感であなたの「真」の実力が試されます。

高精度の成績判定
TACの分析システムによる個人成績表に加えて正答率や全受験生の得点分布データを集計。「全国公開模試」の成績は、本試験での合否を高い精度で判定します。

本試験を擬似体験
合格のためには知識はもちろん、精神力と体力が重要となってきます。本試験と同一形式で実施される全国公開模試を受験することは、本試験環境を体験する大きなチャンスです。

オプションコース ポイント整理、最後の追い込みにピッタリ!

全4回(各回2.5時間講義) 10月開講 **マンション管理士/管理業務主任者試験対策**

総まとめ講義

今まで必要な知識を身につけてきたはずなのに、問題を解いてもなかなか得点に結びつかない、そんな方に最適です。よく似た紛らわしい表現や知識の混同を体系的に整理し、ポイントをズバリ指摘していきます。まるで「ジグソーパズルがピッタリはまるような感覚」で頭をスッキリ整理します。使用教材の「総まとめレジュメ」は、本試験最後の知識確認の教材としても好評です。

日程等の詳細はTACマンション管理士・管理業務主任者講座パンフレットをご参照ください。

各2回 11月・12月開講(予定) **マンション管理士/管理業務主任者試験対策**

ヤマかけ講義 問題演習 + 解説講義

TAC講師陣が、2024年の本試験を完全予想する最終講義です。本年度の"ヤマ"をまとめた「ヤマかけレジュメ」を使用し、論点別の一問一答式で本試験予想問題を解きながら、重要部分の解説をしていきます。問題チェックと最終ポイント講義で合格への階段を登りつめます。

詳細は8月上旬刊行予定の全国公開模試リーフレット又はTACホームページをご覧ください。

- ●オプションコースのみをお申込みの場合には、入会金はいただいておりません。オプションコース以外のコースをお申込みの場合には、受講料の他に入会金が必要となる場合があります。予めご了承ください。
- ●オプションコースの受講料には、教材費及び消費税10%の金額が含まれています。
- ●各日程の詳細につきましては、TACマンション管理士・管理業務主任者講座パンフレット又はTACホームページをご覧ください。

書籍の正誤に関するご確認とお問合せについて

書籍の記載内容に誤りではないかと思われる箇所がございましたら、以下の手順にてご確認とお問合せをしてくださいますよう、お願い申し上げます。

なお、正誤のお問合せ以外の**書籍内容に関する解説および受験指導など**は、一切行っておりません。
そのようなお問合せにつきましては、お答えいたしかねますので、あらかじめご了承ください。

1 「Cyber Book Store」にて正誤表を確認する

TAC出版書籍販売サイト「Cyber Book Store」の
トップページ内「正誤表」コーナーにて、正誤表をご確認ください。

CYBER TAC出版書籍販売サイト
BOOK STORE

URL：https://bookstore.tac-school.co.jp/

2 ①の正誤表がない、あるいは正誤表に該当箇所の記載がない ⇒ 下記①、②のどちらかの方法で文書にて問合せをする

① ウェブページ「Cyber Book Store」内の「お問合せフォーム」より問合せをする

【お問合せフォームアドレス】

https://bookstore.tac-school.co.jp/inquiry/

② メールにより問合せをする

【メール宛先　TAC出版】

syuppan-h@tac-school.co.jp

※土日祝日はお問合せ対応をおこなっておりません。
※正誤のお問合せ対応は、該当書籍の改訂版刊行月末日までといたします。